马飞翔　杨强　褚宏苟◎编著

高校监督体系构建与文化培育

九州出版社

JIUZHOUPRESS

图书在版编目（CIP）数据

高校监督体系构建与文化培育 / 马飞翔，杨强，褚宏芗编著. —北京：九州出版社，2024.3

ISBN 978-7-5225-2707-9

Ⅰ.①高⋯　Ⅱ.①马⋯　②杨⋯　③褚⋯　Ⅲ.①高等学校－学校管理－研究－中国　Ⅳ.①G647

中国国家版本馆CIP数据核字（2024）第056849号

高校监督体系构建与文化培育

作　　者	马飞翔　杨强　褚宏芗　编著
责任编辑	陈春玲
出版发行	九州出版社
地　　址	北京市西城区阜外大街甲35号（100037）
发行电话	（010）68992190/3/5/6
网　　址	www.jiuzhoupress.com
印　　刷	天津中印联印务有限公司
开　　本	710毫米×1000毫米　16开
印　　张	19.5
字　　数	290千字
版　　次	2024年3月第1版
印　　次	2024年3月第1次印刷
书　　号	ISBN 978-7-5225-2707-9
定　　价	78.00元

前 言 ☆

党的二十大报告对健全党和国家监督体系作出战略部署。《中国共产党章程（修正案）》对党的纪律、党的纪律检查机关部分作出必要充实，在各级纪委主要任务中增写推动完善党和国家监督体系的重要职责。二十届中央纪委二次全会强调要按照党统一领导、全面覆盖、权威高效的要求，推动完善纪检监察专责监督体系。这是新时代全面从严治党成功实践的经验总结，是完善党的自我革命制度规范体系的重要举措，也是破解监督治理难题的中国方案，充分彰显了我们党深刻把握执政规律和治理规律的非凡智慧，勇于解决大党独有难题、永葆先进纯洁的历史主动，为党在新征程上不断焕发蓬勃生机活力提供了有力保障。

高校作为人才的汇聚地和培养地，承担着为党育人、为国育才的神圣使命，必须坚持系统思维，在深化各类监督贯通协同上下功夫，一体谋划、部署和推动各类监督关联互动、系统集成，形成常态长效的监督合力，培育向上向善的监督文化，不断增强监督治理效能，为"立德树人"涵养风清气正的校园政治生态。

新时代以来，高校纪检监察体制改革不断深化，初步构建形成了以党内监督为统领，纪检监察负监督专责，与各种监督力量贯通融合的监督体系，有效推动了我国高等教育的高质量发展。本论著系统总结党的十八大以来，高校监督体系构建和文化培育形成的阶段性成果，并在此基础上，着眼全面从严治党总目标，查找分析发展中亟待解决的现有问题，梳理提出构建高校监督体系的基本框架、重点环节和实践路径，借鉴国内外高校监督实践案例，从宏观和微观两个层面，为高校构建立体化、全覆盖、高质效的监督体系，培育新时代监督文化，提供参考和借鉴，让监督助力高等教育高质量发展，将全面从严治党、科学治校的责任切实落实，为实现中华民族伟大复兴战略提供坚强保证。

感谢潘宣竹和杨哲为本书作出的贡献。由于著者水平有限，书中难免有疏漏和欠缺之处，恳请各位专家和广大读者批评指正。

目 录

第一章

概　述

　　党的十八大报告指出，"健全权力运行制约和监督体系""加强党内监督、民主监督、法律监督、舆论监督，让人民监督权力，让权力在阳光下运行"。党的十九大报告指出："构建党统一指挥、全面覆盖、权威高效的监督体系，把党内监督同国家机关监督、民主监督、司法监督、群众监督、舆论监督贯通起来，增强监督合力。"党的二十大报告指出："健全党统一领导、全面覆盖、权威高效的监督体系，完善权力监督制约机制，以党内监督为主导，促进各类监督贯通协调，让权力在阳光下运行。"

　　党的十八大以来，以习近平同志为核心的党中央坚定推进全面从严治党，持之以恒正风肃纪反腐，把健全党统一领导、全面覆盖、权威高效的监督体系作为战略性安排，精心谋划、部署、实施，统筹推进"五位一体"总体布局、协调推进"四个全面"战略布局，以党内监督带动其他各方面监督，以非凡的理论创新和实践创新回答"窑洞之问"。探索出一条长期执政条件下解决自身问题、跳出历史周期率、始终保持长盛不衰的时代密码的成功道路，构建起一套行之有效的权力监督制度和执纪执法体系。

　　新时代党和国家监督体系是在马克思主义中国化时代化最新成果引领和党中央集中统一领导下，深入推进纪检监察体制改革取得的重大政治体制改革成果和标志性实践成果。"权力必须有制约和监督，绝对权力导致绝对腐败，这是古今中外都证明了的一个道理。"我们党长期执政，必然面临权力异化的风险，解决这个问题，不能靠西方所谓的多党轮替或三权鼎立，根本上要靠党自我革命、自我净化。党的十九大，特别是二十大以来，健全党和国家监督体系作为新时代全面从严治党实践的经验总结，成为完善党的自我革命制度规范体系的重要举措，充分彰显了我们党深刻把握执政规律的非凡智慧和解决大党独有难题的历史主动，不断开辟我们党实现自我净化、自我完善、自我革新、自我提高的新境界。健全党和国家监督体系是党长期执政条件下推进自我革命的必然要求。

第一节　党和国家监督体系

党和国家监督体系是中国共产党百年自我革命的重要成果，是在新中国成立70多年的监督实践中逐步形成发展的，同时也指导着新时代党和国家监督的改革实践，是党在长期执政条件下实现自我净化、自我完善、自我革新、自我提高的重要制度保障，是中国特色社会主义制度体系的重要组成部分。坚持和完善具有中国特色的党和国家监督体系，充分发挥各类监督主体作用并形成监督合力，把制度优势转化为监督效能，是实现国家治理体系和治理能力现代化的必然要求。立足于中华民族伟大复兴战略全局和世界百年未有之大变局，梳理中国共产党的自我革命历程，总结党和国家监督体系的历史经验，发掘中国特色党和国家监督体系的显著优势，深化党和国家监督体系的整体性和系统化研究，既是拓展中共党史、新中国史、改革开放史、社会主义发展史及马克思主义发展史研究的学科发展需要，也是深化习近平新时代中国特色社会主义思想的需要，更是探索新时代党领导下的集中统一、全面覆盖、权威高效的党和国家监督体系的实践需要。

一、基本概念阐释

（一）权力、政治权力、国家权力、公权力、腐败

1.权力。权力一词，其范围也有广义和狭义之分。广义的权力，是指某种影响力和支配力，它分为社会权力和国家权力两大类；狭义的权力指国家权力，即统治阶级为了实现其阶级利益和建立一定的统治秩序而具有的一种组织性支配力。中国传统社会将"权力"视为治国工具，主要表现在法家对"法、术、势"等相关概念的表达和其运行方式的描述上，但并未真正究及权力的本质。

随着政治学的兴起与发展，部分西方学者对"权力"的概念进行深入研究，并给出了相关解释。德国社会学家马克思·韦伯认为："权力意味着在一种社会关系里，哪怕是遇到反对也能贯彻自己意志的任何机会，不管这种机会是建立在什么基础之上。"这种观点强调了权力主体的主观强制意愿。美国政治学家罗伯特·达尔指出："在A能使B本来不愿做的事情这个范围内，A对B拥有权力。"这在一定程度上意味着权力主体能够决定权力客体是否具备可以去做某些事情的资格，罗伯特·达尔对权力的这种概念论断在西方产生深远影响，至今仍是"权力"这一概念的经典定义。R.H.陶奈认为权力是指"一个人（或一群人）按照他所愿意的方式去改变其他人或群体的行为以防止他自己的行为按照一种他所不愿意的方式被改变的能力"。权力作为一种社会现象，天生具有社会性、排他性、扩张性、强制性和不平等性等属性。

尽管权力的定义不同，但是权力在实际运行过程中呈现一些共同的特征，正是这些特征构成了权力监督发挥作用的理论前提。一是强制性。权力是一种强制性力量。恩格斯认为，在权力关系中，一方面是一定的权威，不管它是怎样造成的；另一方面是一定的服从。二是扩张性。权力具有自我扩张和膨胀的能力，有权力的人总是倾向于滥用权力。孟德斯鸠认为："有权力的人们使用权力一直到遇到界限的地方才休止。"所以，绝对的权力意味着绝对的腐败，制约和监督权力成为政治学的一个永恒课题。三是排他性。权力作为一种支配力量，倾向于排除其他权力的介入。掌握权力的人或利益集团，一

般不希望其他权力介入而影响自身权力的行使。因此，通过一系列制度设计监督制约权力的配置与运行，建立完善的权力监督制度体系，成为防止权力滥用的最有效手段。

2.政治权力。政治一词，是由"政"和"治"两个音素组成的合成词。在中国古代时期，对政治的解释可以从《尚书·毕命》中"道洽政治，泽润生民"得以了解。在传统社会，"政"主要指国家的权力、制度、秩序和法令；"治"则主要指管理人民和教化人民，"政"和"治"体现一静一动两种状态。所以说，在我国传统文化中，所谓政治，就是蕴含于整个社会之中的动态过程。简言之，在中国，"政治"的概念体现"以政治之"，即用制度、策略、政策治理国家。

在现代政治学中，政治多被定义为人这个主体围绕公共权力而开展的活动以及政府运用公共权力而进行的资源权威性分配的过程。权力的概念通常有三种观点：一是"关系说"，权力被看成是一种关系，是一种人对人的制约关系，是权力施动者对受动者的制动关系，同时受动者也对施动者和权力过程具有能动的反作用；二是"能力说"，权力被认为是一种能力，是一个人或者机构对另一个人或者机构的驾驭能力和制约能力；三是"工具说"，权力也看作是一种工具，权力作为一种工具手段，是行使权力、执行政策的载体和依托。

政治的核心范畴是权力，政治权力是政治的核心概念，是权力存在的一种特定的表现形式，也是权力在政治领域的直观表达。英国政治学家托马斯·霍布斯将政治权力定义为："一种以法的形式固定的对社会各方面的管理关系，它反映的是一定的政治生活。"这种说法将权力限定在有限的政治领域中，某种程度上将政治权力视为权力金字塔的顶点。约翰·洛克在《政府论》中提到，"政治权力是每个人交给社会的他在自然状态中所有的权力，由社会交给它自己设置的统治者，附以明确的或默许的委托，即规定这种权力应用来为他们谋福利和保护他们的财产"。这种说法为解释政治权力的合法性问题提供了依据。马克思、恩格斯运用阶级分析理论指出"政治权力是一个阶级用以压迫另一个阶级的有组织的暴力"，说明了权力的阶级性。

综上，我们认为，政治权力是指权力在政治领域实际运行的过程中，政治权力主体为实现某种政治利益而将其意识施加于政治权力客体，从而形成对相关政治权力客体的强制力量。即政治权力的本质就在于是一种政治权力主体以威胁或惩罚的方式强制影响和制约政治权力客体价值和资源的能力。

3.国家权力。国家权力是一种特殊的政治权力。国家权力是指统治阶级运用国家机器来实现其意志和巩固其统治的支配力量，也称为统治权或政府权力。国家权力所表现的最高统治形式是国家主权，它是国家权力的"最终权力"，是一切国家权力的源泉。政府权力来自国家主权通过法律的合法授予。因此，国家权力必然成为政治主体活动的核心和内容，正如列宁所说，国家"是全部政治的基本问题，根本问题"。国家权力具有强制性、主权性、权威性、有序性、阶级性与公共性相统一的特征。国家权力是政治权力的核心，但不是政治权力的全部，不能简单地将国家权力等同于政治权力。

4.公权力。公权力也称公共权力，是指在公共管理过程中，由国家机关及其公职人员、其他公共组织掌握并行使的、用以处理社会事务、维持社会稳定和增进公共利益的权力。公权力是国家权力的重要内容，其本质上具有为公众服务的公共性。在社会主义中国，公权力是指在人民通过人民代表大会授权给以人民政府为代表的公共部门，用来处理公共事务、维护公共秩序、增进公共利益的权力，其本质上是为广大人民谋福利，即权为民所用，利为民所谋。但是，公权力是一把双刃剑，它一方面可以为人民的利益服务；另一方面，如果疏于监督，公权力也会成为掌权者攫取私利、滋生腐败、损害人民利益的工具。因此，党的十八大以来，以习近平同志为核心的党中央坚守"以人民为中心"的价值追求，深化国家监察体制改革、不断健全党和国家监督体系，就是要实现对公权力监督全覆盖，消除公权力监督的真空地带，压缩公权力行使的任性空间，切实把公权力关进监督制度的笼子，从源头上治理因公权力行使不当滋生的腐败问题。

5.腐败。腐败就是公权力主体（主要是国家公职人员）利用职权违背社会政治规范，通过各种途径和手段谋取个人或小集团私利的行为，也就是国家公职人员运用手中掌握的公权力谋取私利，从社会的公仆变质为社会的主人。

腐败行为的构成包括三个要件。

第一，腐败行为的主体是公职人员。公职人员主要指国家政权机构（包括立法机关、行政机关、监察机关、司法机关）及其工作人员，以及其他行使公权力的组织或个人。这些机构及其工作人员是国家各项权力的具体执行者，是人格化的国家权力。还包括与腐败行为相关人员，如向官员行贿、介绍贿赂从而使腐败行为得以产生的非公职人员等，都是腐败行为的主体。

第二，腐败行为的主观动机和目的，是为了谋取不正当的私利，即个人或小集团的私利。马克思主义认为，"人们所争取的一切，都同他们的利益有关"。

第三，腐败行为的实现手段是利用公权力谋取私利，使公权力偏离为民谋利的运行轨道。腐败总是依附于权力而存在，腐败归根结底是公权力的滥用。任何不受约束的公权力必然产生腐败。因此，建立有效的公权力制约监督体系，强化对公权力运行过程的制约与监督，是各国执政党和政府遏制腐败的必然选择。

（二）监督、监督制度、权力监督、监督体系、党内监督体系、国家监督体系、中国特色党和国家监督体系

1.监督。从词源学的角度来看，监督主要是指监察督促。《辞海》解释为，监督即监察、督促。《现代汉语词典》中，"监"，即从旁边查看；"督"，即督促；"监督"，即从旁边查看并督促。《汉语大辞典》对"监督"的解释有三：一是指监察督促，二是指督查军事，三是指旧时官名。《说文解字》也将"监"解释为"临下也"，即从上往下看，将"督"解释为"察也"，即察看、察视。此外，从监督的英文来看，supervision，指自上而下观察。"监督"一词，在我国早已有之。东汉《周礼注疏》载："治，谓监督其事。"即治理国家政治事务，关键是要监督官员的政治活动。这是古代文献中"监督"一词的最早出处。之后，《后汉书·荀彧传》也记载，在古时，调兵遣将打仗之时，一般会设置监军一职，对军事行动展开督查，避免因为将领的失误而导致战事失败。可以看出，此处的"监督"是指古代的官职，主要负责监督皇帝派

出打仗的军事将领，督促其积极执行朝廷的命令，有效避免过失，防止出现军事问题，威胁国家安全。

可见，我国古时就有"监督"一词。随着时代变迁，近代以后，"监督"一词的使用越来越广泛，军事含义逐渐淡化，监察督促的含义被保留，现在主要是指监察、限制，防止出现错误并及时纠正错误。

从政治学的角度来看，监督，是指为确保权力正常运行而对权力行使者进行的检查。它是权力所有者督促权力行使者按照自己的意志行使权力的行为过程。通过对政治学理论的学习可知，监督的产生是由于生产力的发展、私有制的产生。原始社会的生产力水平较低，生产产品仅能满足基本的生存和生产需要，并无剩余产品产生。随着社会发展，生产力水平逐渐提高，除满足自身生存外，剩余产品逐步增多，私有制随之产生。为了对剩余产品进行管理和控制，便产生了专门的监督人员和机构。"监督"本身就意味着管理，是管理活动不可分离的职能行为之一。政治学意义上的监督，就是指运用法律和纪律等赋予的权力和手段，实现公权力沿正确的轨道运行，对国家机关及其公职人员行使公权力的过程进行检查、评议、督促。

2.监督制度。监督制度，是国家围绕特定监督主体、监督客体和监督范围而制定的监督规章或准则。监督制度依据社会性质、监督主体、监督客体和监督权限范围不同，包括宪法监督制度、议会监督制度、司法监督制度、政党监督制度、社会监督制度等多种不同类型的、与各国历史文化密切相关的监督制度。

3.权力监督。权力的实现过程，就是权力主体通过把自己的意志强加于权力客体，使客体的行为发生改变来满足自己意志的过程。这个过程就使权力潜藏了一定程度的侵犯性和腐蚀性，当权力的"委托者"和"受托者"的利益发生冲突时，二者的矛盾会随着利益相左的程度而愈加深入，最终权力极有可能发生不可逆的异化，以及出现"特权"现象。学者们几乎普遍认为，权力和腐败之间有着密切的联系。英国自由主义大师阿克顿说："权力导致腐败，绝对权力导致绝对腐败。"法国启蒙思想家孟德斯鸠提出："一切有权力的人都容易滥用权力，这是万古不易的一条经验。有权力的人们使用权力一直到遇有界限的地方为止。"

由此看来，权力的运行必须有成立特定的组织机构或安排特定的人来监督权力"受托者"的行为，以此来维护共同体的公共利益。因此，权力监督是指由特定的专职部门、团体，对权力使用主体的行为进行监察、督促和约束，对于用权者做出的违规违法、失德失范等不当行为进行教育、纠正、检举和揭发。权力监督的主要监督对象是掌握权力的机关和组织，权力监督的内容包括监督客体对监督主体行为的合法性以及合理性进行监督，主要围绕健全监督机制以加强监督制度建设成效、聚焦思想教育以强化防范性监督、拓宽监督渠道以实施全方位监督等方面展开。

4.监督体系。监督体系是一个国家内围绕公权力运行制定的多种监督制度而构成的有机联系的监督系统，是各种监督制度的集群。各类监督制度在监督体系中既以自身特有的要素和运行方式保持特有的功能，又同其他监督制度构成一个有机整体。监督体系与监督制度之间是母系统与子系统的关系，作为子系统的众多监督制度构成了一个完整统一有序运行的监督制度体系。在这个监督体系中，每一个监督制度一方面以自身特有的要素和运行方式保持自身特定的监督功能，同时又同其他监督制度相互联系、相互配合，共同构成一个庞大的监督体系，实现对公权力的最优监督效果。

5.党内监督体系。党内监督体系，就是指中国共产党依据党章及其他党内法规，对党的机构和党员贯彻执行党的路线、方针、政策情况及党组织和党员干部违纪情况，而建立的一系列党内监督制度。依据监督主体的不同，包括党的中央组织监督制度、党委（组）全面监督制度、党的纪律检查机关专责监督制度，党的工作部门职能监督制度，党的基层组织日常监督制度，党员民主监督制度。

6.国家监督体系。国家监督体系，就是指在中国共产党领导下国家权力机关依据《中华人民共和国宪法》《中华人民共和国国家监察法》等法律法规，为专司对所有行使公权力的公职人员的监督、确保公权力始终为公而建立的一系列监督制度，包括人大监督制度、国家监察制度、司法监督制度、审计监督制度、统计监督制度、财会监督制度等一系列国家监督制度。中国特色国家监督体系主要以人大监督为核心支柱，以国家监察、司法监督、审计监督、统计监督和财会监督为骨干支柱。它是在遵循一切权力属于人民的社会主义根本原则基础上，产生的一系列分工明确又互相衔接的具体国家监督制度。国家监督体系实质上是运用国家权力监督公权力运行的同体监督。

7.中国特色党和国家监督体系。中国特色党和国家监督体系，是以党内监督为主导，以国家监督为支柱，以社会监督为基础的监督制度集群。党内监督、国家监督和社会监督，在监督实践中相互贯通、相互协调，形成独具中国特色、符合中国国情的党和国家监督体系，是中国特色权力监督思想与实践的系统总结和理论概括，是在新的时代条件下马克思列宁主义权力监督理论与中国特色社会主义的监督实践相结合的产物。墨西哥国立自治大学中国问题专家伊格纳西奥·科尔特斯认为，中国特色监察机制不同于很多国家，其中反腐参与从基层监督开始，这也为世界树立了反腐榜样。

二、党和国家监督体系的主要内容

（一）"谁来监督"——明确监督主体

中华人民共和国成立以来逐步形成的党和国家监督体系，是一个复杂的监督系统。厘清监督主体、强化问责，明确"谁来监督"，是党和国家监督体系协同高效运转的前提。"谁来监督"就是明确监督主体，厘清监督职责，失职失责要精准问责。习近平明确指出："反腐败体制机制改革，一个很重要的方面是理清责任、落实责任。不讲责任，不追究责任，再好的制度也会成为纸老虎、稻草人。"解决好"谁来监督"这一核心问题，是将党和国家监督体系权威高效的制度优势转化为治理效能，有效维护党纪、政纪、国法，形成"不敢腐、不能腐、不想腐"的反腐败格局的关键一招。

1.党内监督多元主体。厘清党内监督体系中各个监督主体及其监督责任，是精准追责问责的前提，也是全面落实党内监督的基础。2013年11月，党的十八届三中全会明确提出："落实党风廉政建设责任制，党委负主体责任，纪委负监督责任，制定实施切实可行的责任追究制度。"这就明确了党委（党组）和纪委在党风廉政建设中的职责分工。2003年12月颁布施行的《中国共产党党内监督条例（试行）》，是中国共产党成立以来制定的第一部党内监督条例，也是国际共运史上无产阶级政党制定的第一部党内监督条例。在试行《条例》第二章以一个专章内容规定了党内监督的"监督职责"，并区分界定了在党内监督体系中，党的各级委员会、党的各级纪律检查委员会、党的各级代表大会代表、党员四类监督主体在党内监督中的责任。这是一部以党章为指导，明确界定党内监督责任的基础性法规，是党自我革命实践经验的制度化、规范化，是改革开放新时期制度治党的标志性成果。

进入新时代，党自身建设面临诸多新问题新挑战，诸如党的领导弱化、管党治党宽松等，2016年10月，党的十八届六中全会通过了修订后的《中国共产党党内监督条例》。《条例》以落实责任为主轴，进一步将党内监督主体细化为六类，并清晰界定各类监督主体的责任。党内监督包括党中央集中统一领导下的党的中央组织的监督、党委（党组）全面监督，纪律检查机关专责监督，党的工作部门职能监督，党的基层组织日常监督和党员民主监督。《条例》除了将党员民主监督中党员监督定性为既是每个党员享有的"权力"，也是应尽的"义务"外，还重点对其他四类监督的监督主体及其责任进行了明确界定。党委（党组）的主体责任，在《条例》的第十五条突出强调"党委（党组）负主体责任，书记是第一责任人，党委常委会委员（党组成员）和党委委员在职责范围内履行监督职责"，并针对以前党内法规对党委（党组）履行主体责任只有宏观表述、缺乏硬性规定的这一现实困境，明确规定党委（党组）在党内监督中四个方面的主体责任。

党委（党组）监督是党内监督的关键，能否落实管党治党主体责任，直接关系到反腐败斗争和党风廉政建设的成效，《条例》为党委（党组）在党内监督中的主体责任进行清晰界定，厘清了党委（党组）的责任边界，通过党内监督明确责任的硬性规定，把党委（党组）主体责任落实到位，使党委（党组）切实挑起党内监督的"大梁"，全面承担党内监督的主体责任。

纪委作为党内监督的专责机关及其监督责任，是在试行《条例》中首次正式确立的。而修订后的《条例》进一步明确了纪委在党内监督中的监督责任，"履行监督执纪问责职责，对所辖范围内党组织和领导干部遵守党章党规党纪、贯彻执行党的路线方针政策情况进行监督检查"。党的工作部门的职能监督责任，《条例》的第十六条规定为"既加强对本部门本单位的内部监督，又强化对本系统的日常监督"。党的基层组织的日常监督责任，《条例》的第三十五条从严格党的组织生活，了解党员、群众对党的工作和党的领导干部的批评和意见，维护和执行党的纪律三个方面进行了界定。《条例》对党内监督各个监督主体应该承担的监督责任的细化，为党员干部发生违纪行为后的精准问责提供了权威的制度依据。

2.国家监督多元主体。依据相关法律法规，构成国家监督的六个监督要素（人大监督、国家监察、司法监督、审计监督、统计监督、财会监督）分别有相应的监督主体。

人大监督的监督主体为各级人民代表大会常务委员会。宪法作为我国的根本大法，明确规定"国家行政机关、监察机关、审判机关、检察机关都由人民代表大会产生，对它负责，受它监督"，这就从国家根本大法的层面，为人民代表大会作为人大监督主体奠定了最权威的法律基础。人大的监督方式主要有：审议和听取"一府一委两院"的专项工作报告；审查和批准决算，听取和审议国民经济和社会发展计划、预算的执行情况报告，听取和审议审计工作报告；法律法规实施情况的检查；规范性文件的备案审查；询问和质询；特定问题调查和撤职案的审议和决定等。

国家监察的监督主体是党的十九大后新成立的各级监察委员会。"深化国家监察体制改革，将试点工作在全国推开，组建国家、省、市、县监察委员会"，是党的十九大报告中的明确阐述。随后，中办印发《关于在全国各地推开国家监察体制改革试点方案》，国家监察体制改革试点后在全国迅速铺开。

2018年2月，全国省、市、县监察委员会组建完成。2018年3月，第十三届全国人大一次会议表决通过《中华人民共和国宪法修正案》和《中华人民共和国监察法》，并依法正式组建国家监察委员会，为国家监察体制改革奠定了坚实的法理基础。《中华人民共和国宪法修正案》中专门增写了"监察委员会"，其中明确规定"中华人民共和国各级监察委员会是国家的监察机关"，为监察委员会的作为国家监察的主体地位，提供了最权威的宪法依据，监察委员会独立行使监察权于宪有源。而《中华人民共和国监察法》第三条在宪法基础上进一步规定"各级监察委员会是行使国家监察职能的专责机关"，这就将宪法修正案中行使国家监察职能的监察委员会，纳入与"一府两院"平行的国家权力层级，明确规定监察委员会由同级人大产生，对人大负责，受人大监督，实现了监察委员会的监督主体地位于法有据。

司法监督的监督主体是国家司法机关。作为国家监督体系的重要组成部分的司法监督，指的是人民法院和人民检察院对行使公权力的国家机关及其工作人员，行使权力的过程进行的监督。各级人民法院和各级人民检察院是我国司法监督的监督主体。第十三届全国人大一次会议通过的《中华人民共和国宪法修正案》，承袭了以前宪法关于司法机关的规定，即人民法院和人民检察院分别是国家的审判机关和法律监督机关，二者均由人大选举产生，对其负责，受其监督。

审计监督的监督主体，是政府内设的各级审计机关。1994年8月31日第八届全国人民代表大会常务委员会审议通过、2006年2月修正的《中华人民共和国审计法》明确规定"国家实行审计监督制度，国务院和县级以上地方人民政府设立审计机关""审计机关依照法律规定的职权和程序，进行审计监督"。1997年颁布、2010年修订的《中华人民共和国审计法实施条例》也规定"审计机关依照审计法和本条例以及其他有关法律、法规规定的职责、权限和程序进行审计监督。"这就通过国家立法形式确定了设立于政府体制内部的设计机关，是审计监督的监督主体。

统计监督的监督主体是国家统计局和各级统计机构。在1983年12月制定通过，先后于1996年5月、2009年6月两次修订的《中华人民共和国统计法》中，明确规定"国务院设立国家统计局，依法组织领导和协调全国的统计工作"，"县级以上地方人民政府设立独立的统计机构"。这就以国家立法形式赋予国家统计局和各级统计机构以监督权。

财会监督的监督主体是隶属于政府的财政监督部门。财政监督部门包括国家财会监督、社会财会监督和单位内部财会监督。国家财会监督是指以财政等政府主管部门对本级及下级财政资金使用、会计工作规范、遵守财经法纪的监督。这里既牵涉到对本级，也包括对各单位的会计资料真实、完整、合规等开展监督。社会财会监督即注册会计师的鉴证业务是社会财会监督的重要组成部分。

在国有资本管理重点从"管企业"向"管资本"转变、资本市场证券发行从"核准制"走向"注册制"、国内金融市场面向外资全面开发的背景下，注册会计师充分反馈保障财务会计信息质量的作用日益凸显。财会监督中体量最大的部分是各个单位内部财会监督，这是每个经济主体的自我监督。也是参与主体最多、最直接的监督体系。最了解企业的是企业内部人员，财会监督是最可能嵌入业务过程中实时开展。2020年1月13日，习近平总书记在十九届中央纪委四次全会上发表重要讲话，强调完善党和国家监督体系，要"以党内监督为主导，推动人大监督、民主监督、行政监督、司法监督、审计监督、财会监督、统计监督、群众监督、舆论监督有机贯通、相互协调"。首次将财会监督纳入党和国家监督体系，与"审计监督""统计监督"等一并成为国家监督体系的一部分。

构成国家监督六个要素监督主体的明确界定，为厘清主体责任边界，六个要素协同发力，实现国家权力对公权力的有效制约提供了前提条件。

3.社会监督主体。监督主体的广泛性，是社会监督的三个构成要素最突出的特点与优势。民主监督的监督主体是参加人民政协的各党派团体和各族各界人士。2017年发布的《中共中央关于加强和改进人民政协民主监督工作的意见》指出："人民政协民主监督是在坚持中国共产党的领导、坚持中国特色社会主义基础上，参加人民政协的各党派团体和各族各界人士在政协组织的各种活动中，依据政协章程，以提出意见、批评、建议的方式进行的协商式监督。"这就明确界定了民主监督的主体为"参加人民政协的各党派团体和各族各界人士"。邓小平在《党和国家领导制度的改革》一文中指出："要有群众监督制度，让群众和党员监督干部，特别是领导干部。凡是搞特权、特殊化，经过批评教育而又不改的，人民就有权依法进行检举、控告、弹劾、撤换、罢免，要求他们在经济上退赔，并使他们受到法律、纪律处分。"中国共产党历来高度重视群众监督和舆论监督，也在实践中创立了许多群众监督、舆论监督制度。

群众监督作为党和国家监督体系的构成要素之一，其监督主体是指那些来自党外的、不包括参加政协的民主党派和无党派人士及团体的人民群众，并不是泛指所有的"人民群众"。舆论监督，基于本书对党和国家监督体系构成要素梳理中对其实质上是群众监督的特殊组成部分的概念界定，其监督主体应该与群众监督一致。在互联网时代，每一个人都可能通过互联网对政府机关及其工作人员违法乱纪行为进行举报、批评或提出建议，进而形成舆论热点，达成监督目的。但是，如果形成舆论监督的主体是党员或者参加政协的民主党派和无党派人士，则应该属于党内监督或民主监督。

党内监督六类监督主体、国家监督六类监督主体、社会监督三个要素监督主体的界定，为厘清各个监督主体的责任边界，形成对公权力有效监督的协同监督网提供了前提条件，回答了党和国家监督体系中"谁来监督"的问题。

（二）"监督谁"——明确监督对象

1.党内监督全覆盖与抓"关键少数"相结合。党内没有特殊党员，所有党员都必须自觉接受来自党内和党外的监督，这是由中国共产党的性质和宗旨决定的，也是党始终保持无产阶级先进性的根本要求。"辩证唯物主义是中国共产党人的世界观和方法论。"我们强调加强党内监督，完善党和国家监督体系，就是承认新时代党的自身建设和中国特色社会主义前进中存在着腐败与反腐败、某些领域党的领导弱化和纪律松弛、国家监督存在短板、社会监督相对较弱等亟待解决的新矛盾、新问题、新挑战，就是要勇于面对和解决这些新矛盾、新问题、新挑战。

"中国共产党的伟大不在于不犯错误，而在于从不讳疾忌医，敢于直面问题，勇于自我革命，具有极强的自我修复能力。"因此，对党内监督对象的分析，应该坚持运用辩证唯物主义的重点论和两点论这一根本方法。既要看到重点监督对象——"关键少数"对打赢党风廉政建设和反腐败斗争引领示范的关键作用，同时也要看到从中央到地方全体党员、所有党组织，对打赢党风廉政建设和反腐败斗争的基础性作用。我们既要明确2016年修订的《中国共产党党内监督条例》中规定"党内监督的重点对象是党的领导机关和领导干部特别是主要领导干部"，也要遵循党章确立的党内监督对象全覆盖的根本原则，决不能理解为党内监督的对象只有党的领导机关和领导干部特别是主要领导干部。因为重点监督对象不能简单等同于全部监督对象。我们要学会运用事物矛盾运动的基本原理，坚持运用重点论和两点论的辩证统一的根本方法来分析党内监督对象。

（1）坚持重点论，抓好"关键少数"。积极面对党内监督存在的新矛盾，要善于在错综复杂的矛盾中抓住主要矛盾和矛盾的主要方面加以优先解决，以带动其他次要矛盾的顺利解决，正所谓"秉纲而目自张，执本而末自从"。当前领导干部特别是主要领导干部贪腐问题，是当前党内监督面临的最突出的矛盾和问题。"新形势下，我们党面临着许多严峻挑战，党内存在着许多亟待解决的问题。尤其是一些党员干部中发生的贪污腐败、脱离群众、形式主义、官僚主义等问题，必须下大气力解决。"因为领导干部特别是主要领导干部，位高权重，是我们实现社会主义现代化、建设社会主义现代化强国的骨干和中坚力量，作为"关键少数"，领导干部特别是主要领导干部能否对党忠诚、干净担当，直接关系反腐败这场输不起也决不能输的政治斗争之成败，甚至关系到党的生死存亡和党领导的中国特色社会主义事业的兴衰成败，这绝不是危言耸听。

苏共党员干部的特权腐败就是苏联社会主义大厦坍塌的重要因素，"苏共垮台前调查显示，认为苏共代表劳动人民的占7%，代表工人的占4%，代表全体党员的占11%，代表官僚、干部、机关工作人员占85%"。党员干部的特权腐败导致苏共失去民心，最终亡党亡国。新中国成立以来，在党的领导下查处了刘青山、张子善、王宝森、陈希同、胡长清、成克杰等"关键少数"中的腐败分子，特别是党的十八大以来，查处了薄熙来、周永康、徐才厚、郭伯雄、令计划、孙政才等"大老虎"，他们最高官职达到副国级，最高处以死刑。

从党的十八大到2017年6月底，中纪委监察部"共立案审查中管干部280多人、厅局级干部8600多人"，其中包括17名中央委员和17名中央候补委员。这一方面反映出"关键少数"中确实存在危及党的肌体健康的"毒瘤"，另一方面也彰显了以习近平同志为核心的党中央紧抓"关键少数""打虎"无禁区、腐败零容忍的坚定决心。2013年1月22日，习近平在第十八届中央纪律检查委员会第二次全体会议上的讲话中警示党员干部："中国历史上因为统治集团严重腐败导致人亡政息的例子比比皆是，当今世界上由于执政党腐化堕落、严重脱离群众导致失去政权的例子也不胜枚举啊！"

理论和实践都证明，党内监督必须紧紧抓住"关键少数"，优先解决好全面从严治党的主要矛盾和矛盾的主要方面，确保党的领导机关和领导干部特别是主要领导干部，任何时候都要政治信仰不变、政治立场不移、政治方向不偏、忠诚干净担当。

（2）坚持两点论，坚持党内监督全覆盖。实现党内监督全覆盖，既是党章确立的根本原则，也是中国共产党的一贯主张。两点论告诉我们，在党内监督中既要看到主要矛盾，重点抓"关键少数"，同时也要兼顾"绝大多数"；既要打领导干部中的"大老虎"，也要拍群众身边的"小苍蝇"；既要清除党肌体上的"大毒瘤"，也要清理"小蛀虫"。因为相对于远在天边的"老虎"，百姓身边"蝇贪"的"微腐败"损害百姓切身利益，啃食党的执政根基，践踏群众对党的信任。

2016年修订的《中国共产党党内监督条例》规定"党内监督的重点对象是党的领导机关和领导干部特别是主要领导干部"，同时还规定了每一个监督主体的具体监督对象。《条例》的第十三条、第十五条第三款、第二十六条第一款、第三十五条第一款分别规定"中央政治局委员应当加强对直接分管部门、地方、领域党组织和领导班子成员的监督"，党委（党组）"对党委常委会委员（党组成员）、党委委员，同级纪委、党的工作部门和直接领导的党组织领导班子及其成员进行监督"，党的纪律检查机关应"加强对同级党委特别是常委会委员、党的工作部门和直接领导的党组织、党的领导干部履行职责、行使权力情况的监督"，党的基层组织应"监督党员切实履行义务"，这就分别清晰规定了各个监督主体的具体监督对象。因此，党内监督对象既包括"关键少数"，也包括"绝大多数"的一般干部、党员和各级党组织。

根据中央组织部2020年6月30日发布的最新党内统计数据，截至2019年底，中国共产党党员总数为9191.4万名，党的基层组织468.1万个。作为世界第一大执政党，占绝大多数的党员和党的基层组织，是党的根基和血脉，是保持党与人民群众血肉联系的最直接纽带。党的十八大以来，基层党员干部频现的"小官巨贪"现象，说明基层的贪腐"小蛀虫"对党的健康肌体的侵蚀、对党群关系和干群关系的破坏同样不可小视，正所谓"千里之堤、溃于蚁穴"，全面从严治党不断向纵深推进，"打虎"力度不减，"拍蝇"持续发力。2020年，全国纪检监察机关共处分60.4万人（其中党纪处分52.2万人）。处分省部级干部27人，厅局级干部2859人，县处级干部2.2万人，乡科级干部8.3万人，一般干部9.9万人。在受处分的干部中，乡科级干部和一般干部占比超过30%，基层党员干部的腐败问题可见一斑。党内监督抓住"关键少数"的同时，必须兼顾"绝大多数"，有效治理基层腐败，才能赢得党心民心，深植党的执政根基。

2.国家监督实现监督对象全覆盖。要明晰国家监督"监督谁"，就必须依据相关法律法规，厘清其六个监督主体的具体监督对象。在国家监督的六个监督要素中，司法监督、审计监督、统计监督、财会监督，都是从各自专业领域，依照法定职权和程序对国家行政机关及其工作人员行使国家公权力进行的监督，他们的监督对象都是行使公权力的国家行政机关及其工作人员。下面重点分析作为国家监督核心要素的人大监督、监察对象范围变化最大的国家监察的监察对象情况。

（1）人大监督的监督对象，依据《中华人民共和国宪法》和《中华人民共和国各级人民代表大会常务委员会监督法》《中华人民共和国监察法》等相关法规来界定。我国宪法明确规定全国人民代表大会常务委员会有"监督国务院、中央军事委员会、国家监察委员会、最高人民法院和最高人民检察院的工作"的职权。依据《中华人民共和国各级人民代表大会常务委员会监督法》规定，"各级人民代表大会常务委员会对本级人民政府、人民法院和人民检察院的工作实施监督，促进依法行政、公正司法"，人大监督的监督对象为人民政府、人民检察院和人民检察院。但是依据《中华人民共和国监察法》规定，"国家监察委员会由全国人民代表大会产生……国家监察委员会对全国人民代表大会及其常务委员会负责，并接受其监督"。

当前，国家监察体制改革全国铺开，《中华人民共和国监察法》已经正式实施，国家监察委员会及地方各级监察委员会已经组建完成，成为各级人大监督新增的监督对象。因此，人大监督的监督对象为本级人民政府、监察委员会、人民法院和人民检察院。

（2）国家监察的对象是所有行使公权力的公职人员。在我国80%的公务员、超过95%的领导干部均为共产党员，这一现实决定了没有国家监察的全覆盖，就无法实现对公权力监督的全覆盖。只有把党内监督和国家监察协调贯通，才能构建完善的具有鲜明中国特色的党和国家监督体系，实现对公权力的有效监督。新中国成立以来，监察对象经历了从政府机关和公务人员到所有行使公权力人员全覆盖、范围逐步扩大的历史变化过程。

1950年10月，中央人民政府颁布的《政务院人民监察委员会试行组织条例》规定，作为国家行政监察机关的人民监察委员会，其监察对象为政府机关和公务人员。1954年依据《宪法》监察部取代人民监察委员会成为行政监察机关，1955年11月国务院通过的《监察部组织简则》规定的监察部的监察对象为国务院各部门、地方各级国家行政机关、国营企业工作人员。1959年因国家管理体制改革取消监察部，行政监察职责归于党的监察机关负责。改革开放后，1987年7月，依据六届全国人大常委会恢复设立1959年撤销的监察部。1990年国务院发布的《行政监察条例》和1997年全国人大审议通过的《行政监察法》规定，国家行政机关及其工作人员和国家行政机关任命的其他工作人员，是行政监督机关的监察对象。2004年9月，国务院颁布的《行政监察法实施条例》和2010年修订的《行政监察法》规定的监察对象范围进一步扩大，国家行政机关依法委托从事公共事务管理活动的组织及其从事公务的人员也纳入监察范围。"要坚持党对党风廉政建设和反腐败工作的统一领导，扩大监察范围，整合监察力量，健全国家监察组织架构，形成全面覆盖国家机关及其公务员的国家监察体系"，首次明确提出国家监察的对象全覆盖。2017年10月，党的十九大报告中再次明确提出"实现对所有行使公权力的公职人员监察全覆盖"。2018年3月，正式颁布实施的《中华人民共和国监察法》规定国家监察的监察对象为六类人员。

至此，国家监察实现了对所有行使公权力的公职人员全覆盖。"我们把所有行使公权力人员纳入统一监督的范围，解决了过去党内监督和国家监察不同步、部分行使公权力人员处于监督之外的问题，实现了对公权力监督和反腐败的全覆盖、无死角。"新中国成立70多年来，从行政监察到国家监察，从政府机关和公务人员到所有行使公权力人员全覆盖，不仅是监察对象范围的扩大与人数增加的外在形式变化，而且是监察对象判断由身份识别标准到以是否从事公务和行使公权力标准的内在实质的转变。党的十八大以来，国家监察体制改革的试点与全面铺开，推动了党的纪律检查和国家监察的协调统一，形成了党中央集中统一领导下，"用纪律管全党"和"用法律管全体"、党内监督和国家监督全覆盖的新格局。

3.社会监督对象的统一性和全覆盖。社会监督作为新中国成立以来党和国家监督体系的基础，包含民主监督、群众监督和舆论监督三个监督要素。虽然三个监督要素监督主体不同，但是其监督对象都是国家机关及其工作人员全覆盖。这既是我国一切权力属于人民的社会主义国家性质决定的，也是宪法赋予社会监督主体的权力。在我国，社会监督的主体——民主党派和人民群众，可以就任何一个国家机关及其工作人员，行使公权力的任何领域以及任何环节进行监督，提出意见、建议，甚至是批评、控诉，社会监督的实质，就是国家权力所有者的人民，对受人民委托行使国家权力的受托者——国家行政机关及其工作人员的监督。监督对象的统一性和全覆盖，是社会监督的一个突出特点和优势。社会监督虽然不具有党内监督和国家监督的权威性，但其这一特点和优势，决定了社会监督在整个党和国家监督体系中的基础地位。

综上所述，新中国成立以来特别是党的十八大以来，通过国家监察体制改革的顶层设计，推动党内巡视和国家监察"双轮驱动"，实现了党和国家监督体系对全体党员及党的各级组织、一切行使公权力的公职人员的监督全覆盖，党和国家监督实现了"横向到边、纵向到底"的无盲区、无死角、全覆盖，明确回答了中国特色党和国家监督"监督谁"的理论问题，这是新中国成立以来治党治国实践经验的科学总结。

（三）"监督什么"——明确监督内容

党风廉政建设和反腐败斗争，是关系到党和国家生死存亡的重大政治问题，也是新中国成立以来建立健全党和国家监督体系的重点内容。中国共产党建党100年来，特别是新中国成立以来，始终从党、国家和民族前途命运的高度，坚持党风廉政建设和反腐败斗争一刻也不能放松的劲头，持之以恒地把党风廉政建设和反腐败斗争作为党和国家监督的中心任务紧抓不放，坚持不懈健全党和国家监督体系，坚持党内监督、国家监督、社会监督三向发力，细化监督职责，压实监督责任，从理论和实践双重维度回答了党和国家监督体系"监督什么"这一基本理论问题。

1.党内监督打造反腐倡廉排头兵。党的十八大以来，厘清职责边界，精准问责成为纪检监察机关开展党风廉政建设和反腐败斗争的鲜明特色。2013年11月，党的十八届三中全会一次会议上，习近平就做出了"当前腐败现象多发，滋生腐败的土壤存在，党风廉政建设和反腐败斗争形势依然严峻复杂"的清醒判断，并提出"坚决反对腐败，防止党在长期执政条件下腐化变质，是我们必须抓好的重大政治任务"。2013年4月，在部署巡视工作时，习近平明确指出巡视工作"要围绕党风廉政建设和反腐败斗争这个中心进行"。这些论述成为新时代党内监督的重要内容。

《中国共产党党内监督条例》明确规定了党委（组）在党内监督中四个方面的主体责任，厘清了党委（组）的责任边界，为精准问责奠定了制度基础。"各级党委特别是主要负责同志一定要树立不抓党风廉政建设就是严重失职的意识，常研究，常部署，抓领导、领导抓，抓具体、具体抓，种好自己的责任田。"纪委作为党内监督的专责机关，主责主业是聚焦监督执纪问责，对所辖范围内的党组织和领导干部，是否遵守党章党规党纪、是否认真贯彻执行党的路线方针政策等情况进行监督检查。精准问责成为反腐败的利器。党章明确规定"党组织如果在维护党的纪律方面失职，必须问责"。2014年1月，习近平在十八届中央纪律检查委员会第三次全体会议上又明确提出："无论是党委还是纪委或其他相关职能部门，都要对承担的党风廉政建设责任进行签字背书，做到守土有责。出了问题，就要追究责任。"2009年6月，中纪委印发《关于实行党政领导干部问责的暂行规定》，这是党史上第一部党内问责的文件。2019年9月修订后的《中国共产党问责条例》颁布实施，为党的问责工作提供了制度遵循，成为管党治党的利器。修订后的《中国共产党问责条例》系统规定了"谁来问责""问责谁""问责什么""怎样问责"等党内问责的一系列基本问题。

首先，厘清问责主体及职责，解决了"谁来问责"的问题。党委（党组）履行全面从严治党主体责任，负责全面领导本地区本部门本单位的问责工作；纪委履行监督专责，协助同级党委开展问责工作；党的工作机关依据职能履行监督职责，实施本机关本系统本领域的问责工作。

其次，明确了两类问责对象，解决了"问责谁"的问题。《条例》第五条规定"问责对象是党组织、党的领导干部，重点是党委（组）、党的工作机关及其领导成员，纪委、纪委派驻（派出）机构及其领导成员"。

再次，将针对三种责任规定了11种情形进行问责，解决了"问责什么"的问题。最后，针对党组织和党的领导干部，规定了7种问责方式，解决了"怎样问责"的问题。修订《条例》实施以来，党内监督问责基本形成了"失责、问责、省责、担责"的正向循环，其督促各级党组织、党的领导干部负责守责尽责，践行忠诚干净担当的震慑作用凸显。

2.国家监督铸就反腐倡廉利剑。国家监督的职责，总的来说就是国家权力机关运用其法定的国家权力，监督制约国家行政机关及其工作人员正确行使公权力。因为国家监督由不同监督主体构成，其监督职责范围也各有不同。要回答国家监督"监督什么"，就必须依据相关法律法规，厘清国家监督的六要素中每一个监督要素的监督职责范围。

人大监督聚焦党风廉政建设和反腐败斗争，权威反腐强震慑。人民代表大会制度这一中国特色的制度设计，决定了人大监督是党和国家监督体系中是最有权威性的监督。"人民代表大会制度的重要原则和制度设计的基本要求，就是任何国家机关及其工作人员的权力都要受到制约和监督。"人大的权威反腐、源头防腐作用，除了集中体现在其监督职能外，也贯穿于人大的立法、重大事项决定和人事任免这三项职能之中。人大的反腐立法，是法治反腐的顶层设计，比如全国人大制定审议《中华人民共和国监察法》，从国家立法的源头确立了国家监察在反腐败顶层设计中的性质和地位，反腐的权威性毋庸置疑。人大在重大事项特别是重大投资项目的审议决定过程中，也可以通过视察、调研、专题询问等形式发挥监督作用，防止"形象工程""政绩工程"盲目上马，预防政府滥用职权等渎职、权力滥用等腐败行为。人大在人事任免过程中，也要与组织部门协同发力，把好人事任免"廉洁关"，从源头上将腐败分子排除在公职人员队伍之外。

国家监察聚焦党风廉政建设和反腐败斗争，发挥反腐利剑作用。随着《中华人民共和国监察法》的颁布和中央到省市县监察委员会的相继成立，政府内部设置的行政监察从政府职权序列分离出来，提升为与国务院、人民法院、人民检察院的行政权、司法权相同层级的国家监察，对国家权力作出重新配置。这是新中国成立以来改变我国中国特色社会主义权力架构的重大政治体制改革，彰显了中国共产党对腐败零容忍，与腐败现象水火不容的鲜明政治立场。监察体制改革后，依据《中华人民共和国监察法》，纪委监委合署办公，监察委员会在反腐败斗争中具体主要履行三项职能：一是对全部行使公权力的公职人员进行监察；二是调查职务违法和职务犯罪；三是开展廉政建设和反腐败工作，维护宪法和法律的尊严。监察委员会依法行使的国家监察职能，是在坚持党的集中统一领导前提下，把改革前分散于预防腐败机构、检察机关和行政监察部门的反腐败相关职责进行全新的优化整合，目的是解决过去反腐败力量分散、纪法衔接不畅等瓶颈问题。国家监察是在党直接领导下，依托纪检、拓展监察、衔接司法，是对所有行使公权力人员的协同、权威、高效的"闭环"监督，是中国特色的公权力监督实践经验的科学总结和制度创新，是新时代党风廉政建设和反腐败斗争的一把利剑。

司法监督聚焦党风廉政建设和反腐败斗争，筑牢反腐"最后防线"。司法监督分别包括检察机关和审判机关，依照法定职权和程序对国家权力进行的监督。人民法院和人民检察院通过开展审理腐败案件、行政检察、行政公益诉讼、提出司法建议、预防职务犯罪调查及涉腐案件依法进行抗诉等方式，发挥司法监督在反腐中的"最后防线"的强制性监督优势。司法监督是腐败行为发生之后的事后监督，把好法律"执行关"，筑牢司法监督这道反腐的"最后防线"，发挥司法监督在监督公权力中的独特优势，是夺得反腐败斗争决定性胜利的关键环节。

审计监督聚焦党风廉政建设和反腐败斗争，发挥反腐"尖兵"作用。审计监督依法对所有国家财政有关单位的财政财务收支情况的真实、合法性进行审核稽查。党的十八大以来，我国国家审计的发展，实现了从审计全覆盖到建立健全审计监督制度的转变。审计监督具有专业性强、发展速度快、覆盖面广的独特优势，且兼具事前预警监督、事中揭露监督、事后监督的全覆盖监督职能。发挥审计监督在监督公权力过程中的源头预防和精准打击的"尖兵"作用，成为当前健全完善党和国家监督体系的迫切需要和必然要求。

统计监督聚焦党风廉政建设和反腐败斗争，剑指统计数据造假。统计数据的真实性，是党中央重大决策科学性的重要参考。依据《中华人民共和国统计法》《中华人民共和国统计法实施条例》，统计监督的职责范围主要包括三个方面：一是对经济社会发展情况开展统计调查、统计分析，形成统计资料和统计咨询意见，进行统计反馈和检查；二是对社会发展和经济运行的政府宏观调控提供统计"警报"；三是确保统计数据真实准确、完整及时，防范和惩治统计造假、弄虚作假，避免统计数据失真失实干扰决策判断等公权力腐败行为。当前，统计监督的首要任务，就是全面清除统计数据造假及其背后隐藏的腐败问题，确保统计数据真实可信，为党中央的重大决策提供可靠的统计信息保障。在全国范围内开展统计督察是史无前例的创制之举，是织密筑牢对公权力监督网的关键节点，也是要全面发挥统计监督为国家经济社会发展把好脉，守好"数据统计"责任田的专业监督职能作用。强化统计领域严重失信企业信息公示。

财会监督是财政监督和会计监督的简称。财会监督聚焦党风廉政建设和反腐败斗争，发挥源头防腐"防火墙"作用。腐败的源头是公共财政资金和公权力的滥用。财会监督的职责范围可归纳为六个层面：相关财税法规政策执行情况；预算管理情况；财政收支情况；国有资产管理情况；财务会计制度执行情况；相关行业执业情况等。财会监督如果把关不严，则会出现预算虚高、收支失衡、原始凭证失真、账外账、小金库等滥用公共财政资金的腐败行为。新时代的财政监督，就是要求政府财务管理部门要从提升国家财务治理能力的高度，找准政府财务管理中公权力运行的关键节点，重点把好国家资金、资产、资源的分配、管理和使用中公权力的制约和监督，守好财会监督这块责任田，为其他各类监督提供基础财务数据支撑。

国家监督作为对行使公权力的机关及其工作人员实行的、具有国家强制力的监督，是一种以国家权力制约公权力滥用的自我监督。国家监督的六个监督要素，虽然主体多元、监督效果不同，但却从各自职责领域强化职责担当，形成国家监督的整体合力，共同支撑"以国家权力监督公权力"这一国家监督目标的实现。

3.社会监督编织反腐倡廉天罗地网。全天候、全方位的社会监督，编织出一张权力监督的天罗地网。作为对公权力的异体监督，其实质是公民权利对公权力的监督。只有让社会监督强起来、硬起来，才能让主仆观念颠倒的腐败分子无处遁形，才能使人民监督的天罗地网牢不可破，才能筑牢党和国家监督体系的基础。所有国家机关及其工作人员行使公权力的全过程，都在社会监督的范围之内，这也是由社会监督主体的广泛性决定的。

民主监督是党对公权力监督的"好帮手"。民主监督是社会监督中专业化、制度化、规范化程度较高的监督要素，也是独立于党和国家政权体制外的最有组织性的异体监督。民主党派的民主监督职能，是由中国特色政党制度决定的。在中国特色新型政党制度下，民主党派对中国共产党的监督，是民主监督职能的集中体现，也是社会主义民主政治赋予民主党派的重要政治责任。民主监督，是民主党派与中国共产党在协商与监督的互动中，进行的中国特色"协商式监督"，与党和国家监督体系的其他构成要素比较，这种

"协商式监督"是民主党派与执政党根本利益一致的前提下，基于人民政协这一组织形式，提出批评、建议的柔性监督。

人民政协是各民主党派及无党派人士等进行民主监督的组织载体。党风廉政建设和反腐败斗争，是民主监督的重要内容，民主党派通过会议监督、视察监督、提案监督、专项监督及其他创新形式，对执政党进行"协商式监督"。协商式民主监督对于协助执政党全面从严治党、预防和惩治腐败的优势作用不可替代。在党风廉政建设和反腐败斗争中，只有完善协商式民主监督、充分发挥民主党派作为执政党"好参谋、好帮手、好同事"的反腐监督作用，才能保证形成党风廉政建设和反腐败斗的最大合力。

群众监督发挥反腐"全天候探照灯"作用。群众监督是宪法"中华人民共和国的一切权力属于人民"这一人民主权原则的集中体现。

群众监督是发现违纪违法行为和联系群众的重要渠道。群众监督渠道拓宽及其制度化、规范化，使群众监督成为纪检监察机关查办违纪案件的主要线索来源，有力化解了新时期人民内部矛盾，是以人为本的理念在群众监督中的贯彻。在纪委监委主导下开辟的互联网与民主监督创新融合的监督渠道，与抖音、微信、微博等大众网络平台相结合，使网络监督成为新时代群众监督的主渠道，加之传统信访监督渠道的不断畅通，形成了有形监督与无形监督优势互补的群众监督网，让腐败分子无处遁形，成为新时代党和国家监督体系的坚实基础。

舆论监督成为全面反腐、开门反腐的"全天候反腐利器"。新闻媒体"要根据事实来描述事实，既准确报道个别事实，又从宏观上把握和反映事件或事物的全貌"。实事求是新时代舆论监督的基本要求。新时代，传统媒体和新媒体优势互补，舆论监督反腐不再受地域、时间限制，无处不在、无时不在，使不正之风和腐败分子无处遁形。纪检监察网站监督举报专区，为舆论监督开辟官方渠道，让违纪违法者胆战心惊；传统媒体聚焦反腐创新监督形式，电视问政、新闻调查、反腐专题纪录片等让不作为乱作为者直面人民的评判；新媒体通过"两微一端"等网络平台随时随地曝光腐败行为，并推动腐败分子迅速被查办，大大提升了舆论反腐的治理效能。

三、健全党和国家监督体系的意义

（一）相关理论丰富了马克思主义权力监督思想

马克思、恩格斯、列宁等人站在阶级立场上强调对权力的监督与制约，其监督方法集中于加强群众监督和党内监督等方面，这些思想与方法对今天仍然具有重要的指导意义。一直以来，我们不断加强党内监督、群众监督等，但仍然存在监督覆盖不全、反腐力量分散等问题，制约了监督效能的提升。习近平总书记在将马克思主义作为根本指导思想的基础上，创造性地提出"健全党和国家监督体系"，努力实现党内监督与其他监督的有机贯通，构建监督合力。习近平总书记关于坚持和完善党和国家监督体系重要论述，在有效途径、重要方法、重点环节、根本目的等方面对权力监督与制约进行了独创性论述，丰富和发展了马克思主义权力监督思想。

（二）推动全面从严治党向纵深发展，推进党的自我革命的重要保障

习近平总书记指出："全面从严治党是一场自我革命，必须探索出一条党长期执政条件下实现自我革命的有效路径。"形成了科学的防错纠错机制，解决党在长期执政条件下自身存在的问题，是党和国家监督体系的逻辑起点和根本任务。党的十八大以来，在健全党和国家监督体系的过程中，以习近平同志为核心的党中央始终坚持以党内监督为主导，健全党内监督制度，使党内政治生态得到净化、党风得到明显改善、党的政治队伍建设得到加强、党的纪律得到进一步严明，推动了全面从严治党不断向纵深发展，并在这一过程中找到了跳出"历史周期率"的第二个答案即自我革命。党和国家监督体系是我们党不断以自我革命精神纠正自身问题，祛病疗伤、激浊扬清，永葆先进性和纯洁性的重要法宝，也是我们党长期执政条件下实现自我革命、强化自我监督的有效途径和重要保障。以习近平同志为核心的党中央坚持反腐无禁区、全覆盖，贯彻"任何人触犯了党纪国法都要依纪依法严肃查处，决不姑息"的思想，使不敢腐的目标初步实现，反腐败斗争由最初"形势依然严峻复杂"到"压倒性态势已经形成并巩固发展"。

（三）推进国家治理体系和治理能力现代化的重要内容

习近平总书记指出："监督是治理的内在要素，在管党治党、治国理政中居于重要地位。"党的十九届四中全会确立了党和国家监督体系在坚持和完善中国特色社会主义制度、推进国家治理体系和治理能力现代化中的重要支撑地位。习近平总书记多次强调，必须建立健全监督体系，形成决策科学、执行坚决、监督有力的权力运行机制，使之契合党的领导体系，融入国家治理体系，贯穿于党领导经济社会发展全过程，把制度优势更好转化为治理效能。不断完善党和国家监督体系既是国家治理体系和治理能力现代化的题中应有之义，又是不断推进党和国家事业发展、提升治国理政水平和效能的制度基石。

（四）实现依规治党和依法治国有机统一的成功做法

习近平总书记指出："我们党要履行好执政兴国的重大历史使命、赢得具有许多新的历史特点的伟大斗争胜利、实现党和国家的长治久安，必须坚持依法治国与制度治党、依规治党统筹推进、一体建设。"党的十八大以来，习近平总书记多次重申党的全面领导，强调"要发挥依法治国和依规治党的互补性作用，确保党既依据宪法法律治国理政，又依据党内法规管党治党、全面从严治党"。在完善党和国家监督体系实践中，党中央从改革党的纪律检查体制出招破局、统领牵引，以国家监察体制改革为抓手，实行中央纪律检查委员会和国家监察委员会合署办公，使得党长期执政条件下强化自我监督的有效路径进一步拓展，依规治党与依法治国的有机统一进一步强化，中国特色社会主义政治制度的优越性和创新性进一步凸显。不断完善党和国家监督体系既是推进国家治理体系现代化的必然要求，也是依规治党和依法治国有机统一的生动实践和鲜活写照，是我们党长期执政能力建设和治国理政水平科学化的成功做法。

（五）有效监督制约公权力、夺取反腐败斗争彻底胜利的必由之路

习近平总书记指出："不想接受监督的人，不能自觉接受监督的人，觉得接受党和人民监督很不舒服的人，就不具备当领导干部的起码素质。"权力不

论大小，只要不受制约和监督，都有可能被滥用。只有织密监督之网，扎紧制度篱笆，发挥巡视利剑作用，推动全面从严治党向基层延伸，不断完善党和国家监督体系，把权力关进制度的笼子，才能"让人民群众真正感受到清正干部、清廉政府、清明政治就在身边、就在眼前"。不断完善党和国家监督体系，以改革和制度创新形成有效管用的体制机制和制度体系来加强对权力运行的制约和监督，是夺取反腐败斗争彻底胜利的必由之路。

第二节　新时代高校监督工作

教育是国之大计、党之大计，高校在党和国家事业中具有特殊重要地位。我国社会主义教育就是要培养社会主义建设者和接班人。习近平总书记在全国高校思想政治工作会议上指出："办好我国高等教育，必须坚持党的领导，牢牢掌握党对高校工作的领导权，使高校成为坚持党的领导的坚强阵地。"党的十八届三中全会以来，党中央加强对教育工作的全面领导，部署推进教育领域综合改革，中国特色社会主义教育制度体系的主体框架基本确立，一些长期制约教育事业发展的体制机制障碍得到破解，一大批基层改革创新的经验做法不断涌现，教育面貌正在发生格局性变化。

党的十八大和党的十九大相继将"把立德树人作为教育的根本任务"写入党代会报告。党的二十大报告，把教育、科技、人才单列成章放在突出位置作出部署，进一步强调"全面贯彻党的教育方针，落实立德树人根本任务，培养德智体美劳全面发展的社会主义建设者和接班人"，提出"要培养有理想、敢担当、能吃苦、肯奋斗的新时代好青年"。这一系列重要论述，充分体现了党中央对教育的高度重视，为高校坚守立德树人初心，担当为党育人、为国育才使命进一步指明了方向，提出了要求。随着党和国家监督体系不断完善。高校监督体系作为学校治理体系的重要组成部分更显重要，在大学校园推动党的路线方针政策贯彻落实，推进全面从严治党以及内部管理科学配置、高效运转等方面发挥了重要作用。

高校是教育、科技、人才的聚集区，知识密集、智力密集、人才密集，有责任、有能力在深化党的自我革命、纵深推进全面从严治党上积极作为。要坚定拥护"两个确立"，坚决做到"两个维护"，深刻认识新时代高等教育事业取得历史性成就、发生格局性变化，根本在于有习近平总书记掌舵领航、有习近平新时代中国特色社会主义思想科学指引。新征程上，要把坚定拥护"两个确立"、坚决做到"两个维护"作为最高政治原则，进一步提升政治判断力、政治领悟力、政治执行力，深入贯彻党的教育方针，牢牢把握办学正确政治方向，牢牢把握立德树人根本任务，牢牢把握服务发展职责使命，推进政治监督具体化、精准化、常态化，保障党中央关于高等教育各项决策部署有效落实。解决大党独有难题，是新时代新征程全面从严治党新的重大命题；健全全面从严治党体系，是解决大党独有难题的基本路径。要构建具有高校系统特色的监督体系。高校是完善党和国家监督体系的重要一环，建立一套自我净化、自我完善的制度体系，能够把预见和预防的触角伸长，做到苗头倾向有人提醒、违纪违法有人惩戒、制度漏洞有人修补、教育引导有人组织。要建好建强纪检监察专责监督体系，协助党委落实全面监督职责、健全党内监督体系，以此主导各类监督贯通融合；同时，加强各层级、各条线监督体系的有机联系，实现上下贯通、各层级衔接，推动健全江苏高校系统监督体系。要以"全周期管理"方式一体推进不敢腐、不能腐、不想腐。从监督办案情况看，高校领域腐败既有个人思想滑坡、制度存在漏洞、监督制约不到位等因素，也受历史因素、政治生态、土壤环境的影响，仅靠一种方式、一个"单方"不可能完全奏效，必须把严的基调、严的措施、严的氛围长期坚持下去，增强体系思维、系统观念，从一开始，就注重从体制体系中查根查源，找到权力越轨的根源和症结，统筹推进以案为鉴、以案促改、警示教育，努力形成办案、治理、监督、教育的完整闭环。

一、新时代高校监督体系的监督主体

按照党和国家监督体系的主要内容，新时代高校监督体系的监督主体也由党内监督主体、国家监督主体、社会监督主体构成。

（一）党内监督多元主体

按照《中国共产党党内监督条例》等文件，高校的党内监督包括上级党组织对高校党委的监督、高校党委的全面监督，高校纪委专责监督，高校党的工作部门的职能监督，高校党的基层组织日常监督和高校党员民主监督等。

（二）国家监督多元主体

依据构成国家监督的六个监督要素，高校涉及的主要有国家监察、审计监督、统计监督、财会监督等。

国家监察方面，全国多个省市进一步深化高校纪检监察体制改革，坚持党对高校的全面领导，全面加强高校纪检监察工作。以北京为例，在高校设立监察专员办公室，与学校纪委合署办公，赋予监察权，明确高校纪检监察机构一体履行纪律检查、国家监察职责。纪委书记担任上级监委派驻高校监察专员，强化上级纪委对高校纪委的领导。进一步明确高校纪检监察机构的职能定位、职责权限，突出政治监督，强化纪律检查职责。

审计监督方面，高校都设立了内部审计机构。审计监督主要通过开展预算执行与决算财务收支审计、领导干部经济责任审计、内部控制及风险管理审计、基建修缮工程项目审计、科研经费审计等。

统计监督方面，高校统计监督不同于学校党政工作中的其他监督，它是根据对学校各方面的统计调查和统计分析，从总体上反映学校的事业发展以及各个环节的运行状态，对其实行比较全面、系统的定量检查、监测和预测，以促使学校教育事业按照客观规律和社会需要持续、协调、稳定发展。

财会监督方面，高校的财会监督指学校内部财务部门对学校财政资金使用、会计工作规范、遵守财经法纪的监督。

（三）社会监督主体

社会监督方面，高校的社会监督主体主要有舆论监督、群众监督等。

二、新时代高校监督体系的监督对象

按照《中国共产党党内监督条例》等规定解释，高校监督体系的监督对象既包括高校党委书记、校长这样的关键少数，也包括"绝大多数"的一般干部、党员和各级党组织。从国家监察的角度，高校的监察对象包括所有行使公权力的公职人员。从社会监督的角度，民主党派、人民群众或全体师生，可以就任何高校部门及其工作人员，行使公权力的任何领域以及任何环节进行监督，提出意见、建议，甚至是批评、控诉。

三、新时代高校监督体系的监督内容

党内监督方面，按照《中国共产党党内监督条例》等内容，党内监督的主要内容包括：①遵守党章党规，坚定理想信念，践行党的宗旨，模范遵守宪法法律情况；②坚决维护党中央权威和集中统一领导，牢固树立政治意识、大局意识、核心意识、看齐意识，贯彻落实党的理论和路线方针政策，确保全党令行禁止情况；③坚持民主集中制，严肃党内政治生活，贯彻党员个人服从党的组织，少数服从多数，下级组织服从上级组织，全党各个组织和全体党员服从党的全国代表大会和中央委员会原则情况；④落实全面从严治党责任，严明党的纪律特别是政治纪律和政治规矩，推进党风廉政建设和反腐败工作情况；⑤落实中央八项规定精神，加强作风建设，密切联系群众，巩固党的执政基础情况；⑥坚持党的干部标准，树立正确选人用人导向，执行干部选拔任用工作规定情况；⑦廉洁自律、秉公用权情况；⑧完成党中央和上级党组织部署的任务情况。

国家监察方面，主要是监察体制改革后，依据《中华人民共和国监察法》，纪委监委合署办公，在高校设立监察专员办公室，与学校纪委合署办公，赋予监察权，主要监督内容是对全部行使公权力的公职人员进行监察，调查职务违法和职务犯罪以及开展廉政建设和反腐败工作，维护宪法和法律的尊严。

社会监督方面，主要也是舆论监督、群众监督，尤其是师生监督等。

第二章

高校监督体系的构建

　　高校作为培养德智体美劳全面发展的社会主义建设者和接班人的重要阵地，肩负着人才培养、科学研究、社会服务、文化传承创新、国际交流合作的重要责任，更加需要全面加强党对高校事业的全面领导，保证各项工作健康稳步推进。在《中国共产党章程》《中国共产党党内监督条例》等党内法规制度中，均提出了监督体系的构建、监督职能的发挥等内容，结合当前面临的"百年未有之大变局"、日益复杂的社会环境，以及日益扩大的高校招生规模，高校的监督机制相对需要不断完善。因此，深入研究全面从严治党视角下健全高校监督机制，压实监督责任，对于确保高校党委能够严格落实中央、省市关于全面从严治党的一系列工作部署，坚定不移坚持党对学校工作的全面领导，始终坚持"严"的主基调，一体推进"三不"，以党的建设高质量推动高校各项事业发展，加快推进治理体系和治理能力现代化等均具有重要意义。

第一节　高校监督体系的建设与运行

高校监督体系的合理构建与有效运行，也必须将党内监督的主导作用、各类监督的职责发挥以及不同监督的贯通协调有机结合起来，以政治的高度重视监督，以治理的思路有效监督，不断为高校的高质量发展提供坚强保障。

一、高校监督体系的基本框架

高校监督体系可以分为党内监督和其他监督两类，其中纪委作为党内监督专责机关，在推动不同监督主体认真履职、促进各类监督贯通协调方面发挥重要作用。

（一）高校党内监督

当前，相关党内法规、制度规定搭建起了高校党内监督的制度框架；各高校党委及其他党内监督主体根据框架内的职责划分，结合具体工作实际进一步细化监督内容、规范监督流程、明确监督责任，形成了高校党内监督的领导和运行机制；高校纪委基于党内监督专责机关的定位，监督推动党委履行监督主体责任，监督推动其他监督单位依规依法履职发挥职能监督作用，实现"监督的再监督"的职能串联。综上，高校党内监督体系可以概括为：以《党章》和相关党内法规为依据，高校党委全面监督、其他监督主体按照职责监督，纪委以"监督的再监督"督促各项监督到位并有效贯通。

1.高校党内监督的制度依据。高校党内监督的制度依据分为三个层面：一是《中国共产党章程》《中国共产党党内监督条例》等党内法规的相关监督要求；二是中央和地方出台的相关文件规定中涉及党内监督的要求和内容，比如中办印发的《党委（党组）落实全面从严治党主体责任规定》强调，要落实党委（党组）全面从严治党主体责任，再次把党内监督，首先是党委监督鲜明体现出来；三是各高校党委、纪委按照上级文件要求，结合学校特点制定的相关制度文件。

2.高校党内监督的具体情况。结合高校办学实际，高校系统党内监督各类主体的监督履职既有与其他系统相类似情形，也有自身围绕立德树人根本任务的特点、特色。具体包括以下方面。

高校党委承担党内监督的主体责任，书记是第一责任人，党委常委会和党委委员在职责范围内履行监督职责。

一是围绕立德树人根本任务、坚持社会主义办学方向深化党委监督主体作用。牢牢把握党的教育方针要求、坚持社会主义办学方向，以立德树人为根本任务，完善党委领导下的校长负责制，完善党委常委会议事规则，严格落实"三重一大"制度，制定党委书记、校长定期沟通制度，对涉及管党治党、办学治校重大问题的决策进行监督，并通过督查督办推进各项决策落地见效。

二是发挥校内体制机制平台作用，督促各类主体落实全面从严治党责任。通过党风廉政建设和反腐败工作领导小组等机构、全面从严治党责任制检查等工作体制，实现对落实全面从严治党责任、严明党的纪律特别是政治纪律和政治规矩，推进党风廉政建设和反腐败工作情况的监督；通过开展校内巡察、专项监督等方式，对全面从严治党过程中的突出问题、专项问题开展有针对性的监督；定期召开书记办公会、二级党组织书记工作例会，组织党组织书记述职考核，公示院级党组织述职报告，接受师生监督。

三是着力推动党务公开，拓宽各类主体监督渠道。把党务公开作为一项重要的政治任务来抓，制定完善党务公开实施细则，鼓励师生参与到学校管理工作中来，充分发挥共青团、学生会、教代会、学术委员会等高校特色机构团体的监督作用和智慧；支持高校民主党派履行监督职能，重视民主党派和无党派人士提出的意见、批评、建议，完善知情、沟通、反馈、落实等机制。

高校纪委作为党内监督专责机关，在接受学校党委领导和监督的同时，承担对同级党委特别是常委会委员、党的工作部门和二级党组织、党的领导干部履行职责、行使权力情况的监督。

一是主动作为，督促、协助学校党委落实全面从严治党主体责任。协助党委推动全面从严治党各项工作，向党委常委会汇报每年党风廉政建设工作情况，组织开展全面从严治党宣传教育活动；协助党委落实巡视整改、开展校内巡察，开展全面从严治党责任制检查相关工作，及时发现问题并督促解决。

二是紧密围绕中央和地方的重大决策部署加强政治监督。监督检查中央和地方重要工作部署在学校的贯彻落实情况，如将"不忘初心、牢记使命"主题教育活动作为监督检查的重点，查摆问题、形成对策、督促整改；与党委教师工作部协作，加强对"四有好老师"和"四个引路人"工作的监督检查等。

三是结合高校工作特点开展专项监督、做细做实日常监督。监督检查学校重点领域和关键环节工作落实情况，开展科研经费使用情况、招生领域突出问题、"四风"问题等专项监督；通过列席有关会议、征求意见、沟通或通报情况、开展谈心谈话等方式实现对基层党组织尤其是班子成员的监督；通过干部选拔任用的"党风廉政意见回复"，实现对党委、组织部门选人用人的监督。

四是充分发挥信访举报和线索查办的监督效能。加强分析研判，对信访举报、线索查办中的典型性、普遍性问题提出针对性的处置意见，通过下发纪律检查建议书、工作建议、提醒函的方式，督促信访比较集中的二级单位和部门查找分析原因并认真整改。

高校党的工作部门按照职责范围开展党内监督工作，实现对本部门本单位的内部监督，强化对本系统的日常监督。其中，党委组织部通过严格执行相关文件规定、落实"凡提四必"等工作要求履行干部选任工作中的监督职责；通过执行领导干部报告个人有关事项等制度实现对党员尤其是领导干部的日常管理和监督；通过组织开展学院干部年度述职及校管中层干部民主测评等工作做好对干部的考核监督；严格党内组织生活，加强对基层党组织建设的监督检查，指导基层党组织换届工作；从严把好党员队伍入口关，加强对党员发展相关工作监督指导，强化对党的经费监督管理等。党委宣传部通过建立健全学习督查考核通报制度，认真落实对各级中心组学习情况的监督检查；严格落实意识形态工作责任，实行校院党组织书记抓意识形态述职评议考核制度，作为民主生活会和述职报告的重要内容；加强对意识形态阵地监督和管理，制定完善相关制度、加强培训。四是开展党风廉政建设宣传教育活动；做好师生思想动态调研和舆情研判工作，及时发现问题并督促整改。党委统战部注重引领民主监督工作。学校作为人才汇聚之地，民主党派力量不可忽视。一方面积极推动民主监督工作，组织多种形式的座谈、活动听取民主党派意见，同时传达学校党委重要工作精神；另一方面注重引领民主监督的导向，引导民主党派成员准确把握新型政党制度下民主监督的理论特色、实践特色、时代特色，提高政治站位和民主监督的能力和水平。党委教师工作部主要围绕保障教师权利、加强教师思想政治工作、推进师德师风建设开展监督。定期召开会议听取教师对学校发展的意见建议、利益诉求并督促相关部门研究解决；开展教师思想政治情况研判、制定学校师德考核实施办法、教师职业道德规范和师德"一票否决制"实施细则，将师德考评纳入教师年度考核指标体系，不断推进师德建设规范化、制度化、常态化。党委学生（研究生）工作部主要负责对学生思想政治情况、相关政策保障落实、学生行为安全等工作的监督检查。细致调研摸排学生思想行为动态，及时发现问题并有效解决；加强学生社团管理，定期组织社团负责人会议和培训，纠正偏差确保学生社团活动的正向引导；加强对学生补助发放等相关政策落实情况的监督和检查，维护学生利益；切实维护学生的日常学习和生活安全，及时发现、消除各种安全隐患。

学校二级党组织和党支部发挥战斗堡垒作用，严格党的组织生活、督促党员切实履行义务、了解党员师生对学校党的工作和党的领导干部的批评和意见、维护和执行党的纪律等监督职责。通过党政联席会等方式监督确保上级和学校党委的决策部署落地落实，通过组织生活、工作约谈、教育提醒、考核评价等方式实现对基层组织负责人和班子成员的监督、对党员群众的日常监督。党员履行对党的领导干部的民主监督、揭露和纠正工作中存在的缺点和问题等职责。主要通过信访举报，参加有关党的会议、座谈会、领导接待日、投票表决等方式和途径来实现，党风廉政监督员、教职工代表大会、教职工民主管理大会监督作用发挥日益强化。

3.高校纪委"监督的再监督"相关情况。当前，在进一步深化高校纪检监察体制改革背景下，高校纪委的"双重领导"更加明确，"三转"工作推动有序，纪委与党委从过去的"肩并肩"转为现在的"面对面"，开展"监督的再监督"的体制机制更加顺畅。高校纪委通过进行政治生态分析研判，发现、掌握高校党委在政治建设、组织建设、作风建设等方面的问题并督促其整改；通过党风廉政建设和反腐败工作协调小组等议事机构了解党委组织部、宣传部等党的工作部门的工作情况并督促其解决相关问题；通过列席相关会议、廉洁意见回复、纪律检查建议书、工作备案等方式加强对各监督主体履行监督职能的再监督；通过"以案为鉴、以案促改"等警示教育活动，督促各监督主体提高监督意识。

（二）高校其他监督的基本情况

除了党内监督之外，目前，在高校发挥作用的其他监督主要有行政监督、审计监督、财会监督、群众监督和舆论监督等。行政监督主要是指高校国资、后勤、招生、教务、科研等行政职能部门依据职权划分所承担的监督职责、行政部门负责人"一岗双责"中的监督职责；审计监督是通过开展市教委政府审计、学校内部审计等，对领导干部经济责任履行情况、预决算执行情况、内部控制制度及执行情况等进行监督，其作用主要体现在审计发现问题的处置和整改落实上。根据《教育系统内部审计工作规定》（教育部令第47号），审计监督的内涵越来越丰富，范围也越来越广泛。

高校审计监督的重要价值体现在防止类似问题再次出现，进而做好风险预警与防控工作。财会监督主要体现在学校财务部门对经费支出合法性、手续完备性的把关上。特别是高校公务卡的推广使用，大大减少了现金流，使经费支出有迹可查。群众监督主要通过有关工作接受群众评议、党务校务系务公开、信访举报等方式进行，贯彻落实以师生为中心的发展思想，保障人民的知情权、参与权、监督权。舆论监督主要体现在通过校内外的媒体平台发布的相关新闻、舆情事件发现问题，并开展有针对性的举措解决问题、化解风险。

（三）高校各类监督的贯通情况

当前，高校党内监督与其他监督的贯通协调既具有与政府机关类似的一般特点，也有体现高校特色的相关机制。具体包括：党务政务公开制度。学校党政各级部门按照相关规定，利用互联网和信息化手段，将涉及学校发展的重大问题、群众广泛关注的问题进行公开，保障人民的知情权、参与权、表达权、监督权，为社会各方面监督创造条件。党风廉政监督员制度。党风廉政监督员由党内外关心党风廉政建设，具有较高政治素质的教职员工和学生代表担任，党风廉政监督员通过列席工作会议、参加座谈会、个别谈话、提交反映情况表等多种方式参与监督，不断强化党内外监督，拓宽监督渠道，完善监督机制。教代会工作机制。教代会是广大教职工行使民主权利、参与民主管理监督的重要形式。其工作内容涉及听取学校年度工作报告、财务工作报告、校务公开情况报告，讨论通过学校提出的与教职工利益直接相关的福利、校内分配实施方案，以及相应的教职工聘任、考核、奖惩办法等。学术委员会等学术组织，充分发挥学术委员会在学科建设、学术评价、学风建设中的重要作用，实现对学校发展的社会主义方向等内容的监督。

二、问题和不足

对照坚持和加强党的全面领导的根本要求，以及提升高校治理能力和治理水平现代化的目标，通过近几年对各高校的巡视反馈及曝光的相关典型案例来看，高校监督体系及其作用发挥过程中还存在以下问题和不足。

（一）党内监督存在问题和不足

1.各类监督主体思想认识不到位。政治站位不高，对于党内监督主体责任认识不清、意识不强，缺少将监督融入管党治党、办学治校全过程的积极性和主动性，不能及时发现问题，发现了问题不及时处置。纪委对于开展同级监督的积极性和主动性不高，存在不敢监督、不会监督的问题；发挥"协助引导推动功能"的意识不强，从其他单位职能监督内容中发现问题线索和有关情况、通过监督工作支持其他单位的职能监督充分发挥的谋划不足。高校党的工作部门主动监督意识不强，对自身的职能监督责任认识不清，"监督就是纪委的事"的错误思想还在一定程度上存在；具体工作中纪委主动找党的工作部门调取材料、共享信息开展监督的情况多，党的工作部门主动找纪委的情况少。高校基层党组织、党员监督主体意识淡薄，存在在具体工作中忽视自身监督职责的情形。以北京邮电大学套取科研经费设"小金库"涉280余万的案件为例，经查，自2003年起，特别是中央八项规定出台以后，北邮有关部门及科研人员通过列支会议费、餐费、住宿费等方式，将套取资金（主要为科研经费）支付到北邮科技酒店，用于有关支出，结余资金形成"小金库"，涉及资金达到280余万元，造成国家和学校资金流失，严重违反工作纪律、财经纪律和廉洁纪律。该校出现大范围违规违纪问题，既反映了学校监管工作失之于宽、失之于软，制度执行不到位，也反映了学校对党员干部教育、监督、管理不严格，党风廉政建设主体责任和监督责任落实不到位。

2.相关监督体制机制不健全。高校缺乏构建"以党内监督为主导，推动各类监督有机贯通、相互协调"的高校监督体系的整体思考和顶层设计，致使高校监督整体呈现各自为战的"碎片化"态势；各监督主体的信息沟通、线索移交、成果共享机制不健全，监督合力难以实现；监督履职考核机制不健全，在全面从严治党责任制检查等工作中缺少对相关监督主体监督履职情况的检查内容，缺少清单化、易操作的指标体系。十九届中央第七轮巡视反馈北京大学党委意见时指出：落实全面从严治党"两个责任"不够到位，压力传导有欠缺，校办企业、附属医院等重点领域廉洁风险较大，形式主义、官僚主义问题仍然存在。

（二）其他各类监督存在问题和不足

从整个高校监督体系布局来看，其他各类监督对党内监督主导作用的融入不够，相互之间也缺乏体制机制上的贯通协调。同时，行政、审计、财会、群众、舆论等各监督主体自身职责的发挥也存在不够全面、深入、细致的问题。

1.高校行政监督存在法律依据模糊、监督主体不明、监督效力缺失的问题。随着我国教育体制改革的不断深入和高等教育投入的日益加大，高校在招生录取、基本建设、物资采购等各方面的行政权力越来越大、资源越来越多，但当前并没有高校行政监督的相关法律法规，高校行政部门自我监督意识淡薄，其他监督往往是针对问题的事后监督，对相关风险防范大打折扣。近年来，多所高校在招生领域出现腐败涉法问题、违规违纪问题、程序混乱问题，是高校相关行政监督缺失的集中体现。

2.高校审计监督力量薄弱、结果运用不充分。在高校现行体制下，审计部门一般作为高校内设机构由校长分管，针对学校相关业务行使审计职责。但当前各学校审计部门力量普遍变弱，人员少、专业人才尤其缺乏，难以满足复杂的经济业务判断需求。审计结果运用不充分，问题的整改往往易打折扣，且常规审计的事后监督特性导致既成事实的违纪行为难以纠正。

3.高校财会监督独立性差、内控制度不健全导致监督不严。财会监督有依据、有规则，但在实际执行过程中，尤其是在科研经费监督以及新的财经政策实施过程中，领导的行政干预往往削弱了相关监督职能。此外，财会监督的基础保障依赖于健全的内控制度，但目前各高校普遍存在内控制度不健全，对各项经济活动的监管存在漏洞。

4.高校群众监督定位不准、重视不够、路径不畅通。很多高校对于群众监督的定位不准，不能将群众的监督作用体现于党委决策、行政执行的各个环节，体现于高校党政"一把手"的权力运行；对于群众监督反映的问题重视不够，缺乏相应的追踪整改机制；反映路径不畅通，除常规的教职工代表大会、校领导接待日、信访举报等渠道外，群众监督缺乏常态化、规范化的实现路径。

5.高校舆论监督存在能力缺失、职能失范、管理缺位的情况。目前，各高校都有校报、网站、微信等各类宣传媒体平台，但各平台主要是对学校进行正面宣传，缺乏监督的意识和能力。师生运用微博、微信等自媒体进行的意见表达往往处于失范状态，不能充分发挥监督作用，却容易因为自身表达不当、外部炒作发酵等形成舆情，影响校园和社会稳定。

三、意见与建议

针对高校党内监督主导作用、其他各类监督职能发挥，以及二者贯通协调的现状及存在问题，应从以下方面进行改进。

（一）进一步构建完善高校监督体系，加强党对高校工作的全面领导

坚持和加强党对高校工作的全面领导，确保高校党内监督的党委主体责任、党委书记第一责任人责任落到实处，确保高校党内监督主导作用落实到位。一是要统一思想、提高认识，增强推动高校监督体系建设的积极性和主动性。做实高校党委领导下的校长负责制，选好高校领导班子，特别是要配强党委书记、校长，突出政治标准选人用人，能够将以党内监督带动促进其他监督、构建完善具有高校特色的监督体系、监督制约相关权力作为领导班子的思想共识和行动实践。二是要突出政治监督在高校监督体系中的根本属性和基础地位。党内监督的根本属性是政治监督，各项监督贯通协同的基础也是政治监督。建立健全高校监督体系，必须切实发挥党内监督的政治引领作用，着力推动各类监督聚焦"两个维护"、聚焦立德树人根本任务，从"培养社会主义合格建设者和可靠接班人"的政治高度去发现问题、纠正偏差，合力推动党中央的教育方针落到实处。三是要坚持问题导向、切实查找高校监督体系建设的薄弱环节。坚持解决当前突出问题与长远规划相结合，着力加强对高校监督体系顶层设计的研究、推动、落实，突出党内监督主导作用的一条主线，融会各类其他监督职责效能的支线，形成网状机构实现对高校管党治党、办学治校各方面、各领域、各环节的全面覆盖。

（二）进一步理顺相关监督体制机制，推进高校治理体系和治理能力现代化

监督是权力正确运行的必要保证，构建党统一领导、全面覆盖、权威高效的高校监督体系是推动实现高校治理体系和治理能力现代化的重要支撑和保障。一是要理顺高校党内监督和其他各类监督的职责定位，明确内容、确

定方向。高校党内监督、其他各类监督履行各自监督职及相互贯通，必须统一于党的全面领导和高校立德树人根本任务。《中国共产党党内监督条例》把党内监督的主要内容概括为8个方面，涵盖了管党治党的重要领域和重大问题，高校党内监督和其他各类监督都要向这8个方面聚焦发力，将作用发挥融入管党治党、办学治校各个方面。二是要理顺高校党内监督与其他各类监督的作用发挥机制。要进一步加强党内监督体系建设，强化党委全面监督、纪委专责监督、党的工作部门职能监督、党的基层组织日常监督、党员民主监督的职责和作用发挥，尤其要增强党委全面监督的意识和能力；要支持和推动其他各类监督主体作用发挥，明确职责权限、增强监督力量、保障充分履职；要理顺各类监督贯通协调机制，探索围绕不同监督主体建立跨领域、跨部门的议事协调机构，实现信息通报共享、密切会商、联合监督检查、协同处置处置。三是要建立健全对高校各类监督履职情况的考核机制。将各类监督主体履行监督职能情况纳入对部门及负责人的考核之中，制定相应"监督职能落实清单"，加强对考核结果的运用，督促相关主体落实监督责任。

（三）进一步深化高校纪检监察体制改革，推动纪检监察工作高质量发展

通过纪检监察体制改革，高校纪检监察机构的力量得到了有效加强，处于高校监督体系的主干位置。着眼于当前高校监督体系现状，下一步的工作重点包括以下方面。一是要继续落实纪检监察体制改革要求，着力提升监督效能。落实好双重领导体制，持续深化"三转"，进一步理顺相关体制机制，探索建立高校纪检干部交流任职制度，保持队伍活力，提升凝聚力和战斗力。二是要强化政治监督功能，充分发挥监督职责。高校纪检监察机关要进一步提高政治站位，聚焦全面从严治党要求、立德树人根本任务，立足监督专责机关定位，既要自觉接受党委的领导和监督，又要敢于、善于向同级党委进行监督，全面开展对高校管党治党、办学治校各方面工作的监督，切实开展对各类监督主体监督情况的再监督，以充分履职保障高校和谐健康发展。三是要主动作为，在党委领导下发挥好协助引导推动作用。要在党委领导下进

一步发挥好反腐败协调小组统筹协调等职能作用，与相关监督主体建立健全相应衔接机制，主要包括信息沟通机制、线索移交机制、成果共享机制，拓宽联系范围、细化沟通内容、健全协调机制、巩固协同成果，织密监督网络，做实监督全覆盖、增强监督有效性。

第二节　党委全面监督

高校实行学校党委领导下的校长负责制。高校党委坚持和加强党对学校工作的全面领导，履行《党章》等规定的各项职责，把握学校发展方向，决定学校重大问题，监督重大决议执行。因此，高校党委全面监督学校各项工作。

一、党委全面监督要落实主体责任

党的十八届三中全会提出"落实党风廉政建设责任制，党委负主体责任"。习近平总书记在十八届中央纪委三次全会上明确强调："要落实党委的主体责任和纪委的监督责任，强化责任追究，不能让制度成为纸老虎、稻草人。"

（一）党委主体责任的定义

本书提及的党委是中国共产党各级委员会的简称，在层级上可分为中国共产党中央委员会、地方委员会和基层委员会。从承担领导核心作用看，对党委主体责任的论述适用于党组，因此，不再对党组进行专门论述。《中国共产党章程》（以下简称《党章》）规定："整体推进党的思想建设、组织建设、作风建设、反腐倡廉建设、制度建设，不断提高党的领导水平和执政水平，提高拒腐防变和抵御风险的能力；党的中央、地方和基层组织，都必须重视党的建设，经常讨论和检查党的宣传工作、教育工作、组织工作、纪律检查工作、群众工作等；党组织必须严格执行和维护党的纪律；党组织如果在维护党的纪律方面失职，必须受到追究。"中共中央《关于实行党风廉政建设责任制的规定》明确要求，"实行党风廉政建设责任制要坚持党委统一领导"。党的十八届三中全会审议通过《中共中央关于全面深化改革若干重大问题的决定》，第三十六条明确提出："落实党风廉政建设责任制，党委负主体责任，纪委负监督责任。"其后，新修订的《中国共产党地方委员会工作条例》规定了地方党委必须认真履行全面从严治党主体责任，《中国共产党纪律处分条例》也对各级党组织落实全面从严治党主体责任不力的情形及处分作出了详细说明。同时，十八届中纪委三次、五次、六次等全会也多次跟踪强调了党委主体责任的基本要求和落实意义。以上《党章》《规定》《条例》等党内法规的规定与说明，不仅赋予了党委主体责任法定内涵，同时为党委主体责任的厘定和后续实施提供了深厚文本溯源和刚性法规依据。十八届中纪委三次、五次、六次等全会的强调，不仅明确了各级党委在党风廉政建设和反腐败斗争中所应肩负的重大使命和责任，也为具体落实党委主体责任提出了精神指引和基本要求。

党委主体责任事实上是一个结构性概念和关系性范畴，从制度预期和实践发展来看，可从广义和狭义两层面理解。广义的党委主体责任是各级党委所负全面从严治党的主体责任，首先应当是各级党委管党治党和抓党的建设的责任，"内涵着党的领导、党的建设、全面从严治党、党风廉政建设和反腐败斗争四大层面"，统合着党的五大建设、党建工作责任制和党风廉政建设主体责任。狭义的党委主体责任则是各级党委所负的党风廉政建设主体责任，是党的十八届三中全会所规定的落实党风廉政建设责任制，党委所负的主体责任，是相对于纪委监督责任而言的。"随着党风廉政建设和反腐败斗争向纵深发展、全面从严治党提升为战略布局，党委主体责任的内涵也在持续深化"，已经从党风廉政建设主体责任上升到全面从严治党主体责任的高度。"相对党风廉政建设主体责任，全面从严治党主体责任的内涵更丰富全面，责任的范围更宽，不仅将党风廉政建设主体责任涵盖在内，还包括加强党的思想建设、组织建设、制度建设等方面的主体责任"。我们着眼于全面从严治党战略，将研究重点放在党风廉政建设主体责任的层面。

　　所谓"党委主体责任"，是指党委对自身在管党治党和党风廉政建设中所扮演的不同社会角色以及对自身行为的后果所承担的职责和义务，是指在全面从严治党、党风廉政建设和反腐败斗争过程中，各级党委应当承担且必须承担的政治义务和职责所在，是由责任属性、责任结构、责任内容和责任能力等一系列相关要素所构成的有机责任体系，其目的是通过责任的明确、责任的配属、责任的监管、失责的追究等环节强化各级党委及其成员履行管党责任和廉政义务的主观能动性，从而保障全面从严治党、党风廉政建设和反腐败工作不断深入，全面提升中国共产党人拒腐防变和抵御风险的能力。从责任属性来看，党委主体责任是《党章》赋予各级党委的法定责任和政治责任，是各级党委权力结构和权力行使所必须承担的领导责任和全面责任，是各级党委中心工作和日常业务所不能忽视的分内责任和直接责任；是各级党委在党风廉政建设和反腐败斗争过程中的执行责任和推动责任。从责任结构来看，党委主体责任主要包括党委领导班子的集体责任、党委主要负责人的第一责任、分管领导班子成员的领导责任，各责任主体之间分工明确，重心突出，内容全面。从责任内容看，基本层面则是指习近平总书记在十八届中央纪委三次全会上提出的"五项责任要求"，主要包括："加强领导，选好用好干部，防止出现选人用人上的不正之风和腐败问题；坚决纠正损害群众利益的行为；强化对权力运行的制约和监督，从源头上防治腐败；领导和支持执纪执法机关查处违纪违法问题；党委主要负责同志要管好班子、带好队伍，管好自己，当好廉洁从政的表率等。"从责任能力上看，主体责任的内涵还包括各级党委在实现政党现代化和腐败治理能力现代化进程中的领导能力，包括党委在全面从严治党尤其是党风廉政建设和反腐败工作中的全局统筹、多方协调、有效治理和切实保障等能力。

　　责任适用范围：包括党的中央委员会、党的地方委员会和党的基层委员会及其相对应领导的国家、地方、基层机关部门中设置或派驻的党组。具体分析，党中央是全面从严治党战略的制定者，也是党委主体责任的首要担当者。党的中央层级包括中央委员会、中央政治局及其常务委员会、中央委员会总书记、中央书记处、中央军事委员会等，也包括全国人大、国务院、全国政协及其下属部门中的各党组；党的地方委员会是本地区全面从严治党战略的执行者，也是党中央关于党委主体责任工作部署的落实者。按照《党章》规定，党的地方委员会包括党的省、自治区、直辖市委员会，设区的市和自治州的委员会，县（旗）、自治县、不设区的市、市辖区委员会，涵盖地方三级，同时也包括依次对应的三个层级的人大、政府、政协机关中的党组；党的基层委员会是全面从严治党战略的具体执行者，是落实党委主体责任的基础单位。按照《党章》的规定，党的基层委员会包括企业、农村、机关、学校、科研院所、街道社区、社会组织、人民解放军等基层组织中的委员会，是党的全部组织的基础。在党的组织体系中，凡设立党委和派驻党组的情形，都适用于党委主体责任的范围；不设立党委或派驻党组而设立其他形式党组织的，同样适用于党中央关于全面从严治党主体责任的相关规定。

（二）党委主体责任的特征

一是履职尽责的全面性。首先，党委主体责任的主体设定包括了党委领导班子、党委主要负责人、分管领导班子成员及与此相关的下属执行部门，实现责任主体全覆盖，保证责任覆盖的广泛度和责任追究的周密度，使得责任落实的空间和纵深都得以拓展。其次，将党委自身廉政建设与本地区、本部门、本单位的党风廉政建设整体布局，将党风廉政建设职责与思想建设、组织建设、作风建设、制度建设职责共同落实，正确处理好整体与局部、局部与局部、重点与一般等要素之间的关系，优化所辖地区、部门及单位的反腐败治理结构，全面提升了各个层级在处理腐败问题时的"自组织"能力。再次，是构建包括责任主体、责任内容，履责监管、考核评估、问责保障等要素在内的责任闭环链条，把主体责任向下延伸到农村、社区、企业和高校等单位，逐层传导压力，能够形成反腐倡廉的整体合力。最后，是推动党委把党风廉政建设作为中心工作来抓，破解以往党风廉政建设过程中各级纪委力量不足、权威不够的问题，利于营造"党委主抓、纪委监督、齐抓共管、各司其职"的工作格局，突显履职尽责的全面性。

二是权力制约的科学性。首先，将组织与决策主体及其主要负责人都纳入到责任体系中，能够"防止出现仅行使权力而不履行责任，或者以集体领导之名而不承担具体责任之实，乃至有组织地不负责任等脱责情况"，有效防止集体和个人之间互相推诿、无人担责的不良局面。其次，通过制度设计把反腐败全程中的义务系统嵌入党委日常工作的各个环节，使得各级党委的责任意识得以增强，党委对党风廉政建设的重视程度将日益增加，使得党委权力行使和责任配属更加协调。再次，"党委主体责任的确立一方面为'已然'之权力腐败的应对和治理提供了清晰的责任追查路径，另一方面则为'未然'之权力腐败的监督与防控提供了明确的责任担当主体"，能充分发挥制度与机制之间的配套效果与整体合力，使得以往党风廉政建设责任制中模糊的规定明确化、宽泛的管理幅度细致化、松散的工作标准严格化。通过保障和发挥制度约束力，强化各级党委内部权力制约，增强腐败预防的有效性和权力制约的科学性。

三是行权追责的针对性。首先，责任机制设置直接针对的是党委这样的一级党组织，使得治理的目标更加清晰。坚持明确责任主体、责任梯次配置原则，能够解决纠风治腐主体泛化的问题。通过加强领导、强化教育、管理考核、带头示范、严厉惩处等措施的细化设置和精准运用来解决各级党委所在地区、部门或单位存在的党风廉政问题。其次，责任机制设置的重心在于行权追责，要求各级党委，党员领导干部特别是"一把手"必须掌好权、用好权、管好权，真正管控好权力，通过在一定制度环境下引入约束机制，帮助各级党委及其成员在廉政建设过程中进行刚性选择，进而实现靠制度推进党风廉政建设，达到依靠制度反腐的根本目的。再次，是党委主体责任追究的最终归宿是具体到人，也就是如若各级党委落实主体责任不到位，责任的上溯与追究对象针对的是个人。党委领导班子集体失责，则集体追责，但集体追究的具体表现也是回归到每位成员的身上，而不再是"共同承担责任"或"法不责众"的托词，真正凸显行权追责的针对性。

（三）党委主体责任的功能

一是政治导向功能。党委主体责任首先是政治责任，具有鲜明的政治导向功能。一是在思想认识上导向明确。从党委在管党治党和党风廉政建设中的"全面领导责任"转变为"主体责任",内涵发生了深刻的变化,更加切合党委总揽全局、协调各方的领导核心地位,引导各级党委深化对当前党风廉政建设工作的认识,使其真正成为反腐倡廉的政治领导核心。二是行为主体上导向清晰。把各级党委作为党风廉政建设工作的责任主体,引导党委中心工作职责和党风廉政建设职责的同向延伸和协调覆盖,促进行为主体由过去的单纯领导主体向推进主体、支持主体、表率主体的转换,实现过去由主要负责人担责向主体分别承担的转变,实现过去临时任务向政治职责的转变。三是工作推动上导向集中。推动责任落实的思路更加清晰,其工作导向是坚持以明晰责任界限为重点,以完善责任体系为支撑,以健全体制机制为关键,以创新载体和程序为突破口,着力构建党风廉政建设权责对等的责任分工机制、科学规范的责任推进机制、完整闭合的失责追究机制,以达到主题鲜明、担责有力、问责有效的目标。

二是权责一致功能。权责一致是公共管理的核心理念,也是党内问责必须遵循的基本原则。首先,从党委和纪委的不同职责来看,党委主体责任与纪委监督责任之间的界限更加明确,主体责任和监督责任各自实现了正确归位,明确的职责划分不仅增加党委与纪委在党风廉政建设过程中的默契,而且维持了党委内部权力与责任的平衡。其次,各级党委的领导核心地位和统一领导党风廉政建设工作的主体定位,决定了各级党委必须承担主体责任,但该如何细分责任,也不是"铁板一块",党委"一把手"和党委分管成员必须承担与其所掌握权力相匹配、相一致的责任内容。党委主体责任明确了各级党委领导班子的集体责任、党委主要负责人的第一责任、分管领导班子成员的领导责任,三项责任内容的细分和配属严格依据各自权力的属性和大小。尤其在现实党内政治生活中,"一把手"作为党组织进行政治资源和组织资源配置的主要领导人和管理者,具有很大的职权,所以"一把手"在党风廉政建设工作中必须担负第一责任,从而保持责任和权力的高度统一。党委主体责任的划分方式,突显了权责一致的功能,体现了权力对责任的尊重。

三是追责法定功能。追责法定功能包含两层深意,一是追责,二是"法定"。从第一层面看，各级党委作为执政主体，是"党要管党"的管理主体，对党风廉政建设负有主体责任。如果党委对党风廉政建设工作在思想上不重视、行动上不履职，那么，在政治上就是失职、不合格，就要受到应有的处罚，突出的是责任追究。从第二层面看，《中国共产党地方委员会工作条例》指出："党的地方委员会应当认真履行党风廉政建设主体责任，坚持纪在法前、纪严于法，严格执行和维护党的纪律，以及违反条例有关规定，应当给予相关党纪政纪、法律法规的处理。"《中国共产党纪律处分条例》指导原则中第三条规定："对党组织和党员违犯党纪的行为，应当以事实为依据，以《党章》、其他党内法规和国家法律法规为准绳，准确认定违纪性质，区别不同情况，恰当予以处理。"同时，《中国共产党纪律处分条例》详细规定了党组织及党员干部违反党规党纪、落实主体责任不力应受的处罚情形。由此可见，党委主体责任的追究已经通过《中国共产党章程》《中国共产党地方委员会工作条例》《中国共产党纪律处分条例》等党内法规的明确规定，被赋予了追责法定的功能。这既有利于克服追责过程中"选择性执纪"和"不当干预""不教而诛"等难题，又彰显了"法无授权不可为，法定职责必须为"的精神，真正做到于法有据、追责法定。

（四）落实党委主体责任存在的问题

近年来，在以习近平同志为核心的党中央坚强领导下，落实党委主体责任取得重大进展和显著成效。但是，正如习近平总书记所讲，党内存在的政治不纯、思想不纯、组织不纯、作风不纯等问题，特别是一些深层次的问题尚未得到根本解决，落实党委主体责任依然存在一些问题。

责任担当意识和能力较薄弱 。一是担当精神和责任意识还较为淡漠。一方面，一些党委尤其是党委内部成员责任心缺失，心理承受力不强，出现党风廉政建设问题时容易把责任向上或者向下推脱。面临自身失误或者其他分管领域人员的失误，未能在责任心的驱动下去主动承担。另一方面，一些党委和党委领导班子成员未能把党风廉政建设责任上升到关系党和国家生死存亡的高度，没有深刻意识到中央提出党委主体责任的政治意义和战略意图，只是在政令传导过程中以会议、讲话及签订责任协议等方式予以简单推动，更多时候只是把反腐当作一项任务指标，缺乏自内而外的推进动力。有的党委"一把手"习惯于把本属于自己职责范围内的廉政义务强加给同级纪委成员，把这种不负责任的表现视为彰显权威和领导力的错误标准，把党风廉政建设认定为纪检监察机关的具体业务，没有列入党委工作的"主业"。二是责任担当的能力不足。全面从严治党新阶段考验各级党委的全面领导、贯彻执行能力，部分党委成员在新的要求提出后，未能及时融入角色，不能深化学习和加强认知，"以文件落实文件、以会议贯彻会议"的方式周而复始，导致问题出现时不能拿出良好的解决方案或者办法，应对思路较为混乱。尤其是对如何做好分管业务内的廉政防控工作缺乏应有的计划和科学的预案。也有的党委部门把主体责任与业务工作分割开来，党风廉政工作和分管业务工作的投入比重失衡。尤其是依靠以往落实党风廉政建设责任制的惯性，仅仅制定主体责任落实的硬性办法和配套机制，以草率分工为责任落实的终点，以应付检查作为责任推进的动力。三是缺乏敢于担当的行动。部分党委领导班子在所谓"好人"思想的影响下，在遇到本地区、本部门党风廉政建设和腐败问题时，不能坚守原则、放弃底线思维，疏于管理和教育相关人员，甚至放任纵容、袒护包庇。尤其是发现或者察觉身边的工作人员出现腐败现象和不廉洁行为时，"明哲保身"思想占据上位，相信"同流不合污""出污泥而不染"式的自保可以庇护自己全身而退，未及时进行警告或诫勉，导致相关人员行为更加扩张直至腐败事发。

责任内容分工不明确。落实党委主体责任，责任"主体"自然是各级党委，但是受长期以来的工作传统和业务惯性，各级党委总是习惯过多地依赖纪委，党风廉政建设中主体责任和监督责任不清，不能各负其责，这是责任分工应首先厘清的问题。从横向层次看，党委主体责任的配属对象划分为各级党委、党委主要负责人和班子分管成员三个主要层级，每个层级都要承担明确、详细和权责一致的责任。当前，责任内容分工还存在着两个重要方面的问题：一是各个层级上的责任内容依然不够明确。党委领导集体的责任是什么样的？落实不好到何种程度应该集体承担责任；主要负责人的责任和分管领导的责任又是什么样的？二者什么情况下需要承担各自的责任等，部分党委尚且没有结合实际的工作和业务进行科学划分，三种层级之间的责任边界和详细内容仍未厘定，甚至交叉混乱。以至于上级部署动员之后，下级责任指向还是处于模糊状态。因此，主体责任分工问题已成为落实的重中之重。二是责任的划分过于抽象。首先表现为有些党委部门责任分解"死搬硬套"，坚持"拿来主义"，不结合自己地区、部门、系统业务的实际，只是上级如何制定，便直接照搬照抄。比如说不区分自身部门的性质，不管是机关事业单位党委、国企党委及科研院所党委，还是军队党委，都直接规定了"要加强对党风廉政建设的领导"。当然这一基本原则和职责规定本身是必备的，但是试想一下，如此笼统的内容在执行时肯定不易操作，并且失责时也不易界定，其执行结果要么是找不到落实的基本路径，要么是落实不力而又无法进行考核和追究责任，因此，把类似抽象责任内容纳入责任分工属于需要亟待改进的问题。其次是责任内容有失科学。有些党委部门为应付巡视和检查，采取"新瓶装旧酒"或者是"换汤不换药"的方式，重新启动历史上积压已久的年度"党风廉政建设责任制规定"，"更改名字、重塑封皮"，摇身一变成为党委主体责任的施用办法，强制下级党委执行。更有甚者，任务分解时可操作性差、进度安排不明、具体责任人缺失，造成各个部门虽有方案，但是责任内容仍是"虚化"。

监督考评机制不完善。一是考核的主体固化，未能形成有效的工作压力。一般情况下，党委主体责任的考核主要是以上级党委或纪委的监督考核为主，上级下发考核指令，下级党委准备接受考核，这种主体固化的最大缺点是容易流于形式或者面临"同化"风险，属于"同体监督"和"层级考核"的传统方式。由于上级党委考核下级党委，外界监督力量无法介入考评党委的主体责任落实情况，所以社会评价和群众参与尚未成为考核的主体之一。二是考核内容不够具体。责任考核的基本规律就是监督评价被考核对象的任务落实情况是否达标，关键所在就是按照主体责任的基本要求结合各级党委部门的实际设置考核的内容，尤其是要把握被考核部门的日常工作和主责业务、职能，比如党委组织部门考核选人用人情况是否正常、机关事业单位考核党风是否清正、行政执法部门考核是否积极维护群众利益等。但是实际落实过程中，事实并非预期中理想，而是考核指标没有具体化，缺乏针对性，造成考核结果要么差异化不突出，要么就是与群众认知的真实评价相差甚远，考核的实际作用没有真正发挥出来。三是考核方式不够全面。现有考核方式多定性考核，未能实现量化直观说明，所以造成考核的结果说服力较低。同时，考核方式采取听党委主要成员的书面汇报或者现场汇报，缺乏实地性的了解和全面细致的分析评判，"包括'廉政测评'、'诫勉谈话'或者'述廉述职'一般都被走成形式，手段也不够丰富"，所以评价结果的客观性和有效性难以保证。四是考评结果运用质量差。一般而言，正是因为考评结果缺乏客观性和公正性，造成的"连锁反应"是考评的结果根本无法作为评价一些党委主体责任落实客观情况的依据。同时，考核结果并未与党委书记、成员的提拔任用、责任追究密切联系起来，造成日常工作中出现"短期回避"现象，部分党委领导因为治下大面积不正之风或腐败案件暂时"隐居"，或者是根本没有影响到仕途或升迁的预期。

责任追究落实不到位。要发挥责任追究的预期效果，关键是按照责任追究的制度设计和严格程序予以保障。可是在实践中，还存在不少落而不实的问题。一是责任追究不严不实。主要表现在上级纪委责任追究时将严密的制度"浮动化"，本应该处理的严重情形"降格"为批评教育，本该批评处理的又沦为"诫勉谈话"，层层降格、"避重就轻"，弱化问责追究力度；有的党委部门认为追究过于严格不仅不利于保护那些具有"实际才能"的干部，而且还会因为人事波动影响地方的政治声誉和发展稳定大局，以错误认知去袒护、包庇责任追究对象；有的党委主要负责人"本位主义"和"自保心理"突出，考虑到自身的政绩或者害怕受到牵连，不希望自己部门内部成员受到追究，也更不希望自身部门的腐败问题受到披露。二是责任追究的界限不明。责任追究实践中，不能正确区分集体领导的责任和主要负责人的责任，以至于在追究时首先去核实党委主要负责人的责任，注重对直接违纪者的处理较多，忽视了党委领导集体的责任。由此导致责任追究时，往往以"集体领导责任"的名义掩盖了主要负责人或分管成员的责任，造成无人担责的局面。三是责任追究细节不够丰富。首先是日常责任追究手段比较单一，实践中过分偏重于纪律处理，没有与诫勉处罚、组织处理和违法惩治等多种手段立体互动、有机结合起来，导致追究方式没有形成体系合力。其次是有的党委部门的责任追究规定过于抽象，哪些情形必须追究、追究到何种程度为止、向上追查多少层级等都没有做出详细的规定。再次是在处理责任追究结果时，一般习惯于内部通报，没有建立广泛的责任追究结果公开制度，使得责任追究的知晓度不高，不仅责任追究的公平、公正性受到质疑，而且未能起到"警醒"和"儆百"的效果。

（五）落实党委主体责任相关举措

坚持问题导向和目标导向相统一，压紧压实高校各级党组织全面从严治党主体责任，强化组织领导，健全体制机制，建立责任清单，完善工作制度，打造过硬队伍，抓基层、补短板、强功能、重创新，推动全面从严治党向纵深发展、向基层延伸，全面提升高校党的建设质量，以党的建设高质量推动高校事业高质量发展。一是要加强领导，选人用人上要做到严肃严格；二是要杜绝损害群众利益的行为；三是要对权力的使用进行全面的监督，防止权力的滥用；四是要党委和纪委形成合力，共同面对违法违纪行为；五是要领导要率先垂范，做好带头作用，各级党委要"常研究、常部署，抓领导、领导抓，抓具体、具体抓，种好自己的责任田"。习近平总书记突出强调，各级党委对全面从严治党负有全面领导责任，党委书记是第一责任人。总书记指出，对那些不抓全面从严治党、严重失职的党委主要领导，该批评的要批评，该调整的要调整，该惩戒的要惩戒。全面从严治党主体责任的"主体"，既包括各级党委，也包括班子中的全体成员；"责任"既包括党委领导班子的集体责任，也包括班子主要负责人的第一责任，还包括班子其他成员落实"一岗双责"、对分管职责范围的主要领导责任。

强化统一领导，完善责任体系，着力推动形成高校全面从严治党工作大格局。推动党委（党组）主体责任、书记第一责任人责任和纪委监委监督责任贯通联动、一体落实。习近平总书记强调，"要督促落实全面从严治党责任，切实解决基层党的领导和监督虚化、弱化问题，把负责、守责、尽责体现在每个党组织、每个岗位上"。中央对党委（党组）落实全面从严治党主体责任的总体要求、责任内容、责任落实、监督追责等作出规范，为高校各级党组织履行全面从严治党主体责任提供了有力的制度保障。强化高校党委对学校全面从严治党工作的统一领导，无论是党委的主体责任、纪委的监督责任和协助职责，还是党委书记的第一责任人责任、班子成员的"一岗双责"重要领导责任、党委机关部门等机构的职能职责，都是全面从严治党责任的重要方面，应当相互贯通、相辅相成、相得益彰，最终统一于党中央对全面从严治党的集中统一领导。高校党委要充分发挥总揽全局、协调各方的领导核心作用，紧紧围绕加强和改善党对高校工作的全面领导，切实加强对全面从严治党各项工作的统一领导，坚持做到将党建工作与业务工作同谋划、同部署、同推进、同考核。打造横向联动、纵向一体的责任链条。高校党委对学校全面从严治党负总责，处于牵头抓总地位，要严格按照《规定》要求，从学校层面明晰党委与纪委、党委书记与领导班子其他成员、党委职能部门与机关党委分别承担的全面从严治党责任，建立健全简便易行、务实管用的全面从严治党主体责任清单，依规确定职责界限，明确重点任务分工。并通过以上率下、示范引领，督导推动高校基层党组织逐级制定主体责任清单，切实把负责、守责、尽责的要求体现在每个党组织、每个岗位上，促使每个责任主体既立足职能职责担当作为，又围绕中心服务大局同向用力，打造出横向联动、纵向一体的责任链条，构建起全面覆盖、齐抓共管、协同发力的工作格局，切实解决高校全面从严治党整体合力发挥不充分的问题。

创新工作机制，健全制度，着力压紧压实高校全面从严治党主体责任。全面从严治党主体责任的落实，既需要各级党组织和党员领导干部基于高度政治责任感而催生的内生动力，还需要改革创新全面从严治党制度机制带来的外在压力。

实施高校党委全面从严治党工作定期研判制度。第一，准确把握学校全面从严治党形势。学校党委会每半年专题听取1次领导班子成员履行"一岗双责"情况汇报、听取1次纪委履行监督责任情况汇报，由校党委书记主持召开

1次由党委职能部门负责人和基层党委书记参加的座谈会、由师生党支部书记和党员师生代表参加的座谈会，从不同层面了解学校全面从严治党工作进展和存在的问题及原因。第二，集中研讨解决问题对策。组织召开学校全面从严治党研讨会，针对学校全面从严治党工作中存在的问题，组织校党委领导班子成员、党委职能部门负责人和基层党委书记集中研讨解决问题的对策，充分听取意见建议。第三，推动应对策略转化落实。学校党委会专题研究全面从严治党工作，将上级决策部署与学校实际有机结合，制定学校年度全面从严治党工作要点，召开全校年度全面从严治党工作会议，总结部署学校全面从严治党工作。实施该制度以来，通过集思广益、群策群力，学校全面从严治党工作的针对性明显增强。

　　实施高校基层党建工作目标管理考核制度。为压紧压实基层党组织的全面从严治党主体责任，推动全面从严治党决策部署在高校基层落地见效，目前部分高校实行党建工作目标管理考核制度，对基层党组织党建工作任务进行细化分解，建立基层党建工作目标管理考核指标体系，对院系级党组织和党支部的各项党建工作任务进行全面量化，并将严明党的纪律、落实中央八项规定精神、党风廉政建设情况作为重要考核内容，出现违规违纪问题实行"一票否决"。同时出台《基层党建工作目标管理考核办法》，考核原则坚持定量考核与定性考核相结合、日常考核与目标考核相结合、规定动作与特色亮点考核相结合，考核方法采取实地考察与述职评议相结合的方法。这样一方面鲜明树立了重实干、重实绩的考核导向；另一方面将党组织负责人抓党建年度述职评议结果使用起来，强化了第一责任人的责任意识和抓党建的内生动力。考核结果将运用于评优选先、干部任用等工作中，对于考核发现的问题，校党委分别向基层党组织负责人反馈意见，并督促制定整改措施、抓好整改落实。这种目标导向与问题导向相结合、抓党组织与抓第一责任人相结合的年度考核制度，传导了全面从严治党压力，起到了推动全面从严治党向基层延伸、在基层落地的积极作用。

　　实施高校内部巡察工作制度。建立巡视巡察上下联动的监督网，是党的十九大作出的战略部署。习近平总书记强调"党组织建立到哪里，巡视巡察就跟进到哪里"。近年来，全国高校已建立巡察制度，成立巡察工作领导小组、巡察办公室、巡察组，对院系级党组织及其领导班子成员开展巡察。高校实施内部巡察是健全上下联动巡视巡察体制的必然要求，也是完善基层党内监督体系的客观需要，增强高校内部巡察工作实效就要做到"四个聚焦"。第一，聚焦政治巡察。高校巡察对象是院系级党组织及其领导班子成员，巡察内容要围绕党的政治建设、思想建设、组织建设、作风建设、纪律建设等方面，重点巡察其履行管党治党政治责任、贯彻落实党的教育方针、贯彻落实上级机关和校党委决策部署、加强高校思想政治工作、落实意识形态工作责任制、落实中央八项规定精神、执行党风廉政建设责任制等情况，同时加强对省委巡视、校党委巡察反馈意见整改落实情况的监督检查。第二，聚焦发现问题。高校巡察办公室要提前向学校纪检监察机关和组织、宣传、审计等部门了解被巡察党组织及其领导班子成员的有关情况，形成书面材料提供给巡察组。巡察组要围绕重点检查内容，结合有关问题线索，梳理分析关键环节，细化确定具体观测点，以党规党纪为标尺，着力查找被巡察党组织存在的问题，形成巡察反馈意见。第三，聚焦巡察整改。推动整改落实是巡察工作的"后半篇文章"，也是巡察工作的目的所在。要督促被巡察党组织提交自查报告，做到巡察前即知即改；巡察中对于个性问题，要督促立行立改；巡察后汇总反馈意见，督促全面整改。针对巡察发现的普遍性问题，开展专项整治，健全规章制度，加强管理监督，形成长效机制。要通过听取汇报、集中审核、实地督导等方式，压实整改主体责任，督促其抓好整改落实。巡察整改情况要在一定范围内公开，接受组织监督、群众监督。对巡察整改不落实、弄虚作假、敷衍应付的，要严肃问责，强化震慑，确保巡察实效。第四，聚焦本领提升。做好巡察工作，需要一支政治过硬、本领高强、纪律严明的巡察干部队伍。高校要建立巡察干部人才库，注重从优秀后备干部中遴选巡察干部，把巡察工作作为培养、锻炼干部的重要途径，加强对巡察干部队伍的思想淬炼、政治历练、实践锻炼、专业训练，增强巡察干部发现问题的洞察力、依规依纪巡察的执行力，为高校巡察工作提供坚强组织保障。

聚焦素质提升，建强两支队伍，着力为落实高校全面从严治党任务提供有力保障。基层党组织书记是本单位全面从严治党第一责任人，也是基层党建工作的带头人，他们综合素质的强弱，直接影响着全面从严治党决策部署在基层党组织的落实效果。因此，高校党委要高度重视基层党建带头人队伍建设，全面提升其政治素养和党建业务能力，充分发挥其"头雁"作用；加强院系级党组织书记队伍建设。首先，要严把标准选任院系级党组织书记。高校党委要坚持新时代好干部标准，结合高校党的建设和教育事业发展实际，突出政治强、业务好、品行优、在师生中有威望的要求，选优配强院系级党组织书记，确保选任的党组织书记让组织放心、党员服气、群众满意。其次，要持续加强系统性学习培训。面对教育改革不断深化、全面从严治党纵深发展、师生利益诉求多元等新形势新任务新问题，高校党委要建立针对性、系统性、实效性更强的党务干部培训机制，特别是要加强院系级党组织书记的精准培训，切实解决干部培训"大水漫灌"、理论学习多实践锻炼少等突出问题。高校院系级党组织书记在综合素质提升方面，不仅需要不断强化思想政治素养，做政治上的"明白人"，也要积极主动熟悉本单位学科专业方面的相关知识，不能仅以党务干部自居而做专业领域的"门外汉"。要按照"政治过硬、本领高强"的高标准严要求锻造院系级党组织书记队伍，增强学习本领、政治领导本领、改革创新本领、科学发展本领、依法治校本领、群众工作本领、狠抓落实本领、驾驭风险本领，使其能够更好地履行宣传党的主张、贯彻党的决定、领导基层治理、团结动员师生、推动改革发展的重要职责，在引领推动本单位党的建设和事业高质量发展中形成"头雁效应"；加强党支部书记队伍建设。高校党支部书记队伍主要有教师党支部书记和学生党支部书记，部分学生党支部书记也由教师党员担任。从目前高校党支部建设中存在的突出问题来看，教师党支部书记队伍建设仍是一项亟待加强的工作。高校党委要做好教师党支部书记"双带头人"队伍建设。第一，要健全选任工作机制。高校党委要根据上级文件精神，结合本校实际，完善"双带头人"选任标准及实施办法，建立健全结构合理、梯次分明、备用结合、动态管理的选任机制。第二，要健全管理考核机制。教师党支部书记"双带头人"既是党建带头人，又是学术带头人，这种身份的兼容性、工作性质的多重性，使其处于多头管理之中。对于"双带头人"的工作任务、职责权限、监督考核、绩效评定、薪酬分配等问题都需要具体明确。因此，高校党委应当做好顶层制度设计，建立健全职责分明、团结协作、管理高效的管理工作机制。对优秀党支部书记在岗位聘任、业绩津贴、奖励评定、职称评聘、干部选任时给予充分考虑。第三，要健全培养提升机制。高校党委应当建立系统的"双带头人"中长期教育培训计划，形成党建、管理、业务相贯通的培训体系，全面提升教师党支部书记的综合素质，推动党建工作和学术工作齐头并进、融合发展。从表现优秀的教师党支部书记中选拔和培养学校管理干部，让教师党支部书记岗位成为青年教师党员成长和优秀年轻干部发展的重要平台。

二、党委全面监督要落实监督执纪"四种形态"

如何运用好监督执纪"四种形态"，成为摆在各级党组织面前的一项重要课题。中纪委网站《学思践悟》专栏文章指出：实践好监督执纪"四种形态"，切实推进全面从严治党，主责在党委。由此可见，各级党委在落实监督执纪"四种形态"过程中的地位和作用是无可替代的。

（一）落实"四种形态"就是各级党委落实主体责任

党委在落实监督执纪"四种形态"中应负主体责任，在《党章》中也可以找到相关依据。根据《党章》第三十一条规定：党的组织对党员进行教育、管理、监督和服务，维护和执行党的纪律，监督党员切实履行义务；第三十七条规定：党组织必须严格执行和维护党的纪律。在现有体制下，高校纪委在同级党委和上级纪委的双重领导下进行工作，因此，在落实监督执纪"四种形态"过程中，党委不能当"甩手掌柜"。监督执纪"四种形态"要求各级党委要按照从严管党治党的标准，认真履行党风廉政建设主体责任，坚持党管干部原则，严格按照有关纪律规定，对存在各种违纪违规行为进行严肃处理。在这一过程中，无论是对党员干部进行批评教育、诫勉函询，还是组织处理、党纪处分，都是党委管党治党的主要工作，都要由党委出面来具体负责和实施，没有哪个党组织可以代为负责。新的历史时期，党中央提出了全面从严治党的战略举措，目的就是为了加强对党的领导，而对广大党员干部进行日常教育、监督和管理就是加强对党的领导的题中应有之义，这也体现了党管干部的原则。因此，党委既要选好用好干部，还要加强日常监督管理，不能只管提拔任用，遇到问题就交给纪委处理。

（二）落实"四种形态"过程中存在的不足

首先是思想认识还不到位。在贯彻落实监督执纪"四种形态"工作中，高校各级党组织都是主体，没有旁观者。但是，个别党员领导干部依然延续惯性思维，对此缺乏清醒认识，一提到监督执纪就认为是纪检部门的事，与自己无关。还有的高校纪检部门"三转"得不到党委有力的支持，有的二级党组织在开展自身业务工作中也不主动履行监督责任，继续邀请纪检部门派人参加，将纪检部门当作自己的护身符、挡箭牌。其次是协调配合不紧密。由于目前监督执纪"四种形态"没有具体的操作流程和实施意见，当前各高校党委纪委在落实监督执纪"四种形态"过程中，摸着石头过河，不同程度地存在角色定位不准的问题。党委和纪委相互之间没有建立及时、有效的沟通协调机制，甚至有的工作出现脱节或断档，从而导致有些工作难以达到预期效果。最后是好人主义思想在作祟。由于"四种形态"监督的面更广、量更大、要求更严格。因此，不少党组织和党员领导干部认为得罪人的概率大幅上升。个别领导干部存在好人主义思想，在干部管理方面，只想做提拔任用的好事，像执纪问责这样得罪人的事情就交由纪委处理。即便是由自己来处理的，也难以挺直腰杆；甚至有的领导干部在运用"四种形态"过程中存在"降格"使用的现象。即该运用"第二种形态"的，在实际工作中运用"第一种形态"；该运用"第一种形态"进行红脸出汗谈话的，也只是泛泛而谈，走走过场，睁一只眼闭一只眼，得过且过；该进行"一案双查"的，为避免对学校造成更大负面影响，只追究当事人责任，认为这样既不得罪人，也"保护了"干部，还"维护了"学校声誉。

（三）推进落实"四种形态"的举措

首先要切实提升思想认识。认真履行主体责任为推进监督执纪"四种形态"在高校落地生根，学校党委及各级党组织要破除惯性思维，切实担负起管党治党主体责任，加强对监督执纪"四种形态"的学习领会和实践运用，特别是各级党组织主要负责人在具体工作中，既要挂帅又要出征，做到带头研究、亲自部署、积极协调，层层传导压力，压实责任。其次要健全完善制度体系。信任不能代替监督，要不断扎紧制度的"笼子"，努力养成靠制度管人办事的良好行为习惯。针对落实监督执纪"四种形态"，各高校应加快推进制度建设，出台相应的配套制度，使在具体运用监督执纪"四种形态"时，有据可依、有章可循。同时，高校党委也应督促纪检部门及时制定问题线索、谈话函询、廉政档案等方面的管理制度，进一步提升落实"四种形态"的科学化和规范化水平。最后要创新工作机制。高校在落实监督执纪"四种形态"过程中，还要建立一系列科学高效的工作机制。如党委主要负责人与纪委负责人沟通机制，对重要问题线索成立专案小组，加强分析研判；构建纪检、组织、人事部门的协调机制，便于综合运用组织措施、行政处理和纪律处分等问责方式；建立检校共建机制，为纪法有机衔接奠定基础；建立纪检、审计、财务、人事等部门的部门联席会议制度，强化对党员干部的日常监督和管理。同时，积极探索在条件允许的二级单位设立二级分党委和纪委，加强对基层党组织的指导，推进全面从严治党向纵深发展。

落实监督执纪"四种形态"要久久为功，不能搞形式，浮于表面，要将之贯穿于全面从严治党全过程。因此，要切实强化责任意识，在落实"四种形态"中坚持原则，敢于逼真碰硬。具体来讲，就是要求各级党组织加强对党员干部的日常监管，充分运用"四种形态"中的"第一种形态"，发现问题，早打招呼、早提醒，避免出现"事前好同志，事后阶下囚"的现象。同时，要加强同纪委的沟通和协调，及时听取纪检部门的工作汇报，对于重大问题要专题研究，亲自部署，努力使党委纪委的工作形成合力。另外，高校党委以及各二级党组织要以实际行动支持纪检部门推进"三转"，使纪委将主要精力集中到监督的再监督、检查的再检查上来，从而更好地落实监督执纪"四种形态"高校要结合自身工作实际，将落实监督执纪"四种形态"的责任逐项细化，建立责任清单，并向基层层层传导工作压力，落实到人头；加强对责任落实情况的考核，可以对相关指标进行量化，将之纳入年度目标责任制考核体系，作为评先评优、干部晋升的参考和依据；同时，建立责任追究机制，对于落实监督执纪"四种形态"不力的单位或个人，在年终考核时实行一票否决制，并追究相关责任人的责任。

第三节 纪委专责监督

高校担负着为党育人、为国育才的重要使命。深化高校纪检监察体制改革，是坚持党对高校的全面领导、强化高校正风肃纪反腐的重要举措。党的纪律检查委员会作为党内监督的专责机关，自1949年11月设立以来，经历过被撤销、重新设立、国家监察体制改革等一系列变化。随着改革深入推进，高校纪委在机构、职能、权限、责任等方面发生了深刻变化，纪委书记担任监委派驻监察专员，设立监察专员办公室与学校纪委合署办公，一体履行纪律检查、国家监察职责。纪检监察体制改革后，尤其是2018年《中华人民共和国监察法》出台后，国家监委向中管高校派驻监察专员，省级监委向地方高校派驻监察专员，实现对高校所有行使公权力人员监督全覆盖。从党纪角度看，高校纪委职责是监督、执纪、问责；从监察法角度看，高校监察专员办公室职责是监督、调查、处置。由此可见，监督始终是高校纪委的首要职责，做实做细纪委监督工作，始终是高校纪检监察工作的重中之重。

一、纪委专责监督就要落实监督责任

（一）纪委监督责任相关定义

1.纪委、纪检监察机关。纪委全称纪律检查委员会，在中央层面，中央纪委接受党中央领导，在地方层面，地方各级纪委和基层纪委接受同级党委和上级纪委双重领导。《中国共产党章程》规定，"党的各级纪律检查委员会是党内监督专责机关，主要任务是：维护党的章程和其他党内法规，检查党的路线、方针、政策和决议的执行情况，协助党的委员会推进全面从严治党、加强党风建设和组织协调反腐败工作，推动完善党和国家监督体系"。《中华人民共和国监察法》规定监委的主要任务是对所有行使公权力的公职人员进行监察，调查职务违法和职务犯罪，开展廉政建设和反腐败工作，维护宪法和法律的尊严。"纪检"强调的是纪委的职能，"监察"强调的是监委的职能，由于现阶段纪委监委合署办公，因此，统称为纪检监察机关。

2.监督责任。监督责任狭义上说，是指十八届三中全会对落实党风廉政建设责任制的部署，党委负主体责任，纪委负监督责任。纪委的监督责任，对应的是党委的主体责任，监督责任从属、辅助于主体责任。党风廉政建设的主体是党委，符合管理学"权责一致"原则，党风廉政建设工作开展得如何，取得怎样的成效，党委拥有领导权和决策权，起决定性作用，也应负主要的责任即主体责任。与之对应的纪委的监督责任符合纪委的定位和纪委的职责，纪委是党的工作部门，接受党委的领导，《党章》对纪委的职责定位是监督、执纪、问责，纪委在党风廉政建设中负责协助党委开展工作，监督检查党委决策的落实情况、政策的执行情况，对发现的问题及时批评纠正，对违纪问题开展问责工作，起监督作用，负监督责任。监督责任广义上说，是指各级纪检监察机关落实《党章》和监察法赋予的监督职责，通过监督发现问题症结、提出整改意见、倒逼深化改革、完善制度建设，推动党委各项决策部署、政策措施贯彻落实到位的责任。监督的范围不局限于党风廉政建设这一项工作，而是依法依纪开展全面监督，执行《党章》和监察法赋予纪委的第一职责。无论从狭义还是从广义上看，纪委监委负有监督责任都是其职责定位的应有之义，其核心工作是监督检查同级党委的决策部署是否得到同级党政各职能部门和下级党委、政府的贯彻落实。监委的监督责任和纪委的监督责任互为补充，主要的区别：一是对象上的不同，纪委的监督对象是中共党员，监委的监督对象是包含中共党员和非中共党员的全部公职人员，是履行公权力的人；二是监督依据不同，纪委的监督依据是《党章》，监委的监督依据是监察法；三是监督手段不同，监委的监督手段因依托监察法而更丰富一些，但本质上纪委的监督责任和监委的监督责任是相同的，都是监督下级对上级决策的贯彻情况，保障上级决策落到实处。

3.纪委监督责任。根据上述概念，纪委监督责任主要包含以下内容：一是承担如《党章》所规定的协助党委加强党风廉政建设和反腐败斗争的责任；二是在党委的领导下，在党风廉政建设和反腐败斗争中承担执纪监督的任务；三是依照党纪党法追究责任和查办案件。相对于党委的主体责任，党委的主体责任是前提，纪委的监督责任是保障。党委的主体责任主要是强调各级党委及其领导班子对党风廉政建设和反腐败斗争工作的领导责任，强调各级党委特别是主要负责人要高度重视、筹划组织、大力支持和带头参与，突出党委推动党风廉政建设工作的义务和绩效。纪委的监督责任强调通过纪委作为党内专门监督机关的监督地位，突出纪委执纪监督问责的职责、权力和效能。

（二）纪委履行监督责任主要做法

高校作为孕育栋梁之材的摇篮，事关党和国家发展，事关民族未来，具有重要的政治地位，需要权威高效的监督。习近平总书记指出，教育兴则国兴，教育强则国家强，高等教育发展水平是一个国家发展水平和发展潜力的重要标志。我国高校肩负着培养德智体美全面发展的社会主义事业建设者和接班人的重大任务，必须首先明确"培养什么人""怎样培养人"以及"为谁培养人"的根本问题。高校的职责在于立德树人，根基在于坚持党对教育的全面领导，关键在于坚持社会主义的办学方向不动摇。在全面建设社会主义现代化国家的新征程中，高校纪委要深刻把握党内监督专责的职责定位，充分发挥政治监督作用，提高政治监督工作质效，推动高校不折不扣落实习近平总书记重要指示要求，维护党中央政令畅通，维护党的肌体健康，督促落实全面从严治党主体责任及立德树人根本任务，为学校高质量发展提供有力保障。

政治监督和日常监督，一个重在强调监督的政治性、方向性，一个重在强调监督的基础性、长期性，二者理念相通、目标一致、内在统一。然而，有的纪检监察干部把政治监督和日常监督割裂开来，搞"两张皮"；有的纪检监察干部在政治监督中不会贯通使用日常监督方式方法，政治监督抓手不多、方式简单，把政治监督等同于专项工作、专项检查，导致政治监督虚化，泛化，简单化；还有的在日常监督中政治站位不高、政治意识不强，不善于从政治上发现问题、分析问题、解决问题，影响日常监督的政治效果。政治监督是日常监督的根本统领。新时代党和国家监督具有鲜明的政治属性，政治监督在各项监督中处于根本性地位，对抓好日常监督具有统领性作用。只有始终坚持把政治监督摆在首位，把"两个维护"作为根本任务，贯穿于日常监督、审查调查、巡察监督全过程各方面，融入日常、抓在经常，才能充分发挥监督保障执行、促进完善发展作用，确保党的大政方针和党中央决策部署贯彻落实，推动国家治理体系和治理能力现代化。没有政治监督作引领，日常监督就容易舍本逐末、迷失方向，难以取得好的政治效果；日常监督是政治监督的重要支撑。政治监督不是空泛的、抽象的，而是具体的、实践的，必须在日常工作中找到落实落细的有效载体和具体抓手，有机融入日常监督中。只有切实提高政治站位，强化政治意识，保持政治敏锐性和鉴别力，善于从日常监督中发现和分析政治问题，在日常工作中找到"国之大者"和本地区本部门本单位职责任务的结合点融合点，才能做实做细日常监督，夯实政治监督基础，推动政治监督和日常监督贯通融合、产生综合效果。政治监督和日常监督既紧密联系、相互贯通，又有所区别、各有侧重，有机统一于纪检监察机关履行监督职责的生动实践中。在实际工作中，需要把握好一些重要原则和基本方法。要紧扣重大政治任务开展日常监督，坚持党中央决策部署到哪里，习近平总书记重要指示批示到哪里，监督就跟进到哪里，把政治监督的要求和本地区本部门本单位的职能职责、重点任务结合起来，聚焦党组织、党员干部中长期存在的问题，聚焦群众反映强烈的突出问题，有什么问题就解决什么问题，什么问题突出就重点解决什么问题，提高以政治监督统领日常监督能力。要强化日常监督的政治效果，综合运用督查督办、专项检查、专项整治、列席会议、听取汇报、情况通报等监督方式，探索"嵌入式""蹲点式""体验式"等监督方法，从具体业务、具体案例入手，用政治眼光、政治视角审视问题、研判问题，查找政治立场、政治态度、政治担当上的深层次偏差，提高从政治上发现、分析和解决问题的能力，推动政治监督和日常监督贯通协同、有机统一。

1.政治监督。开展政治监督是纪检监察机关的核心职责。必须提高政治站位，强化政治担当，紧紧围绕服务保障新时代新征程党的使命任务，推进政治监督具体化、精准化、常态化，以强有力监督保障党中央决策部署一贯到底。坚持党中央重大决策部署到哪里、政治监督就跟进到哪里，在实现监督全覆盖基础上，自觉向中心聚力，为大局服务，把监督"两个维护"内容实化细化，建立"提示督责"等机制，提升针对性、规范性、时效性。纪检监察机关作为监督的专责机关，政治监督是首要职责和立足之本。要担负维护党中央权威和集中统一领导的重大职责，必须突出政治属性，树牢首责理念，坚持把旗帜鲜明讲政治贯穿始终，一切工作从政治上考量、在大局下行动，在站位全局中健全监督体系。要对监督的任务、对象、内容、标准明确具体，对监督谁、为谁监督、监督什么、怎么监督、谁来监督，做到心中有数、有的放矢。心怀"国之大者"，坚持对标对表和立足实际相结合，准确把握党中央决策部署的精神实质，因时因势明确政治监督任务和内容，紧紧围绕党中央提出的重点任务、重点举措、重要政策、重要要求，锚定具体事情、紧盯具体任务、抓住具体问题，辩证地把握政治和业务的关系，坚持聚焦政治与紧贴业务相结合，一体发现问题，善于从宏观中找具体，从具体中找重点；透过业务看政治、透过表象抓根子，把准政治方向，体现政治要求，善于从政治上看、从政治上抓、从政治上查，严明政治纪律和政治规矩，保障党中央决策部署落实见效。对于高校的纪检监察机构而言，强化政治监督，根本是要牢牢把握"两个维护"首要任务，督促高校党委落实党中央的统一部署，确保习近平总书记关于高校工作的重要指示批示精神及中央相关教育方针政策贯彻落实到位。将政治监督挺在前面，把"两个维护"在高校的具体化、实践化作为第一要务，加大对同级党委落实管党治党、全面从严治党主体责任的监督，确保高校意识形态阵地建设始终处于党的领导之下。只有立足政治监督，才能保障高校纪检监察工作的政治性、方向性不偏离，才能确保纪检监察工作的权威高效。目前，高校政治监督的方式主要是参加有关会议、听取汇报、查看台账、检查督导等常规途径，在落实政治监督责任方面，实现精准监督不够，监督方式办法不多，监督重点不够聚焦，针对性不强，措施不实，导致政治监督内容虚化。因此，高校纪委应当胸怀"国之大者"，提高监督站位，深刻把握政治监督内涵外延，站在"两个维护"的政治高度认识政治监督、分析业务问题背后的政治因素。在监督工作中突出政治属性、运用政治视角，避免将政治监督常态化等同于日常监督或业务监管。坚持系统观念，抓实问题整改，加强对政治监督所发现问题的整改和成果综合运用工作机制的思考探索，推动监督成果转化为学校事业高质量发展新成效。推进监督所发现问题的整改与深化改革、完善制度、促进治理有效贯通，更好地发挥监督保障执行、促进完善发展的作用。高校政治监督工作开展的关键在于发现并推动解决高校办学治校中存在的偏差，充分发挥政治监督工作对高校党建、事业发展的引领与保障作用。为此，高校政治监督工作目标应为扎实推进高校党建与高校改革发展的深度融合。首先，围绕高校"立德树人"任务的落实，持续强化政治监督，将政治监督延伸至思政教育、课程思政建设、教育体系构建、人才培养模式建立、党建宣传工作、社会实践等各个环节、各个方面。同时加强校园廉洁文化建设，着力营造风清气正的校园文化氛围，塑造更加积极健康、与时俱进的党风、校风、学风，提高高校育人能力，助推高校勇担新时代育人使命。其次，聚焦高校坚定社会主义办学方向，充分发挥政治监督的思想引领作用，构建全方位、全覆盖、立体化、层次化、网格化的政治监督新格局，对照高校"四个服务"要求，细致检查人才培养、学科集群建设、科研成果转化、教育教师队伍建设、学术发展等各项工作，及时发现高校办学方向偏差并指导其进行整改，确保高校坚持社会主义办学方向。最后，立足高校高质量内涵式发展，抓住"关键少数"，以强有力的政治监督锻造一批政治素养高、理想信念坚定、目标方向明晰、具有真才实学与创新创造精神的党员教师队伍，从教师从教、干部从政两大维度入手做好政治监督工作，将高校治理水平现代化、深化高等教育改革等作为政治监督工作着力点，将政治监督纳入考核评价体系内，促使广大党员干部严于律己、恪尽职守、公正廉明，以此凸显政治监督的约束与引导作用。

2.日常监督。二十届中央纪委二次全会工作报告指出，把日常监督做细做实，使监督常在、形成常态。《中国共产党纪律检查机关监督执纪工作规则》明确纪检监察机关应当结合被监督对象的职责，加强对行使权力情况的日常监督，通过多种方式了解被监督对象的思想、工作、作风、生活情况，发现苗头性、倾向性问题或者轻微违纪问题，应当及时约谈提醒、批评教育、责令检查、诫勉谈话，提高监督的针对性和实效性。《纪检监察机关派驻机构工作规则》也明确了开展日常监督的监督方式方法：派驻机构开展日常监督应当深入实际、深入群众，监督方式包括：（一）参加会议。参加或者列席驻在单位领导班子会议等重要会议，了解学习贯彻党中央决策部署以及上级党组织决定情况和班子成员的意见态度，"三重一大"决策制度执行情况，按照规定向派出机关报告。（二）谈心谈话。同党员、干部和群众广泛谈心谈话，听取对监督对象的反映，发现监督对象存在苗头性、倾向性问题的，进行谈话提醒、批评教育。（三）听取汇报。听取驻在单位党组（党委）管理的领导班子及其成员履行管党治党责任情况的汇报，发现责任落实不到位的，进行提醒纠正。（四）查阅资料。按照规定查阅、复制驻在单位有关文件、资料、数据等材料，了解核实有关情况。（五）沟通情况。加强与驻在单位机关党委、党委办公室和组织人事、巡视巡察、法规法务、财务审计等部门的沟通，及时发现和通报问题。（六）分析研判。分析信访举报、党风廉政等情况，对典型性、普遍性问题向驻在单位提出意见建议。（七）廉政把关。建立健全、动态更新驻在单位党组（党委）管理的领导干部廉政档案，严把党风廉政意见回复关。（八）实地调查。开展驻点调研、现场核查，精准发现驻在单位存在的突出问题。（九）其他开展日常监督的方式。由此，高校纪检监察部门做好日常监督，就要突出重点、紧盯"关键少数""关键领域"，做到常抓不懈、久久为功、警钟长鸣，着力破解高校同级监督难的问题。

紧盯"关键少数"，让日常监督有精度。纪检监察机关监督的对象、内容、领域，量大面广、点多线长，要找准监督的切口、把准监督的重点，通过支点撬动全局。紧盯"一把手"开展重点监督。聚焦领导干部这个"关键少数"，特别是"一把手"这个少数中的少数、关键中的关键。通过对"关键少数"的监督，层层传导压力，推动从抓好"关键少数"向管住"绝大多数"

拓展。紧盯关键岗位开展精准监督。行政审批、资金监管、项目建设、资产管理、招标投标等重点岗位，是权力运行的"关键点"、内部管理的"薄弱点"、问题易发的"风险点"，要开展靶向监督、精准监督。基于高校自身办学治校的特点，除领导干部"关键少数"群体外，还有一些廉政风险较高的群体，主要包括基层教学组织负责人、非领导干部科研课题负责人、学科研究基地带头人、党外身份专家学者等群体，还包括人财物、招生、后勤、基建等关键部门的一般干部。这些群体通常没有"官员"身份标签，但却是滋生微腐败、隐腐败、亚腐败、学术腐败等的高发区，容易成为日常监督的盲区盲点，应该加以重视。只有严查发生在师生员工身边的小微腐败问题和不正之风，才能增强师生的安全感、获得感和幸福感，真正推动全面从严治党向基层延伸。让监督常在、形成常态，由"治已病"向"治未病"深化。抓准抓实，坚持重在日常、贵在有恒，通过列席民主生活会、班子会议，下沉一线督导，使监督工作更直接更灵活。

在监督方式上，强化监督的再监督，主动监督并不是事事冲在一线，代替业务部门监督。要善于抓主体责任部门和业务主责部门的牛鼻子，推动各级党组织动起来落实管党治党主体责任，推动业务主责部门增强"管业务必管廉政"意识，形成学校党委统一领导，党政齐抓共管，纪委组织协调，各基层党组织和业务部门各负其责，师生积极参与的良好局面。为了把日常监督实实在在做起来、做到位，学校纪检监察部门综合运用参加会议、信访受理、线索处置、约谈提醒、谈话函询、列席民主生活会、开展校内巡察、开展专项监督检查、建立廉政档案、党风廉政意见回复，提出纪律建议和监察建议等多种方式。要把纪律监督和监察监督贯通起来，有效运用监督执纪"四种形态"。抓早抓小，坚持惩前毖后、治病救人，严管厚爱相结合，充分发挥各级党组织管党治党主体作用，针对党员干部出现的一般性问题，轻微违纪问题，苗头性、倾向性问题，早发现、早提醒，有针对性地批评、教育、谈话、函询，咬耳扯袖、红脸出汗，防止小错酿成大祸。

（三）落实纪委监督责任存在的问题

纪委在履行监督职能方面还存在薄弱环节。高校纪委履行监督职能，依然存在一些薄弱环节，尚未建立起一套全覆盖、切实有效的监督体系。

1.双重领导体制导致监督机制不顺畅。目前，高校纪委实行同级党委及上级纪委的双重领导，这导致对同级党委监督难。虽然《中国共产党章程》赋予了纪委实行党内监督的权力，第四十六条还规定："各级纪律检查委员会发现同级党的委员会委员有违犯党的纪律的行为，可以先进行初步核实。"但高校纪委开展的工作均要在党委的领导下进行，且纪委的机构设置、人员编制、干部任免和办公经费等权限也都掌握在同级党委手中，因此，高校纪委工作很大程度上要依附于同级党委，对同级党委尤其是"一把手"很难独立负责、理直气壮地行使监督权。纪委对同级党委，特别是对常委会成员的监督有待提升。习近平总书记所讲的"长期以来，党内存在的一个突出问题，就是不愿监督、不敢监督、抵制监督等现象不同程度存在，监督下级怕丢'选票'，监督同级怕伤'元气'，监督上级怕穿'小鞋'"的现象，实际上在高校均有不同程度的反映。有的高校纪委在履行监督专责时缺乏相对独立性和权威性，缺乏敢于监督的意识，对同级党委的监督力度不够，特别是对于党委在落实党风廉政建设责任制方面，如遇到决策违反上级规定、少数人说了算、个别干部涉嫌违纪等情况，一些纪委书记存在"不敢、不愿、不想"监督的心态，容易受到同级党委的干扰，不善于发声，不能及时提醒和制止，长此以往很容易导致腐败问题。落实党风廉政建设责任制，党委负主体责任，纪委负监督责任。党委对党风廉政建设负首要责任和直接责任，纪委是协助党委抓好党风廉政建设和组织协调反腐败工作，而目前很多高校仍认为纪委主抓党风廉政建设工作，党委在于领导，党委落实主体责任就是"支持"纪委工作，因此，在具体履职过程中，经常出现党委"只挂帅不出征"，而纪委"协调变牵头、牵头变主抓、主抓变负责"的情况。党委落实主体责任认识不到位，就会在落实全面从严治党主体责任方面存在"上热下冷"、层层递减、压力传导不够现象。个别职能部门、二级学院的党风廉政建设工作还停留在会议讲话、发号施令上，基层党总支（支部）对党员的日常管理、教育和监督还偏弱。虚功多实功少、重形式轻效果、消极懈怠等现象，在一些高校行政领导和二级党组织中仍较大程度存在。

随着纪检监察体制改革的不断深入，纪检监察工作和队伍建设越来越专业化、规范化、系统化，但在实际工作中，上级纪委对高校纪委领导不够紧密，高校纪委仍以学校党委领导为主，有时会造成对纪检监察工作的新要求、新精神学习不及时，消息滞后，对纪检监察工作形势和动态缺乏整体掌握，纪检监察干部归属感和责任感不强，执纪问责底气不足和积极性不高等问题。

"查办腐败案件以上级纪委领导为主"，但由于工作重点、人员精力等方面原因，上级纪委与高校纪委的联系更多的是工作任务、问题线索交办等，高校纪委在对收到的信访举报件进行初核、立案审查时，由于高校纪委本身职能有限，校外的调查取证较难开展，只能是依靠上级纪委相关部门给予协调，往往增加了工作的时间，错失了有利时机，实际工作中存在监督执纪调查取证协调难、手续烦琐的问题。

2.高校纪委监督执纪能力有待提升。高校纪委需要不断提升监督执纪能力才能适应社会不断发展。一方面，随着改革的不断深入，高校在积极参与区域经济和社会发展中，党员领导干部的成长和工作的环境比以往变得更加复杂，受拜金主义、享乐主义和极端个人主义等不良社会风气诱惑侵蚀的概率加大。另一方面，高等教育管理体制改革赋予了高校更多的自主权，国家教育经费的大量投入，基建工程的日益增多，物资采购的不断增长，日常的办公经费和科研经费的逐年增加，也为发生公权私用、违规操作的腐败行为留下了可乘之机。

高校纪委监督工作涉及学院整体发展的方方面面，并且纪检监察体制改革使高校的监督对象进一步扩大，几乎涵盖了学院所有部门和岗位的党员、监察对象等，监督执纪任务繁重，在人员安排上往往捉襟见肘，尤其在开展查办案件工作中，好多高校明显存在人员周转困难，难以科学有效履行纪检监察职责。

随着高校腐败问题的增多和上级机关对高校反腐问题的重视，高校纪委在现实监督过程中容易陷入"面面俱到"的误区，在工作中往往采用"人盯人"式的全过程参与监督方式，此种监督工作方式虽然有利于全面了解监督事项全过程，但全过程和参与式的监督方式也使得监督工作事倍功半，不仅占据了大量的工作精力，而且监督工作目的性和针对性不强，精准性不够，对学校权力运行的环节、程序、步骤等缺乏清晰认识，行使监督权力时对哪些该监督、哪些不该监督等缺乏相应的标准和依据，"对监督者实施再监督、对检查者开展再检查"的职能定位缺乏整体把握，在监督工作上往往缺乏工作重心和主心骨，眉毛胡子一把抓，花费大量的时间和精力直接参与具体职能部门的履职过程，既当裁判员又当了运动员，甚至造成越俎代庖的现象。并不利于发现深层次的问题或对可能存在的问题进行有效的廉政风险防控。高校纪检监察干部队伍能力水平与反腐倡廉建设的新形势、新任务还存在一定差距，特别是还不完全适应转职能、转方式、转作风"三转"新要求，不能有效聚焦党风廉政建设和反腐败斗争、聚焦监督执纪问责。这不仅导致纪委工作线多、面广、事杂，职能泛化严重，也使得纪委落实"三转"不到位，执纪监督的主业被弱化，聚焦党风廉政建设和反腐败中心任务不够。

　　有的高校纪检监察干部专职不专业，整体队伍中缺乏财务、审计、法律等方面的专业人才。有的高校纪检监察干部工作经验欠缺，尤其是办案经验几乎是零起点。高校纪检监察干部不同程度存在能力不足、本领恐慌的问题，因此，部分高校纪检监察干部在遇到违纪问题时常常无从下手，甚至对执纪问责的要求、程序、方法还不够熟悉，在执纪问责工作中洞察问题、发现线索的能力有限，在进行线索处置、立案审查时，方式方法不多，办案思路不够广，能力水平无法满足新常态下纪检监察工作的需要。一些纪检监察干部责任意识和担当精神不强，对发生在师生身边的不正之风和腐败问题不管不问，遇到问题绕着走，该履行的责任不落实，对上级部门党风廉政建设部署贯彻执行不力，对重点部门和关键领域缺乏有效监督。

　　由于能力不足，部分高校纪检监察干部在实践中对"四种形态"整体把握和综合运用不到位，工作中缺乏深厚的理论支持和实践经验，对坚持"惩前毖后、治病救人"方针和严明纪律、把纪律挺在前面认识不够深刻，对

"宽严相济"拿捏不好分寸，对监督执纪的切入点和着力点找得还不够准确，精准运用"四种形态"进行执纪问责的能力有待进一步增强。有的高校纪检监察干部不熟悉运用第一种形态处置问题线索的操作程序，未能让党内"红脸出汗""咬耳扯袖"成为常态。有的高校纪检监察干部不恰当运用谈话函询、初步核实等处置方式反映党员领导干部问题线索，撰写文书摘要、函询报告或初核报告等实务技能亟待提高，量纪执纪有时还存在适用不当、尺度不准、畸轻畸重等现象。同时能力不足还影响执纪问责，会存在尺度宽松和责任追究力度不够的问题。对日常违规违纪现象，往往磨不开情面，责任追究时高举轻放，追究问责的震慑力度不够，会出现高校纪委落实"一案双查"不彻底，对于学校违纪违规案件，在调查案件当事人责任的同时，没有对学校二级党组织或相关责任人履行主体责任和监督责任情况进行调查。部分高校纪委缺乏主动拓展监督渠道的意识，满足于日常信访举报，对其他渠道反馈的问题缺乏应有的重视，政治敏锐性不足。有的高校纪委对各级党员领导干部八小时以外生活圈、社交圈和休闲圈关注度不高，对协同发挥群众监督、舆论监督、媒体监督等党外监督渠道缺乏有效举措，尤其是在对学术权力运行进行监督时，缺乏有效工作抓手与监督渗透力度，导致学术权力运行经常游离于学校监督体系之外。部分高校纪委长期未形成常态监督工作机制，采用的监督方式、评价标准和评价方式偏固化，与党内其他监督方式有机结合程度不高。有的高校纪委对学校二级党组织开展监督时，习惯于以听汇报、开座谈会等方式进行表面化监督，且经常以肯定工作成绩为主，发现问题、纠正偏差的方式方法过于局限，存在一定程度的形式主义和官僚主义倾向。

3.监督合力有待加强。群众监督的意识比较薄弱，有些教职工认为监督是纪检监察部门的责任，与自己无关，采取一种事不关己、高高挂起的态度。还有一些教职工存在着矛盾心理，既关心学院发展和廉政建设，希望能通过有效途径表达意见和诉求，同时又担心会得罪人遭遇打击报复。同时群众监督的渠道不畅，广大教职工、学生、家长等参与监督的方式、渠道、相应的配套制度、保护机制以及高效的反应机制等都有待整合和完善。

针对高校纪委监督工作点多、面广、线长，广泛性和专业性强等特点，虽然高校在二级党委、党总支和党支部中设有纪检委员，负责对本单位的党员进行监督，但是由于他们本身是兼职纪检人员，自身承担着大量的教育教学或行政管理工作，能用于纪检监督工作的时间和精力非常有限。同时，作为兼职人员对纪检监察工作不熟悉，对应履行的监督职责重视程度也不够，工作中缺乏积极性，因此，日常工作中加强对内监督的作用并不明显，在推动基层党风廉政建设和反腐败工作成效方面十分有限。

被监督对象认识不到位。一些干部和教师比较重视业务水平提升，而对于廉政法规的学习重视不够，廉洁自律意识还比较淡薄。有些领导干部落实"一岗双责"意识不强，缺乏担当精神，比较注重抓具体工作，而对于职责范围内的党风廉政建设和反腐败工作抓得不够，没有把党风廉政建设当作分内之事和应尽职责，有麻痹大意心理。还有一些"双肩挑"干部、学科带头人、项目负责人的教学科研工作压力大，管理工作任务重、头绪多、难度大，平时把大部分精力都投向教学、科研工作，对党风廉政建设的重要性和复杂性认识不足。

（四）落实纪委监督责任相关举措

1.贯通融合，完善监督体制机制。监督从来不是单一环节，而是统一于制度建设、全面管理、问效问责的高校治理整体链条中。纪委要将制度建设贯穿监督始终，推动高校合理划分和科学配置权力，建立层次合理、权责一致、边界清晰、全面覆盖的制度体系，强化制度执行力，将学校各项工作纳入规范化轨道。纪委还要把廉洁教育和廉政建设与党建、思政工作、作风建设、内部控制深度融合，形成大管理格局。最重要的是纪委要把"问责职权与监督职权、执纪职权有机衔接"，让监督发现问题、执纪形成震慑、问责动真碰硬有机贯通，让监督彰显刚性威力。高校治理视域下，高校纪委只有胸怀全局，在权力分立制衡中科学思考精准聚焦，不断深化协作配合、贯通融合，敢于动真碰硬，强化执纪问责，才能使监督体系契合党的领导体制，融入高校治理体系，推动制度优势更好地转化为治理效能，助力高等教育高质量发展。

　　建立一体化监督体系，健全监督运行制度是一项系统工程。"作为高校内部专门的监督机构，高校纪委主动承担起凝聚各监督主体，协调监督体系运行的重任责无旁贷。"高校纪委要推动完善党委、纪委、党的二级组织和党员共同参与的党内监督体系。要推动纪检部门和职能部门协作配合，完善纪律监督、审计监督、财会监督、民主监督、群众监督在内的校内监督体系。要探索"校校""室组地校"联动监督，通过分片协作、定期召开会议，找到联动监督的融合点、互补点，激发监督活力。

　　与其他监督体系推动专责监督与其他监督体系贯通融合、充分发挥监督治理效能，是切实增强党管高校、办学治校能力的重要举措。一要坚持政治引领，引导高校各类监督同向发力。高校纪委要把做实政治监督作为监督贯通融合的首要着眼点，健全贯彻高校党委决策部署督查机制，及时跟进高校舆论曝光、师生群众反映强烈的问题，严肃查处具体问题背后的形式主义、官僚主义问题，凝聚保障落实的监督合力。二要压实主体责任，带动高校各类监督发挥作用。高校纪委要紧紧扭住高校各级党组织主体责任这个"牛鼻子"，深化述责述廉、廉政谈话工作，定期开展高校纪委同二级党组织负责人及班子成员集体谈话，督促推动高校二级党组强化党内监督，强化对其他监督的领导、指导。三要突出联动协作，促进高校各类监督优势互补。高校纪委要深化运用高校信访举报、校内巡察、审计监督等各类信息平台，加强高校"纪监巡审"联防联控协作机制，督促做好案件通报和问题线索移交工作，深化纪检监察建议工作，确保监督效果。

　　2.丰富监督手段，协调提升监督能力。高校纪委落实好监督责任，是贯彻执行党风廉政建设责任制的重要方面，也是协助党委履行好主体责任的内在要求，更是纪委的政治责任。高校纪委要增强使命担当，协助党委落实好党风廉政建设主体责任，强化纪委监督，增强监督实效，坚持从严执纪，切实彰显党规法纪的威慑力，用铁的纪律打造忠诚干净担当的纪检监察干部队伍，把握和运用监督执纪"四种形态"，为反腐倡廉建设的深入开展提供坚强政治保证。增强使命担当，协助同级党委履行好主体责任。高校党委对职责范围内的党风廉政建设负有全面领导责任，党委书记是第一责任人。高校纪委要敢于担当，守土有责，落实好监督责任，协助同级党委履行好主体责任。一是抓好责任。纪委协助党委健全工作机制，明确党风廉政建设工作任务，强化牵头单位、协办单位和分管校领导担负的重要责任。二是抓好教育。党风廉政教育是基础，要把党风廉政教育纳入党委理论学习中心组、干部教育培训计划，重点学、深入学、经常学，坚持有重点、分层次对广大领导干部、重点部门负责人、项目负责人、学科带头人开展党风廉政教育，重点学习党纪法规，做到学习教育全覆盖。三是抓好检查。专项检查、自查与检查有机统一，督促学校领导班子成员对分管领域内的党风廉政建设责任制进行专项检查，并要求各单位在对贯彻党风廉政建设责任制情况自查的基础上，由纪委进行重点检查，发现问题，查缺补漏，严格责任制落实。四是抓好追究。以严明的法纪抓落实，正确认识严是爱、宽是害，对落实责任不到位的，既要追究主体责任，也要追究监督责任，对领导班子、领导干部违反党纪法规的，都要依纪依规严肃处理，严肃追究责任，绝不姑息迁就。五是抓好制度。要用制度规范权力运行，紧密联系高校反腐倡廉建设特点和规律，制定好落实主体责任和监督责任的相关制度，从源头上完善制度规定，依法依纪，按制度、规矩办事，充分发挥制度的刚性约束作用，明确责任，严格追究，做到执行有依据、检查有依据、教育有依据、追究有依据。

确保监督方向不出现偏差的基本前提是精准把握好高校纪委专责监督的职责、边界和内涵。一要厘清监督职责。高校纪委要紧紧围绕"再监督、再检查"职责定位，强化主业主责意识，把工作切入点转变到对高校党组织和党员领导干部行使权力、履行职责的监督检查上，着力解决"不愿、不敢、不能"监督的问题。二要明确监督边界。高校纪委要准确把握高校管党治党新形势新要求，盯紧高校选人用人、招生招聘、科研经费、资产运营等公权力运行各个环节，有针对性地扎紧制度笼子、堵塞制度漏洞，完善及时发现问题的防范机制和精准纠正偏差的矫正机制，强化制度刚性约束，严查制度执行不力、违反制度规定的行为，切实管好关键人、管到关键处、管住关键事、管在关键时，真正做到用制度管人、管事、管权。三要明确监督内涵。高校纪委要始终把维护党的政治纪律和政治规矩放在首位，加强对高校二级党组织和党员领导干部遵守党规党纪、贯彻执行党的路线方针政策情况的监督检查，以严明的纪律确保党的教育方针政策在高校落地生根。

增强对重点部门和关键领域的监督实效，是高校纪委的一项重要职责。高校纪委要把监督责任扛在肩上，重点突出"三个严"，加大监督力度，既要做到精准监督，也要扩大监督覆盖面。一是严把日常监督。加强对同级党委常委会成员的监督，这是纪委监督的难点和焦点。纪委要敢于坚持原则，抓住权力运行这一关键，以纪委书记参加党委常委会、纪委副书记列席校长办公会的形式，强化重大决策过程监督，如遇决策程序违规违纪，纪委书记要敢于发声，及时提醒和制止。二是严把重点监督。要紧盯"人、财、物、项目"，狠抓重点部门、重要领域、关键环节监督，注重全过程、全方位、全领域监督。着力加强对重大事项决策、重要干部任免、重要项目安排、大额资金使用事项"三重一大"监督，防范廉政风险，确保重大决策依规依纪进行。三是严把节点监督。要紧盯端午、中秋、国庆、元旦、春节等重大节假日当口，查找风险点，重点检查有无公款吃喝、公款送礼、公车私用等违规违纪现象，防止个别领导干部放松警惕，顶风违纪，严肃查处违法乱纪行为。坚持从严执纪，彰显法纪内有的强大威慑力量。高校纪委依法依纪履职，严明党的纪律，用好纪律戒尺，是坚持纪在法前、纪严于法的必然要求，也是严守法纪底线、强化法纪震慑的重要体现。一是从严遵规守纪。认真学习贯彻、严格落实《中国共产党廉洁自律准则》和《中国共产党纪律处分条例》，以这两部党内法规为重要依据，把严明政治纪律和政治规矩排在首要位置，引导高校党员领导干部，时刻把纪律和规矩挺在前面，心存敬畏守纪律，廉洁履职守底线。二是坚持抓早抓小。坚持用纪律管住大多数，深刻理解和综合运用监督执纪"四种形态"，坚持抓早抓小抓苗头，对出现违纪苗头或轻微违纪行为的，要早提醒、打招呼、及时处理，进行纪律教育，不能放任不管，这应当成为常态，让领导干部时刻感到纪律和规矩无处不在，自觉用纪律和规矩约束和规范从政行为。三是狠抓违纪问题。要敢抓敢治，用好纪律戒尺，坚持原则，秉公执纪，对于一些领导干部在其位不履职、不尽责、不担当，出现严重违纪违法现象的，坚持零容忍，加大查处力度，发现一起查处一起，发挥警示教育作用。

推动同级监督发挥专责监督推动作用，加强对学校党委"一把手"和领导班子监督，是深化高校纪委专责监督的重要内容。推动科学配置权力。高校纪委要着力推动学校党委制订落实全面从严治党主体责任年度计划、完善落实领导干部插手干预重大事项记录制度的具体举措，建立健全学校同级党委特别是常委会成员权力清单，通过分解权力和责任、明确权力边界、详列权力清单等方式，将党委权力配置到具体的常委会成员，规范学校同级党委常委会成员的责任、权利和义务。明确同级监督内容。高校纪委要加强对学校党委同级领导班子监督，明确学校纪委监督同级党委常委会成员的具体内容，包括贯彻执行上级党委重大决策部署落实情况，落实党风廉政建设责任制情况，执行民主集中制特别是"三重一大"决策的形成和执行、选人用人、作风建设、执行个人重大事项报告制度情况等。完善同级监督制度。高校纪委要推动完善党务公开制度，围绕高校权力运行过程，最大限度地向党员群众公开决策、执行、监督过程和结果；完善廉情通报制度，发现学校同级党委常委会成员在廉洁自律和工作作风等方面有苗头性问题时，推动高校党委做好教育提醒；完善述责述廉制度，推动对学校同级党委常委会成员开展专题述责述廉，并对述责述廉对象进行评议。

提升监督效果，深化运用监督执纪"四种形态"。监督执纪"四种形态"是全面从严治党的重大实践和理论创新，深化运用监督执纪"四种形态"则是提升高校纪委专责监督效果的必然要求和有力保障。十九届中央纪委第四次全会提出实事求是地运用"四种形态"，完善发现问题、纠正偏差、精准问责有效机制。对于高校纪委而言，深化运用好监督执纪"四种形态"，需要注重把握好两个方面：一是高校纪委要树立正确的监督执纪工作理念，结合学校政治生态具体实际，着力强化"查办大案要案是成绩，抓早抓小更是成绩"的意识，正确把握好"树木"和"森林"的关系，综合《党章》、党规党纪和法律法规要求，深化"四种形态"运行机制，不断推进学校党风廉政建设和反腐败斗争态势；二是高校纪委要围绕学校政治生态现状特点，将落实"四种形态"作为开展监督执纪问责的基本遵循，不断推进监督执纪"四种形态"

的具体化、规范化和常态化，确保监督执纪经得起实践的检验、学校师生的检验和历史的检验，实现政治效果、纪法效果和社会效果有机统一，从而为营造良好校园政治生态和育人环境奠定政治基础。

对权力运行再监督。近年来，纪检监察派驻监督机构的"嵌入式"监督模式为高校纪委创新"权力运行再监督"方式提供了借鉴。高校纪委可以把权力运行分为前中后三段分段嵌入监督，形成对权力运行监督的标准范式。前期，纪委可以要求各权力部门梳理权力事项清单，排查风险点，制订预防措施，精准防范廉政风险。中期，纪委可以根据不同的工作事项，选用"专项+检查""督查+整改""联系+谈话"等"1+N"种方式，促进权力运行规范化。后期，纪委可以通过开展校内巡察，对被巡察单位全面体检，彻底诊治被巡察单位"病症"，给权力运行套上依法规范的"紧箍咒"。

聚焦关键，突破"一把手"及领导班子监督难点。十八届三中全会后，党的纪检体制改革得到深入推进，纪委受同级党委、上级纪委的双重领导，纪检监督的垂直性、独立性、有效性得以加强。2021年3月，党中央发布了《关于加强对"一把手"和领导班子监督的意见》（以下简称《意见》），细化了《党章》、党规党纪中对"一把手"和领导班子监督的规定，让具体、有效的实际措施成为制度规范，给"一把手"和领导班子监督提供了制度支撑和工作依据。高校纪委要充分利用改革优势，按照《意见》三个板块监督内容，突破"一把手"及领导班子监督难点。实践中，纪委书记、副书记可以通过参加（列席）党委会、校长办公会，对决策过程监督，对有廉政风险的事项予以否决。纪委可以通过抓好组织实施和督促检查等方式，督促党委制定主体责任清单，贯通对党委主体责任、党委书记第一责任人责任、班子成员"一岗双责"责任落实的监督。纪委书记还可以督促党委严肃党内政治生活，促使班子成员之间相互提醒、督促，形成对"一把手"和领导班子的监督合力。

3.加强队伍建设，打造过硬的纪检监察干部队伍。加大培训力度。高校纪委要持续开展"打铁必须自身硬"专项行动，多渠道、多途径开展专兼职纪检监察干部培训、轮训，继续选派干部参加中纪委、省纪委培训，参加省委巡视、省纪委跟班锻炼，通过实战提升履职能力，通过学习和实战锻炼提升本领，不断规范队伍建设、从严从实加强监督管理。可探索在高校二级单位设立纪委，配备专兼职纪委书记，出台纪委委员、纪检委员、特约监察员工作规定，规范队伍建设、从严从实加强监督管理。纪检监察工作要运用现代信息技术提升办公管理、监督检查、执纪执法水平，通过程序公正保障结果公正，以专业化队伍、规范化工作、信息化建设保障纪检监察工作高质量发展。

充实队伍力量。一是要遵循高校反腐倡廉建设规律，抓住高校反腐倡廉建设特点，特别是要在思想认识、责任担当、方法措施上跟上高校反腐倡廉建设新形势新要求，着力在人员配备、经费投入、政策落实等方面给予充分保障，选优建强学校纪检监察干部队伍，配齐充实各院系纪检委员，强化纪检监察干部队伍整体力量，确保高校纪委人员到位、经费到位、政策到位，精准发力，依法扎实有效履职。二是提升专业素养。要着力优化人员结构，锤炼专业素养，把政治标准放在首位，注重选拔那些热爱、关注纪检监察事业，特别是具有经济、法律、审计、财务等专业背景的同志从事纪检监察工作，选准选好用好纪检监察干部队伍。加强纪检监察干部教育培训，及时学习反腐倡廉建设新形势新任务，内化于心，外化为监督执纪问责的生动实践，不断提升依法依纪履职能力和水平。三是严格自身管理。纪检监察干部要增强责任感和使命感，严格遵守党纪法规，熟练把握政策，紧扣"六大纪律"，依法依纪开展工作，事实认定、证据搜集、案件定性、量纪标准等各个环节都要经得起法律和历史的检验；同时，要自觉接受党内和群众监督，严格规范权力，严守道德底线和法律红线，强化廉洁自律意识。加强高校反腐倡廉建设，营造良好教育生态环境，直接关系到高等教育事业改革发展。高校纪委要找准在全面从严治党中的职能定位，协助党委落实好主体责任，强化监督执纪问责，真正担负起监督责任，为全面深化高等教育综合改革，扎根中国大地办好中国特色社会主义大学，培养中国特色社会主义合格建设者和可靠接班人提供坚强的政治保障。

加强自我约束。纪检监察机关和干部要在学习党史中明理增信、崇德力行，传承党的优良传统作风，适应党和人民的新期盼新要求，始终保持对党忠诚、实事求是、敢于善于斗争、谦虚谨慎、带头遵规守纪的优秀品质。高校纪检监察干部要牢记立德树人，在慎独、慎初、慎微、慎欲上下功夫，树立正确的权力观、政绩观、事业观，将自我约束融入工作和生活。要培育优良家教家风，从严管好家人，带头严格落实中央八项规定，坚决抵制特权思想和特权现象，坚决反对形式主义、官僚主义。要锤炼敢于担当的精神品质，面对矛盾困难敢于迎难而上，面对歪风邪气敢于坚决斗争，做担当干事的表率，把好传统带进新征程，将好作风弘扬在新时代。高校纪委要准确把握在立足新发展阶段、贯彻新发展理念、构建新发展格局中承担的使命任务，落实立德树人根本任务，落实主体责任和监督责任，紧盯"一把手"和领导班子，加强高校重点领域廉洁风险防范、作风建设情况监督，积极探索高校廉政文化、廉洁文化建设，深入推进高校党风廉政建设和反腐败斗争，以高质量纪检监察工作推动高校事业高质量发展。

二、一体构建"三不腐"体制机制

2013年1月，在中国共产党第十八届中央纪委二次全会上，习近平总书记强调全面推进惩治和预防腐败体系建设的重要性，要求"形成不敢腐的惩戒机制、不能腐的防范机制、不易腐的保障机制"。这是习近平总书记关于"三不腐"体制机制建设的最初表述。2014年10月，党的十八届四中全会站在完善惩治和预防腐败体系的高度，提出了建设"不敢腐、不能腐、不想腐的有效机制"的重要论述，"三不腐"机制的表述固定下来。2016年10月，党的十八届六中全会强调标本兼治构建"三不腐"机制建设、"筑牢拒腐防变思想防线和制度防线"的重要性。2017年10月，党的十九大报告强调指出"强化不敢腐的震慑，扎牢不能腐的笼子，增强不想腐的自觉"，"三不腐"机制建设的内涵进一步得到丰富。此后，习近平总书记又在十九届中央纪委三次全会、党的十九届四中全会等多种场合就一体推进"三不腐"机制建设的内在关联、目标要求、完善国家监督体系等作出进一步阐述并提出具体要求。2019年1月，习近平总书记在十九届中央纪委三次全会上提出"不敢腐、不能腐、不想腐是一个有机整体，要打通三者内在联系"，首次提出了一体推进"三不腐"。2020年1月，习近平总书记在十九届中央纪委四次全会上提出："一体推进不敢腐、不能腐、不想腐，不仅是反腐败斗争的基本方针，也是新时代全面从严治党的重要方略。"2021年1月，习近平总书记在十九届中央纪委五次全会上提出："不断实现不敢腐、不能腐、不想腐一体推进战略目标。"2021年4月，习近平总书记在广西考察时强调："使不敢腐、不能腐、不想腐一体化推进有更多的制度性成果和更大的治理成效。"2022年6月，习近平总书记在中央政治局第四十次集体学习时的重要讲话中强调："提高一体推进不敢腐、不能腐、不想腐能力和水平，全面打赢反腐败斗争攻坚战、持久战。"从"重要方略"到"战略目标"，再到"更多的制度性成果和更大的治理成效"，从"打通三者内在联系"到"提高一体推进不敢腐、不能腐、不想腐能力和水平"，从顶层设计上对腐败治理的这一具体规划，丰富了我们党的自我革命战略思想，开辟了从严管党治党新境界。"三不腐"指的是不敢腐、不能腐、不想腐。不敢腐，侧重于惩治和威慑，让意欲腐败者不敢腐败；不能腐，侧重于对权力的监督和制约，让胆敢腐败者没有机会实施腐败；不想腐，侧重于教育和引导，让人在思想源头上不愿腐败。"三不腐"体制机制是指为了达成不敢腐、不能腐、不想腐的目标而建立的一个具有内在动力驱动并按照一定规则运行的系统，是一个有机整体，各内部组成之间相互融合，相互贯通，相互作用，相互影响，在动力系统的驱动下，向实现不敢腐、不能腐、不想腐的目标不断前进。高校要善于运用系统观念，将不敢腐的强大震慑效能、不能腐的刚性制度约束、不想腐的思想教育优势融于一体，贯穿于办学治校实践中，加强腐败治理，发挥全面从严治党的引领保障作用，确保始终坚持社会主义办学方向。

一体构建"三不腐"体制机制深刻揭示了党风廉政建设和反腐败斗争基本规律。习近平总书记指出，"标本兼治，关键在治，治是根本。我们党强调不敢腐、不能腐、不想腐，揭示了反腐防腐的基本规律。要强化不敢腐的震慑，扎牢不能腐的笼子，增强不想腐的自觉"。腐败是多种因素交互作用的结果，既有惩罚力度不够、制度不完善、监督乏力的原因，也有私欲作祟、侥幸心理等因素，还与政治生态、社会生态和历史文化有着密切的关系。腐败成因的复杂性，决定了治理腐败措施的多样性，仅靠一种方式不可能完全奏效。党风廉政建设和反腐败斗争作为一项系统工程，是各个领域、各类要素的综合反映和系统呈现，必须通过系统治理、一体推进才能取得整体效果和治理合力。党的十八大以来，我们党正是有效运用一体推进"三不腐"重要方略，推动新时代全面从严治党取得了历史性、开创性成就，产生了全方位、深层次影响。

一体构建"三不腐"体制机制是新时代中国共产党反腐败斗争基本路径。这条基本路径是由反腐败斗争的历史性变革和实践成效演进而来的，是对党的反腐败斗争和全面从严治党规律的深刻把握。构建"三不腐"体制机制这条基本路径，是贯通一体的有机整体，是相融相成、相互促进的标本兼治，是一体推进的系统工程。当前，构建"三不腐"体制机制在目标实现和作用发挥上还存在着不均衡、不平衡问题，腐败存量和增量并存，规范权力运行的笼子还未严丝合缝，涵养自律意识的土壤尚未完全厚植，需要以坚忍执着的斗志攻坚克难，打好反腐败斗争攻坚战、持久战。新时代一体推进"三不腐"体制机制，是巩固发展反腐败斗争压倒性胜利的重大战略部署，是新时代反腐败斗争基本路径的生动实践，结果必将巩固发展反腐败斗争压倒性胜利，推动全面从严治党取得更大战略性成果，直至海晏河清。

一体推进"三不腐"体制机制是落实高校全面从严治党的必然要求。全面从严治党是一项系统工程，是各领域、各要素的系统呈现，为把一体推进"三不腐"嵌入管党治党、办学治校全过程，高校需要运用系统观念，压紧压实各级党组织履职尽责，督促校内职能部门落实监管职责，推动惩治震慑、制度约束、提高觉悟一体发力，不断把全面从严治党延伸到各领域、各环节。贯彻落实党中央全面从严治党的主体责任，必须坚持一体推进"三不腐"机制，以院校党委、纪委、领导干部、全体党员为主体，以促进院校稳步改革发展为抓手，以党的政治、思想、组织、作风、制度和纪律六者建设为内容，结合理论学习、廉洁教育、主题建设、实践研修等形式，正风肃纪，优化政治生态。一体推进"三不腐"体制机制建设促进高校落实立德树人目标。坚持立德树人、德技并修是高校人才培养的基本特征和具体要求，习近平总书记在新时代第一次全国教育大会上指出"加强党对教育工作的全面领导，是办好教育的根本保证"，要求高校在开展党建工作时抓好全面从严治党这个核心，保障社会主义教育事业方向不偏离，践行立德树人使命担当。一体推进"三不腐"体制机制建设推动高校建成廉洁校园。高校在"党管"干部、党管人才原则上，通过领导干部、师资队伍、学生群体三方协力一体推进"三不腐"体制机制的运行，实现反腐思想"入耳入脑入心"，将腐败的不和谐因素最小化，确保校园安定有序，进而营造出风清气正的良好校园环境，提高高校的公信力和社会形象。

（一）"三不腐"体制机制的基本内容

1."不敢腐"的基本内容。习近平总书记指出："反腐败斗争没有禁区，没有特区，也不能有盲区。我们要把反腐利剑举起来、用起来，形成强大震慑，让那些心存侥幸、还想搞腐败活动的人心存畏惧。""实现不敢腐，坚决遏制腐败现象滋生蔓延势头。只要谁敢搞腐败，就必须付出代价。"党的十九大报告提出"强化不敢腐的震慑"，首先要持续把反腐利剑举高用起，使用利剑严厉惩治，进而形成强大的心理震慑。从构建"不敢腐"体制机制的主要实践可以看出，"不敢腐"体制机制侧重于惩治和震慑，通过加大惩处力度，着眼于提高腐败成本，让意欲腐败者心生畏惧，形成有腐必反、有贪必肃的高压态势。"不敢腐"体制机制是举利剑、出重拳、强畏惧的惩戒震慑机制，是不可触碰的高压线。"不敢腐"体制机制是"三不腐"系统中的治标工程。党的十八大之后，面对腐败问题错综复杂，全党全社会极为关注反腐败斗争，首要的任务是治标，从治标入手，通过严惩，一举摧毁攀附在党的肌体、要害部位的政治隐患，拨正船头航向，使党更加坚强，通过"打虎""拍蝇""猎狐"取得重拳治标的胜利。"不敢腐"体制机制的核心要义是"两个坚持"，坚持反腐败无禁区、全覆盖、零容忍，同时坚持重遏制、强高压、长震慑。从机制建构的重点来看，要有力削减腐败存量，有效遏制腐败增量。通过深挖细查腐败存量，形成高压态势、震慑作用，达到遏制增量的目的。

从机制建构的具体层面来看，主要举措包括：提升腐败行为被发现的概率，让腐败现象无处遁形，这是形成有效有力惩戒的基础和前提；加大腐败问题被惩处的力度，无论何人腐败都必须付出代价；增强腐败案例的警示作用，曝光通报典型案例，形成"惩一儆百"的正向效应；营造强震威慑的浓厚氛围，引导党员干部主动知畏知止，重振党风政风，重构党内政治生态。

2. "不能腐"的基本内容。习近平指出，"把权力关进制度笼子里，首先要建好笼子"，"只有建好制度、立好规矩，把法规制度建设贯穿到反腐倡廉各个领域、落实到制约和监督权力各个方面，发挥法规制度的激励约束作用，才能筑起遏制腐败现象滋生蔓延的'堤坝'，才能推动形成不敢腐、不能腐、不想腐的有效机制"。党的十九大报告提出"扎牢不能腐的笼子"，首先要建设制度的笼子，进而扎紧扎牢笼子，规范权力运行，防止权力滥用，把制度建设贯穿到反腐防腐的各领域、各方面，同时推动"三不腐"机制的形成。从构建"不能腐"体制机制的主要实践可以看出，"不能腐"体制机制侧重于对权力的监督制约，通过各种形式的监督和制约方式，着眼于减少腐败机会，压缩腐败空间，让意欲腐败者无机可乘、无洞可钻。"不能腐"体制机制是扎笼子、严监督、强制约的监督防范机制，是遏制和预防腐败的警戒线。"不能腐"体制机制是"三不腐"系统中的重要环节，连接着治标和治本工程，发挥着管长远、起保障的作用。权力是对执政影响最大的腐蚀剂，阳光下的权力晒单是最有效的防腐剂。要真正遏制腐败增量发生，铲除滋生腐败的土壤温床，首先要建好笼子，扎紧笼子，"牛栏关猫"会助长自由进出的人铤而走险，还会消弭意志，使不想腐的人即便不腐也会消极，破坏了风气。同时要强化对制度执行的监督制约，有了笼子，没有强而有力的监督，也必将是摆设的笼子、"稻草"的纪律。只有让铁规生威，禁令发力，制度刚性，才会使敢腐的人收敛收手，想腐的人断了念头。"不能腐"体制机制的核心要义在于建章立制，强化对权力的监督制约。从机制建构的重点来看，要建立健全制度体系，把制度建设得更加科学、更加严密、更加有效，覆盖到方方面面。从机制建构的具体层面来看，主要举措包括：建好制度的笼子，对笼子里各种权力进行科学配置，形成科学的权力结构，强化权力间的相互制约；形成公开透明的权力运行过程，建立健全可直观、可衡量、可评估的运行结果评价机制；加强日常监督和管理，抓早抓小，纠偏补正，防微杜渐；强化制度执行力，使制度成为刚性约束，完善问责机制。

3. "不想腐"的基本内容。习近平总书记指出："全面从严治党，既要注重规范惩戒、严明纪律底线，更要引导人向善向上，发挥理想信念和道德情操引领作用。""只有在立根固本上下功夫，才能防止歪风邪气近身附体。""一个人能否廉洁自律，最大的诱惑是自己，最难战胜的敌人也是自己。"党的十九大报告提出"增强不想腐的自觉"，真正自觉防范了，既可守住底线，也攀住了高线，思想长堤不溃坝，人生就不会坍塌。从构建"不想腐"体制机制的主要实践可以看出，"不想腐"体制机制侧重于教育和引导，通过严格的思想磨砺，着眼于抑制住腐败动机和私欲，让人从思想源头打消腐败念头，不愿腐败。"不想腐"体制机制是一个筑堤坝、重修养、强自律的自我约束机制，是拒腐防变的思想防线。

"不想腐"体制机制在"三不腐"系统中是治本工程，浩大而深沉。文化自信是最深沉、最根本的自信。一旦真正在思想上树起高标准，立根固本，以钢铁般的意志强化政治定力、自律定力、拒腐定力，树牢正确的世界观、人生观、价值观，压舱石就会稳固。"身之主宰便是心"，拒腐防变的根本在于人的心性。人性与党性的一致性，知信行的一致性，这是不想腐的根本。

"不想腐"体制机制的核心要义在于教育引导，这个教育包含了接受教育和自我教育，无论哪种方式的教育，最后都要回到内因内心的作用上，达到高度自律自觉的状态。从机制建构的重点来看，要通过坚定信仰信念，将思想教育内化于心，外化于行，修身正心，实现发自内心的自觉和自我约束。从机制建构的具体层面来看，主要举措包括：通过理想信念教育，强化宗旨意识，树立正确的世界观、人生观、价值观和权力观、利益观、事业观；强化知行合一的自觉，通过知行合一的"心上练"，增强忠诚、干净、担当的思想根基，破除"内心贼"和心中暗门；倡导廉洁文化，营造风清气正的从政环境和社会氛围等。

（二）"三不腐"体制机制的构建

1.构建"不敢腐"高压惩治体制机制。习近平在十九届中央纪委二次会议上强调，"要加强对党内的监督，绝不能松懈。我们要坚持老虎苍蝇一起打击，坚决查处领导干部的违纪违规行为，同时也要把群众身边的不正之风和腐败问题都处理好"。我们深知要想从源头上遏制腐败的蔓延，必须抓住"惩治"这一手不放松。"治"是从惩处上让领导干部不敢腐，就是要坚持"有腐必惩、有贪必肃"，加强对腐败分子的惩处力度，始终保持惩治高压态势，筑牢领导干部"不敢腐"惩戒铜墙。首先，坚持反腐无禁区、全覆盖、零容忍，让腐败分子无处可逃；其次，把纪律挺在前面，让纪律成为带电的高压线；最后，正风肃纪反腐永远在路上，坚持反腐没有完成时，必须持之以恒毫不动摇。

坚持反腐无禁区、全覆盖、零容忍。在中央纪委十八届五次全会上，习近平总书记将经过实践检验的反腐经验概括为无禁区、全覆盖反腐，并首次完整提出反腐无禁区、全覆盖、零容忍。全面从严治党以来，反腐倡廉和党风廉政建设取得了压倒性胜利，但腐败现象仍时有发生，贪污受贿手段越来越隐蔽，对此，国家进一步加强对贪污受贿的打击力度，严厉遏制腐败的蔓延，深入推进党风廉政建设和反腐败斗争，不断净化社会政治生态。在高等学校教育领域，履行"惩处"职能是高校纪检监察工作的重要一环，对促进高校党风廉政建设工作顺利开展有着十分重要的作用。首先，高校保持反腐无禁区。一是反腐对象无禁区，腐败面前无特权，不受职位、权力、能力大小影响，一律查办。高校党风廉政建设过程中，无论党委书记"一把手"、中管干部或是二级学院院长，做到有腐必惩；二是反腐时间无禁区，只要在高校范围内发现腐败，不论校外转岗或是退休，均一律追究，定责到人；三是反腐空间无禁区，高校腐败分子逃到校外、省外甚至境外，均不放过。其次，高校坚持反腐全覆盖。一是反腐范围的全覆盖，高校反腐涉及各个领域及岗位，包括招生、基建、人事任用及后勤采购等高发腐败领域，也包括学生工作、教务部门等"微腐"领域；二是反腐监督的全覆盖，监督是反腐的重要手段，学校纪委部门是行使监督职能的重要机构，此外，还要联合社会力量、上级巡视监督、高校广大师生监督等手段，形成反腐合力。最后，高校坚持"零容忍"，反腐零容忍的核心要义是有腐必反、有贪必肃。腐败面前无大小，对腐败情节无论轻重，只要是违法犯罪，做到"苍蝇老虎"一起打。无论是重点领域贪污受贿数万的"大老虎"，还是收受学生现金礼卡的"小苍蝇"，只要触犯国家法律、党的纪律和人民的利益，绝不容忍，严肃惩治。做到腐败无大小，对腐败者"一视同仁"，提高全面从严治党的威慑力。

保持纪律挺在前的高压态势。党的纪律是党的坚强意志，是全体党员干部和同志的行为准则。严格的纪律是我们党的光荣传统，是特有的优势。习近平强调："没有规矩，不成其为政党，更不成其为马克思主义政党。"在全面从严治党的过程中，党纪是一条"带电"的"高压线"，是一条"红线"。严格的纪律是保证全党团结一致的重要保证，严格的纪律是一切工作的硬性要求。中国共产党成立百年以来，纪律在每一次伟大斗争中都显现出无比重要的地位，正是有着严明的纪律，才有了红军长征途中英勇飞夺泸定桥、艰险爬雪山过草地，完成最终会师；才有了志愿军抗美援朝战争伟大的胜利；改革开放的历史飞跃；新时代的重大成就；中国每一次的革命、建设和改革，党的严明纪律都贯穿始终。高校党风廉政建设是全面从严治党的关键一环，将纪律挺在前面，能够有效地约束高校党员干部，严守党的政治规矩，对党绝对老实忠诚。如若缺乏组织纪律，党内生活就变成一盘散沙，党性修养不复存在，党风廉政更无从谈起。只有用完善的法规制度约束，才能明规矩、知敬畏、存戒惧，关键时刻保持头脑清醒、不犯糊涂，成为党和人民信赖的忠诚可靠干部，在学生中树立起一个权威廉洁的形象。在高校党风廉政建设过程中，严明党的纪律，首先要建立严密的纪律制度。制定的纪律是科学严密的，才能使纪律易于执行、便于操作。为此，高校领导班子在制定纪律时要讲究严密性和可操作性。在具体党风廉政建设推进中，紧密联系高校工作实际，有针对性地研究制定相关纪律规矩，细化具体要求，对应到具体的工作岗位和职责。例如：招生录取领域的纪律，要严格招生的整个流程规范，明确招生政策、计划、程序、范围及有关规定，牢记禁止条例，严格遵守规矩和纪律。其次，领导干部要带头遵守纪律，古语道："其身正，不令而行；其身不正，虽令不从。"学校领导发挥表率作用，对加强纪律建设至关重要。高校党员领导干部带头学习纪律，树立起廉洁自律的意识、严格遵守纪律，强调纪律面前无特权，依据党规党纪、法规法纪平等行使权力。

加大对腐败的惩治力度，提高震慑力。坚定不移惩治腐败是我们党有力量的表现，也是全党同志和广大群众的共同愿望。十八届中央纪委五次全会指出，要坚持有腐必反、有贪必肃，坚决遏制腐败蔓延势头，把严厉惩治腐败放在更加突出的位置，认真抓好纪律审查工作。惩治腐败决不能放松，更不能手软。目前，一些领域的腐败问题依然频发，例如在教育领域中，高校党员领导干部接连"落马"，涉及经济犯罪且数额庞大、滥用职权并以权谋私；教师队伍也相继被曝出师风不正、学术造假等师德败坏的腐败现象，在社会上造成了十分恶劣的影响。这就要求党和国家坚持把全面从严治党深入高校，教育部及中央纪委监察部门派驻督察组进驻高校，联合高校纪委部门深入开展反腐倡廉工作。坚持以"严"字为核心，强化全方位监督检查，严厉惩治腐败分子，充分发挥纪委监察部门查案办案的治本功能，提高反腐震慑力。

高校反腐败斗争不可能毕其功于一役，也不可能毕其胜于一力。要夺取高校反腐败斗争的最终胜利，需要进一步加大腐败惩治力度。首先，要加大廉政风险防控排查，制定高校廉政风险防控机制，对后勤采购、招标基建、招生录取及人事任免等腐败高发领域进行排查，在高校掀起一阵日常反腐之风，使高校党员领导干部、教师队伍及学生群体都切实感受到正风反腐就在身边，党风廉政建设势在必行；其次，对于腐败者加大惩治力度，一旦触及腐败的高压线，无论腐败案件大小，一律严肃处理，加重惩处力度。例如：教师违规收受红包，利用职权，操纵学生成绩、评选奖助学金甚至保研等，面对这种腐败现象要加重处罚，除了警告、记过，还可以直接开除，纳入教师不诚信名单，终生不得进入教育系统，断送职业生涯。此种处罚力度，在一定程度上提高了腐败成本，对腐败者起到震慑作用。最后，加大对腐败现象的监督管理。在全社会范围科学有效地整合反腐败力量，确保高校党风廉政建设的质量和效果。党内监督和党外监督相结合，校内反腐和校外力量相融合，建立闭合的监督网络，发动人民群众，发挥整体力量，形成反腐合力。

2.构建"不能腐"权力监督体制机制。党的十八大以来，党中央高度重视依法反腐、制度反腐，习近平多次强调要将权力关进制度的笼子里，"加强反腐倡廉党内法规制度建设，加强反腐败国家立法，提高反腐败法律制度执行力，让法律制度刚性运行，尽快形成内容科学、程序严密、配套完备、有效管用的反腐败制度体系"。治理腐败的根本，在于扎紧不能腐的制度笼子，规范权力运行，防范权力滥用。全面从严治党永远在路上，高校党风廉政建设工作要坚持问题导向，扎紧制度笼子，促使广大党员懂法纪、明规矩，知敬畏、存戒惧，筑牢不可触碰的底线。积极推行各个部门权力清单制度，规范权力运行流程，使权力暴露在阳光下；落实信息公开制度，对于招生、基建、人事任用及后勤采购等领域实行全透明，全公开；明确党委和纪委主要责任，切实落实党风廉政建设责任制。

推行高校各部门权力清单制度。中共中央、国务院印发的《法治政府建设实施纲要（2021—2025年）》明确全面实行政府权力清单制度，推动各级政府高效履职尽责。权力清单制度是一项重大的制度创新，它契合依法治国、依法行政的理念要求，是把权力关进笼子里的关键环节。权力清单制度是有效界定政府权力边界，防止滥用权力的关键举措。充分借鉴政府相关做法，在高校建立权力清单制度，聚焦关键领域的权力规范运行，着力风险防控管理，以高校工作权力清单的构成内容和制订方法为重点，对权力清单制度进行了积极探索。高校党风廉政建设要强化权力监督，把权力关进"笼子"，推行权力清单制度，要做到：一是制定权力目录，明确权力和风险构成。高校各部门管理权力内容要明确具体、一目了然，用权履职有根有据、落岗到人。例如：高校党委领导班子，全面主持学校工作，负责人事、财务、学校建设、党建、分管德育工作、教学教研工作、后勤等一系列工作部署，是高校权力最集中，也是最容易发生腐败的领域，为此，对应党委领导班子每项工作，都制定权力目录，明确权力范围，清晰职权界限，杜绝职权不一、滥用权力、互相推诿的腐败现象；此外，对于纪委部门、二级学院领导干部、教师队伍等其他一切工作岗位都依照党委领导班子权力清单规范，做到权责落实到岗、对应到人。二是对权力行使进行制约规范，对权力运行进行记录、监督和追责。按照"行权有记录、监督有抓手、追责有依据"的基本思路，确保了权力运行各环有记录、全程受监督、责任可追溯。通过查找权力行使和制约的不合理之处，不断进行健全完善，实现高校各部门管理权力运行更加有序、规范和高效。在明确权力范围的基础上，精准问责，对滥用权力、违反制度的现象严肃处理，并不断完善制度，探究滥用职权的深层原因，对症下药，提前制约和规范。例如：在招生领域中，为防止招生办出现滥用职权、"内定"录取名额现象，首先做到精准定责，通过权力清单查找腐败发生的环节，定位到具体岗位，对应到具体个人；其次，对个人违规操作的全过程进行审查、追责，找出腐败发生的具体工作环节，落实到岗位权力的关键处，精准定责；最后，在惩处违规现象后，针对权力漏洞，完善相关机制与制度。

落实高校信息公开制度。在我国大学校园建设日益兴盛的今天，大学的信息公开问题越来越受到人们的重视。在现代高校的管理中，高校的信息披露能够使广大师生及时了解到有关的信息，从而实现对学校的知情、参与和监督，促进高校开放办学。随着我国《高等学校信息公开办法》《高等学校信息公开事项清单》的出台，高校的信息公开工作也随之展开。《高等学校信息公开事项清单》特别将高校招生、财务等易滋生腐败的问题列为重点，并对学校招投标信息、收费项目依据等进行了明确规定。在一定程度上，把高校的权力交由公众来监管，使其更为公开和透明。高校信息公开情况存在诸多问题：首先，高校有一些资料及信息仅限于学校内部，并不对外公布，公众难以了解，社会参与监督的实效性就大大减少。现阶段各大高校都是利用网络平台公布工作部署，在学校官网上公布日常工作部署、党政机构、领导班子成员、人事任免等工作，但依旧存在部分高校将网页设置成校内版，须在接入本校网络，甚至登录校内身份才可以查看的事务公告，导致社会公众了解的信息不全面，监督失效；其次，部分高校以保密的名义，拒不向公众公布有关招生录取、人事任免的相关情况，一定程度上增加了高校内部权力可操作的空间，增加了腐败的发生；最后，高校信息公开不全面，如财务部门只披露财政系统和运行流程，而非财务收支明细；基建招标领域，对于投标、选标、中标的标准不明确，只公布最终结果，看不到运行过程，给权力腐败制造了条件，导致高校腐败屡禁不止。对此，高校党风廉政制度建设的当务之急，是加快落实高校信息公开制度，将高校政务置于阳光下。

贯彻党风廉政建设责任制。十八届三中全会明确指出，落实党风廉政建设责任制，就是要"党委负主体责任，纪委负监督责任"，制定切实可行的责任追究制度，这是党中央在新时期为加强党风廉政建设和反腐工作作出的重要指示。高校贯彻落实党风廉政建设责任制，重点在党委和纪委两个部门，要求各部门各负其责。在具体工作中，高校党委领导班子负责学校全面工作，包括了解党员群众的思想动态、制定院党委工作制度和工作计划、领导二级学院相关工作等，党委部门工作复杂，涉及的岗位繁多，容易出现权责交叉或者推诿扯皮，为此，必须落实党风廉政建设责任制，精准定责，有利于党委部门提高工作效率。

此外，高校纪委部门高校纪检监察工作的核心，要坚持在党委的领导下开展工作，积极协助党委开展党风廉政建设工作的开展。负责检查学校行政部门和各二级学院遵守执行国家政策、法律、法规和行政决定、决议情况；对学校基建招标、后勤采购、招生录取、人事任用等工作监督管理；校办产业的经营管理以及财会制度的执行情况等进行监察和监督等具体工作，涉及范围较广，领域多，工作繁杂。因此，高校纪委部门要制定好相关领域的监督细则，明确廉政风险高发、易发领域，对关键环节、重点领域加大监督力量。

高校党风廉政建设工作，需要党委负主体责任、纪委负监督责任。党委和纪委工作相互促进，需要齐头并进，缺一不可，离开党委，纪委部门缺少了领导核心，没有办法协调好各项事务同时顺利运行；离开纪委，党委部门工作便缺少监督外力，腐败高发易发，高校各个领域工作将出现扯皮、推诿，权钱交易等现象。因此，高校党委和纪委相互配合，贯彻落实好党风廉政建设责任制，分工合作、权责清晰，保障高校党风廉政建设及其他各项事务顺利开展。

3.构建"不想腐"思想防范体制机制。加强廉政思想教育，强化理想信念是预防高校滋生腐败的最后一道防线，也是构建"不想腐"机制的核心。目前，我国高校开展党风廉政教育的呼声虽高，但成效并不明显。归根结底，是当前高校党风廉政教育被形式化，不能真正贯彻落实下去。对此，首先要做到加强高校党员领导干部的理想信念教育，包括对其进行党风党纪教育、廉洁教育等。其次要加强法治教育，了解相关的法律法规，做到知法、懂法、守法。最后对高校党员领导干部开展警示教育，用身边典型案例引导教育党员干部恪守职业"底线"，严守行为"红线"，坚决遏制违规问题的出现。

加强党员领导干部的理想信念教育。理想信念是共产党人的精神之钙，为了进一步补足共产党人精神上的"钙"，2021年中共中央、国务院印发《关于新时代加强和改进思想政治工作的意见》，强调要推动理想信念教育常态化制度化。坚定的理想信念是提升中国共产党人国家治理能力的重要保障，党员干部理想信念教育常态化发展需要理解和把握国家治理体系和治理能力现代化的战略指向，更重要的是通过理想信念教育，坚定其信仰、提升其境界、增强其素养、提高其能力，促进党员干部在新时代背景下更好地成长发展。落实到高校党风廉政教育工作中，要高度重视对党员领导干部和思想理论工作者的马克思主义理论教育。习近平总书记强调，目前，广大干部，尤其是青年干部，最需要解决的是理想信念问题。首先，要求其深入学习、树立廉洁观念，做到廉洁从政。定期学习《党章》党规，学习党中央系列重要讲话精神，建立定期学习制度；高校党委领导干部与纪委部门相互配合，共同组织协调反腐败工作、研究制订或参与制订学校反腐倡廉方面的规章制度和工作方案等工作，在具体反腐败工作中，增强廉洁意识，提高理想信念。其次，各级领导干部还要大力开展廉洁教育的宣传和教育工作，创新宣传教育方式，树立典型案例，弘扬榜样力量。对广大高校行政人员进行廉洁从政教育，对广大老师进行廉洁从教教育，对广大学生进行廉洁修身教育。利用网络媒体、数字校园平台对清廉从教的教师、廉洁行政的工作人员及诚实正直的学生群体积极宣扬，安排马克思主义学院思政教师开展有关廉洁方面的思想政治教育课程，弘扬党内先进事例和弘扬批评与自我批评的优良作风，保持党的纯洁性和先进性。对于发生在广大师生身边廉洁奉公、诚实正直、清正廉明、大公无私的真实事例，要利用各媒介大力宣传，并积极倡导在全校上下形成一股树典型、学先进之风。最后，要经常性、有重点地开展廉洁教育主题会议和活动。高校党委要经常组织学党中央精神的主题大会，学中央纪委国家监委部门的行政法规及腐败案例，从正反两个方面在领导干部心中树立起廉洁从政的权力观。此外，为了营造风清气正的廉洁校园氛围，开展"寻找身边清正廉洁、奉公守法、刚正不阿"的系列活动，深化社会主义核心价值观教育，弘扬正能量，引导广大师生发现身边榜样，争做榜样。高校党员领导干部通过廉洁教育大会和组织开展的各种校园活动，在全校营造了廉洁之风，逐渐形成规范的廉洁教育体制，拓宽了高校党员领导干部的理想信念的渠道，丰富了形式，使得高校构建"不想腐"的思想信念落地生根。

增强高校党员领导干部的法治教育。高校作为培养社会主义事业建设者和接班人的摇篮，是落实立德树人根本任务、开展法治教育的前沿阵地。开展以宪法教育为核心的高校法治教育，对于实现中国共产党长期执政和中华民族伟大复兴、推动高等教育强国建设和大学生德智体美劳全面发展，具有极为重要的价值。高校党员领导干部作为高校的领导者、建设者，起着模范带头作用，先修身、再治校，必须高度重视自身队伍的法治教育，提高高校法治教育质量。在落实高校党风廉政建设过程中，法规制度贯穿始终，法治教育显得尤为重要。高校是一个教书育人的场所，法治教育也是教育当中的一个重要领域，在"依法治国"这样一个大背景下，法治走进高校已成常态，依法治校和依规治校都摆在突出的位置。首先，在实际党风廉政建设工作中，存在部分高校领导干部法治意识不强，对法律法规及高校中各种规章制度重视程度不高、对于权力边界认知不清、存在上级指示高于法律法规的情况，高校管理"重人治、轻法治"现象时有发生。因此，推进高校党风廉政建设工作，要增强对高校党员领导干部的法治化教育。其次，高校党员领导干部要严格自律，增强党性修养，树立法制观念。领导干部要加强法治教育，为加强依法行政工作的能力打下坚实的基础。要认真学习宪法、高等教育法及相关法律法规，对自身职权了然于心，对法律有敬畏之心，清晰法律界限。

避免不学法、不知法、不懂法而造成违法犯罪的腐败现象。学法、知法、守法是当前国家工作人员尤其是各级领导干部所面对的一项迫切任务。

深入开展典型案例警示教育。党风廉政警示教育是思想政治教育的重要形式之一，也是全面从严治党和反腐工作的重要方式。警示教育是通过典型案例来威慑受教育者，在他们心中形成一条不能逾越的高压线，由于成本低、操作简单、效果好，许多单位和机关都采用了警示教育的方式来开展职工的日常思想工作。需要注意的是，警示教育要注重针对性和时效性，针对不同领域采用不同的警示教育方法，不同性格的党员同志也要选用适合的方式，避免"一刀切"的现象。党风廉政警示教育是党风廉政教育的关键手段，也是党的思想政治教育的重要形式，高校在推进党风廉政建设的过程中，也将警示教育作为廉政宣传教育的一种重要手段，具体做到：一是建立警示教育基地，为预防腐败提供载体。高校可以在纪委部门或者行政楼开设警示教育室，陈放《中华人民共和国刑法》《中国共产党纪律处分条例》《中华人民共和国监察法》等相关法条；此外，收集高校领域违法违纪、腐败犯罪典型案例书籍、忏悔录、警示教育期刊、手册、光盘、磁带等一系列真实案例载体，让一个个震撼人心的案件，给每一位参观者以深刻的经验教训，提高其拒腐防变的自觉意识。对广大领导干部、教职工增强法纪观念，清正廉洁，正确行使手中的权力，做一名清正廉洁的好干部，起到了全方面、立体化的警示教育。二是多方位、多层次地开展预防警示教育大会和活动。高校在整体上开展校级警示教育大会，涉及党政"一把手"、二级学院领导干部，实行普遍性教育；此外，对不同的教育对象进行分别教育，针对不同教育对象制定个别方案，通过深入分析案例，使其对预防职务犯罪有更深刻的思想认识。腐败案件的惩治后果在受教育者心里起到一定的震慑作用，牢牢树起一条高压线，使其内化于心、外化于行。在工作中时刻保持警惕，始终保持廉洁公平、正直公正的工作作风，坚持从根源上进行防范，提高对腐败的抵抗力。采用普遍性与特殊性教育相结合的方式，能够做到全方位、全面地覆盖所有高校党员领导干部，使广大党员领导干部树立正确的权力观，做到全心全意为人民服务，在诱惑面前时刻保持清醒，在腐败面前不忘初心、牢记使命。

三、做好对"一把手"的监督

加强对"一把手"和领导班子的监督，是新时代坚持和加强党的全面领导，提高党的建设质量，推动全面从严治党向纵深发展的必然要求。习近平总书记在十九届中央纪委六次全会上强调，各级党委（党组）要履行党内监督的主体责任，突出加强对"关键少数"特别是"一把手"和领导班子的监督。十九届中央纪委六次全会工作报告对"紧盯'关键少数'，加强对'一把手'和领导班子落实全面从严治党责任、履职用权等情况的监督"作出明确部署。党的二十大报告在部署完善党的自我革命制度规范体系时，强调增强对"一把手"和领导班子监督实效。党中央发布《中共中央关于加强对"一把手"和领导班子监督的意见》，这是我们党针对"一把手"和领导班子监督制定的首个专门文件，是对各级主要领导干部监督制度和领导班子内部监督制度的进一步集成完善。二十届中央纪委二次全会要求，强化对"一把手"和领导班子监督，督促其严于律己、严负其责、严管所辖。对"一把手"和领导班子监督的重点是"五个强化"：强化对"一把手"和领导班子对党忠诚，践行党的性质宗旨情况的监督；强化对贯彻落实党的路线方针政策和党中央重大决策部署，践行"两个维护"情况的监督；强化对立足新发展阶段、贯彻新发展理念、构建新发展格局，推动高质量发展情况的监督；强化对落实全面从严治党主体责任和监督责任情况的监督；强化对贯彻执行民主集中制、依规依法履职用权、担当作为、廉洁自律等情况的监督。这"五个强化"，是对政治监督内涵的集中概括，也是开展政治监督的主要着力点。各级党委（党组）必须围绕"五个强化"，加强监督检查，做到真管真严、敢管敢严、长管长严。

高校各级"一把手"是党的事业发展的领头雁，是全面从严治党的对象和重要主体，是关键少数中的关键，权力集中、责任重大、岗位重要。他们或主政一校，或主管一个部门，影响着这个高校或部门的政治生态、事业发展。如果夙夜在公，廉洁自律，就树立了风清气正，踏踏实实搞建设、谋发展的鲜明导向，就能成为党员干部和人民群众信得过的"领头雁"。如果把党和人民赋予的权力用来谋取私利，不仅个人会掉进腐败的深渊，还会带坏一地一域的风气，影响党员干部干事创业的积极性，给所在高校或部门发展带来负面效应。

党的二十大报告对完善党的自我革命制度规范体系作出部署，要求增强对"一把手"和领导班子监督实效。各级纪检监察机关发挥监督专责机关作用，明确监督重点，健全制度机制，着力破解不敢监督、不愿监督、不善监督难题，为管住用好"关键少数"提供坚强保障。

（一）准确把握对"一把手"监督中的各种关系

1.准确把握行使权力和接受监督的关系。习近平总书记强调，"不想接受监督的人，不能自觉接受监督的人，觉得接受党和人民监督很不舒服的人，就不具备当领导干部的起码素质"。"一把手"和领导班子要正确对待监督，牢记有权必有责、用权受监督，手中的权力是党和人民赋予的，任何人都没有法律之外的绝对权力，任何人行使任何权力都必须为人民服务、对人民负责；要主动接受监督，深刻领悟"两个确立"的决定性意义，坚决做到"两个维护"，带头落实党内监督各项制度，在履行管党治党责任、严格自律上当标杆、作表率，从讲政治的高度认识监督、接受监督；要习惯在监督下工作和生活，严格遵守政治纪律和政治规矩，如实向党组织请示报告工作，认真落实中央八项规定及其实施细则精神，主动反对特权思想和特权现象，始终保持共产党人清正廉洁的政治本色。

2.准确把握"关键少数"和"绝大多数"的关系。"一把手"是党的事业发展的领头雁，是"关键少数"中的关键。"一把手"违纪违法最易产生催化、连锁反应，甚至造成区域性、系统性、塌方式腐败。加强对"一把手"和领导班子的监督，不能眉毛胡子一把抓，而是要抓住"一把手"监督这个"牛鼻子"，通过抓住"一把手"管住"班子成员"，管好"关键少数"，带动"绝大多数"。要深入开展学习贯彻习近平新时代中国特色社会主义思想主题教育、理想信念教育和党性党风党纪教育，扎实推进廉洁文化建设，强化正面引导和反面警示，教育"一把手"筑牢思想堤坝，真正把班子抓好、把队伍带好；要紧盯政策制定权、审批监管权、选人用人权等权力运行的关键环节，堵塞管理漏洞、填补制度空隙、厘清责任清单，把管党治党责任压力层层传导压实下去；要保持高压反腐态势不减，紧盯工程建设、招标投标、教育医疗、政府采购、土地出让、国企等重点领域，持续加大对"一把手"严重违纪违法问题查处力度，深化以案促改、以案促建，不断净化案发地区单位政治生态。

3.准确把握上级监督和同级监督的关系。对各级"一把手"来说，自上而下的监督最管用最有效；对班子内部来说，彼此之间最了解最熟悉，同级监督最直接最精准，必须把上级监督和同级监督贯通融合起来，实现监督效果的最大化。要突出上级"一把手"这个关键，通过述责述廉、定期约谈、任前谈话、督导调研等方式，经常性检查下级"一把手"履职用权情况，从思想、工作、作风、生活、纪律等方面入手，以强有力监督促使其正确履行职责；要发挥上级党组织的作用，加强对下级党组织贯彻落实上级决策部署、执行全面从严治党制度、贯彻执行民主集中制、"三重一大"决策执行等情况的监督，推动"一把手"和班子成员廉洁用权；要突出同级监督的优势，灵活运用批评和自我批评、谈心谈话、受理信访举报等措施，整合纪检监察机关、巡察机构、组织部门、审计机关等监督力量，严格执行插手干预重大事项记录制度，建立健全政治生态分析研判机制，切实做到全方位、立体化、全程化监督。

4.准确把握严管约束和厚爱激励的关系。党的二十大报告指出，全面建设社会主义现代化国家，必须有一支政治过硬、适应新时代要求、具备领导现代化建设能力的干部队伍。"一把手"和领导班子是事业发展的组织者、推动者和落实者，要坚持严管和厚爱结合、激励和约束并重，真正让领导干部在廉洁上"管得住手脚"、在事业上"放得开手脚"。要注重从严教育、从严管理、从严监督，树牢严管就是厚爱的理念，明确监督重点，压实监督责任，细化监督措施，健全制度机制，推动党员领导干部不断增强政治意识，自觉践行忠诚干净担当；要注重关口前移、防微杜渐，精准运用"四种形态"，对苗头性、倾向性问题及时提醒、予以纠正，充分发挥教育警醒、惩戒挽救和惩治震慑作用；要注重实事求是、宽严相济，认真落实"三个区分开来"要求，积极稳妥开展澄清正名工作，对在改革创新、先行先试、摸索探索中出现失误错误的大胆容错纠错，对不考虑客观实际、不顺应发展规律、不回应群众需求的严肃追责问责，以严管推动真干事，以厚爱激励干成事。

（二）对"一把手"监督的措施方法

1.培育监督文化、上下联动营造氛围。解决好被监督对象对监督的理解、认同、参与和支持问题，是开展好各项监督首先需要解决好的基本问题，根本上需要一种监督文化来做引导、育自觉、做支撑，需要搭建起监督者与被监督者之间的目标一致、价值趋同、文化认同的融合桥梁，需要得到校院及各部门关键少数的内在自觉与积极支持。

首先，要摆正监督者的位置。监督者不能把自己当作旁观者、局外人，不能有看客、观众心态，更不能视而不见、形同陌路。监督者需要有系统观念，习惯以他人视角、换位思考，把相互之间的关系联系起来、统一起来，共建共享，找到共同的出发点和落脚点，建立基本的共情与共识，从而培养监督者与被监督对象之间基本的情感认同与思想基础。

其次，要把监督融入管理中。从监督的属性看，可以把监督视为外在式管理的一部分，通过对管理者与管理事项等的了解、把握与相关诊断，结合所发现的问题，提出需要改进和完善的建议，达到协助管理者提升管理能力与水平的最终目的。监督也是从根本上挖掘与调动各个管理主体的内在觉醒与主动协同的一种管理方法。从监督自身发展的规律看，问题本身是事物发展的矛盾和工作中的短板，是客观存在的，监督也需要不断地探索、总结、提升，也是一种与管理相伴而生的陪伴性成长，通过监督去发现问题、解决问题，本质上是与监督对象的一种共同实践、共同试错、共同成长的过程，绝不能置身事外、自以为是、高高在上。

最后，要多措并举促进共识落地。实际工作中，切实发挥好高校纪委带头与示范、引领与促进作用，结合高校党委和二级党组织学习贯彻中纪委有关会议精神与重大决策部署，结合中层干部、二级党组织负责人和关键少数的专题培训、专门交流与专项研讨，结合学校廉政宣传教育系列活动，结合廉政建设工作理论研究和纪检监察工作宣传，高校纪委集体学习、集体备课、集体提升认识，扎实做好与关键少数及监督对象等的纪检监察体制改革、监督理念、从严治党相关制度等的宣传、交流、互动与监督文化的培育，努力形成相互认同、自觉主动、良性互动的监督氛围和监督合力。

2.自觉适应转变、共育良好监督生态。高校纪检监察体制改革后，高校纪委如何适应新体制、转变新思维、找准新定位、履行新职能，如何在围绕大局、服务全局中提高政治站位，如何处理好与高校党委、高校行政、职能部门等一系列的工作关系，需要创新思维、一起探索、共同培育良好的监督关系、监督平台和监督机制，营造好有利于监督各级关键少数的监督氛围和监督合力。

首先，要把握好与校领导班子成员之间的工作契合点。从实际工作的理解把握看，体制改革后，高校纪委首先需要面对并处理好纪检监察监督与学校事业发展的内在关系、高校纪委专职监督与其他监督的相互关系、高校纪委与高校党委、行政及其他部门的工作关系等，基于各自的职责要求、认识与理解、要求与标准等方面的不同，对同一个具体人、事情的把握有各自的关注点与侧重点，需要多站到"一把手"以及领导班子的角度、具体分管工作以及所处的时间节点等换位思考、总体把握，从而选择好适当的监督角度、尺度与力度，既不能视而不见、不担当不作为，又要避免各执一词、各取所需，在交流理解求同中找到合规、合情、合理的解决方案。

其次，要以"四个并重"为抓手，促进自身"三转"到位。在纪检体制改革前，高校纪委之所以出现"三转"往回转的普遍现象，原因之一在于纪检部门没有跳出以自我为中心的"小我"和就监督说监督的"小监督"思维模式、工作惯性，导致工作中老被动、不主动和难联动。因此，高校纪委应主动从树立系统观念、全局意识、"一盘棋"的思想开展学习、讨论、深化认识，以"四个并重"即被动监督与主动监督并重、事后监督与事前事中监督并重、反向监督与正向监督并重、单独监督与协作监督并重为抓手，自觉、主动地创新监督理念、转变监督思维、拓展监督链条、联动监督主体，积极引导、促进和加快高校纪委自身以及校院部门领导班子、"一把手"等的认识深化与思维转变，积极倡导、共同构建"大监督、大协作"的工作理念和格局，有效促进纪检监察工作转职能、转方式、转作风。

最后，要以主动服务赢得支持、促进监督力度的有效拓展。在服务全局中发挥好监督保障执行、促进完善发展的作用，需要主动从以往的体制、模式与工作惯性中转变、适应、调整到新的体制要求上来。高校纪委应紧紧抓住巡视整改、违纪违规教职工处理问责、疑难复杂重复缠访、高校科研监督等焦点热点难点问题，主动靠前、发声、助力，牵头联合有关校领导和部门，积极探索出提高站位、监督前置、系统分析、形成共识、把握主动、联动协同的监督工作新理念、新机制。以监督清单、纪律检查建议、监察建议、提醒函等形式，对有关部门、领导行使权力的话语权、决策权、处置权等形成了积极的引导、有效的补充和隐形的监督、约束。监督力的有效延伸与拓展，在有助于履行好监督执纪问责职责的同时，又最大限度地发挥了促进完善发展的作用，得到校内外的一致好评和高度认同，为探索监督关键少数难题夯实了良好的思想基础和舆论氛围。

3.注重以下示上、逆向渐进探索监督难题。如何强化对日常权力运行的制约与监督，成为提升学校管理与服务能力、有效控制与降低腐败风险的关键所在，也是有效开展监督的切入点和着力点。高校纪委在日常调研中，应注重挖掘基层党组织的实践经验，关注基层"一把手"的自我革命与自主探索，以下示上、逆向探索监督"一把手"难题的微观实践。

首先，要及时总结、挖掘基层单位的好做法。以北京联合大学为例，学校数理部作为基层教学单位，每一项决策、措施都涉及每一名教职工的切身利益，直接考验"一把手"和领导班子的领导能力与管理水平。近几年来，数理部党支部深入理解以人民为中心的发展理念，注重把教职工的关心、关注、关切作为研究、谋划、决策和管理的指路标，紧扣教学工作量安排、科研项目申报与评审、年度考核评优、职称评审、岗位聘任、财政专项申报与项目验收等日常工作中的常规事、琐碎事、难办事、费心事，从解决对权力的基本认识入手，以主动公开决策权力为突破口，以扩大干部群众参与为着力点，以有效落实制度管理为落脚点，大大增强了教师的主人翁意识、工作积极性和工作满意度，出现了干群之间更加团结、廉洁自律意识普遍增强、立德树人成效显著、部门整体工作健康有序高效开展的系列新气象。

其次，要主动作为、面上引导二级教学单位自觉对标。抓住以权力公开为突破口、带动对"一把手"与班子成员的有效监督，进而有效促进传统管理向现代治理转变的监督工作主线，认真研究、专题策划专题讨论与交流，从班子自觉扩大参与权、教师参与获得话语权、健全机制优化决策权、信息公开保障知情权四个方面，总结、凝练、提升好的工作经验与做法，起草通知，下发各个二级教学单位，指导、促进各单位结合实际学习理解贯彻落实党中央精神，深化对基层权力运行的再认识，要求对照好的做法与经验，查摆各自在权力认识、制度完善、权力运行、监督制约中的经验做法与差距不足，正确面对普遍存在的落实"三重一大"、集体决策等重大制度形式化、表象化等深层次问题，在以自我监督、精准监督促进管理转型与基层治理上做出主动探索。

最后，要组织开展"权力运行与监督"专项实践。为持续释放对关键少数权力监督的强信号，高校纪委协助校党委牵头策划学校警示教育暨党风廉政建设会议，安排交流发言。进一步用足、用活好做法好经验，纳入来年工作重点，持续、深入开展实践探索。

4.系统深度诊断、找准有效监督切口。探索监督"一把手"和领导班子的难题，需要还原到日常管理、运行过程中，比较分析正反两个方面的决策案例，系统分析、深度诊断内在的问题、症结和基本逻辑，找出加强和改进的小切口和真抓手。

以北京联合大学为例，首先，要基于日常决策失误的问题反思。学校纪委立足联大发展的历史与实际，回顾和分析发生的重大事件、重要改革和重要决策，存在决策流产、决策失误或者决策偏差的遗留问题，需要认真反思这些决策背后的逻辑。其中，最直接、最关键的原因之一，在于对集体领导下的分工负责制的理解与把握上，单线汇报、小范围酝酿、主要领导拍板、程序化过会等方式成为一种习以为常的决策常态，普遍存在动议不够谨慎、研讨不够深入、主体参与不够、上会议题不够成熟，集体决策成为走程序等问题，分工、分管替代了集体讨论、集体领导，事不关己、高高挂起成为班子成员的普遍心态，领导班子的个体活力和集体智慧没有得到有效的发挥，"一把手"和分管领导的权力被不适当放大，并失去直接、有效的监督和约束。

其次，要巧借规划编制、破解班子集体困惑。学校编制"十四五"规划期间，正值学校主要领导调动、班子成员刚刚配到位、熟悉工作与承担规划编制任务交织的特殊时期。在与班子成员日常交流中，普遍存在着对如何总结"十三五"规划执行情况、如何把握学校发展中的深层次矛盾与问题、如何找准需要解决的重要和关键问题、如何提出符合学校现实与未来发展实际的规划建议等方面的困惑和畏难，短期工作任务的压力、作为分管领导自身对复杂问题的理解把握的挑战、传统的单线单向汇报请示方式的不适应等，在规划编制时间、进度、质量、任务与认可度方面，领导班子集体面临着又一次全新的考验和全面检阅。

最后，要推动集体研讨、优化班子决策流程。学校纪委敏锐地把握住这一客观机遇，注重以监督的视角，直接表达对规划编制阶段汇报稿中存在的主要问题的关注和意见，及时与班子成员进行多次、反复、充分的讨论、交流，取得理解、认同和支持，与主要领导不断交换意见、提出建议，先后推动班子集体务虚一次、专题研讨一次。从致力于找准影响和制约学校事业发展的真问题、规划编制内容之间的真逻辑，反复讨论、斟酌提出合理化的专题研讨交流建议，助力校党委对规划重大事项的审慎议事与领导班子成员集体认识的渐进统一，规划编制工作取得实质性的改进和提高。以监督促进议事决策流程的完善背后，也是对"一把手"和领导班子成员在重大问题上的话语权、决策权的一次监督试验，需要继续深化、细化和完善。

5.紧扣关键节点、深化精准监督实践。对"一把手"和领导班子监督的关键，既要不断完善监督的有关制度、管理、规定，又要不断倡导被监督主体的自觉、主动和自我监督，更要聚焦权力分解与运行中的关键节点，坚持分类施策、融合施治，逐一深化、探索精准监督的有效切口，不断释放出对

"一把手"和领导班子强力监督的示范效应、培育日益良性的监督生态。

首先，要共同理顺"一把手"与领导班子成员的工作关系。要重新学习、深刻领会和系统把握党委领导下的校长负责制与集体领导下的分工负责制，要把集体负责制摆在重要的、正确的位置，领导班子成员特别是"一把手"要把握好各自的职责、角色与作用，自觉摆正自己与班子成员之间的工作关系，处理好第一责任人与集体共同责任的关系。上级党组织特别是组织部门要下决心改变"一把手"话语权过大、容易走偏的问题，改进对干部评价的思维模式和习惯做法，把相应的话语权还给班子成员和群众，从根本上改变"一把手"与班子成员之间"猫和老鼠的不正常工作关系"，重视并发挥好班子成员内部监督的作用。要改进和完善对领导班子的测评视角与维度，注重从班子整体的合力、成员个体的活力与班子集体的动力方面，加强对班子的动态检测与针对性、有效性评估。

其次，要做足做活知情权、参与权与话语权的大文章。要深刻理解并把握好民主集中制的原则与要求，自觉做好权力稀释的大文章，重视并充分发挥好知情权的作用。要从制度上限制和约束好把"一把手"的权力，通过扩大参与权、稀释少数人对话语权的垄断，通过把话语权归还给知情人、广泛汇集和听取各种不同的意见，以此来丰富、比较决策的优化，提高决策的民主性和科学性。通过把评价权归还给有发言权的主体，进而形成对决策权的外部评价和约束。要建立起权力运行的闭环，建立起决策的事前评估与事后评估机制，切实加强对权力运行的全方位、全主体、全流程的监督与约束。

最后，要把握好"点、线、面、体"的监督工作逻辑。《中共中央关于加强对"一把手"和领导班子监督的意见》的出台，对进一步加强和改进监督工作，作出部署、提出要求、提供遵循。立足基层纪检监察工作的实际，需要从点（谈话、民主生活会、三重一大、述责述廉、个人申报等）、线（报告制度、审计监督、财政监督、统计监督等）、面（主体责任制、巡视巡察等）、体（信访举报、政治生态、领导班子民主测评等）四个维度来认真学习、研讨、领会和落实。一是认真对照意见中的监督"点"进行全面的分析研判，优先解决好监督的薄弱点和短板处；二是注重链接监督的"点"与"点"，形成关联互动的"线",扩展联动监督效应;三是重点发挥好各级党组织自身监督的主体、主责作用,切实增强"面"上监督的全覆盖、针对性和时效性;四是按照一体构建"不敢腐、不能腐、不想腐"的要求,在引导、促进各个监督"点""线"之间的联动、互补上,最大限度地发挥好监督"点线面体一体化"的整体效能和治理效应。

（三）巡视巡察紧盯"一把手",以画像强化对"一把手"监督

巡视巡察工作启动后,巡视巡察机构联合纪检监察机关、组织部门强化对巡视关键环节跟踪指导,多方协作增强监督合力,推动对"一把手"的巡视巡察监督更加精准、更加全面。巡视巡察中,全方位提升对"一把手"监督的针对性、实效性和震慑力。突出监督重点"靶向对焦"。充分发挥巡视巡察综合监督平台作用和独特优势,巡前研判要更加聚焦"一把手",建立完善与相关部门单位间协作配合机制,通过当面沟通、函询通报等方式,全方位收集关于"一把手"的信访举报、网络舆情等信息。"一把手"是否严守政治纪律、政治规矩,是否存在民主意识差、搞"一言堂"等问题,是巡视巡察谈话的重点。通过谈话详细了解"一把手"的生活和工作情况,以听班子讲、听职工谈、听群众说等方式多维度了解"一把手"的真实表现。落实加强对"一把手"监督的最新要求,要在开展中期汇报、会商修改完善巡视巡察报告时,重点研究"一把手"履职尽责情况,单列"一把手"履行第一责任人职责和廉洁自律情况并突出负面评价,形成精准"政治画像"。为使巡视巡察的"一把手"画像能够更加精准生动,将重点从"看有没有问题"转变到"看问题准不准",真正让巡视巡察画像由"简笔画"变成"工笔画"。一是充分做好画像准备。灵活运用综合监督成果,通过汇集纪检监察、组织、审计、信访等单位（部门）提供的"活情况",灵活运用"书面通报+会商研判"的方式,使巡视巡察组在进驻前就全面掌握情况,勾勒"一把手"画像轮廓。二是用足用好"绘制"手段。为全面深入了解"一把手"优缺点,巡视巡察组坚持用好个别谈话这个法宝,结合"一把手"自我评价、班子同级评价、群众评价和日常监督评价等内容,多维度了解"一把手"。此外,巡视巡察组

还通过抽查核实个人有关事项报告、列席会议、民主测评、下沉了解、专项检查等方式，全面掌握"一把手"正反两方面情况，通过数据事例支撑，定性定量结合，客观描绘"一把手"巡视巡察画像，切实防止画像模糊失真。三是画出鲜明个性特征。坚持组办会商、同题共答、同向发力。对查找出来的问题重点着墨、点准责任，防止画像面面俱到。在画"准"的同时兼顾画"活"，结合"一把手"履职情况、工作业绩、性格脾气等，突出个性，防止画像千人一面。实打实应用，"一把手"巡视巡察画像震慑力更大。巡视巡察画像画好是前提，用好是关键。

具体来说，坚持做到"三个结合"。一是将画像与巡视巡察发现问题相结合，推动以"画"促改、以"画"促治。二是将画像与干部选拔任用相结合，推动干部能上能下。一方面，以画像为参考，树立选人用人鲜明导向，对"老黄牛""狮子型"干部加大正向激励；另一方面，以画像为依据，对"一把手"存在的苗头性、倾向性问题，通过立规矩、明规矩，及时推动整改，促使"一把手"政治站位进一步提高，"领头雁"作用更加明显；对违纪违法线索，及时移交纪检监察机关处置。三是将画像与监督成果共享共用相结合，有效促进"四项监督"贯通融合。积极推动数字赋能，建立"一把手"政治画像肖像库，发挥巡视巡察综合监督平台作用，推动纪检监察机关、组织部门、巡视巡察机构"一把手"画像信息的共享共用；建立"一把手"政治画像问题库，将相关问题通报给纪检监察机关和组织部门，作为"一把手"日常监督、考核评价、选拔任用的重要依据，有效形成监督闭环。

加强对"一把手"和领导班子的监督，是监督的重点，也是难点。纪检监察机关要处理好日常监督和执纪执法的关系，既做好日常监督，最大限度防止一般性轻微问题发展成违纪违法问题，也要严字当头、一严到底，对"一把手"和领导班子的违纪违法问题坚持零容忍，发现一起查处一起，果断处理处分，保持刚性执纪执法，为做实日常监督提供强大后盾。要做好以案促改促治，以案促监督，深入研判案发地方、单位的政治生态，分析案件暴露出的问题，特别是监督方面的问题，及时补上制度漏洞、监督短板，多措并举、贯通联动，不断推动对"一把手"和领导班子的监督实起来，严起来。

第四节　形成监督合力

一、做好纪律监督，做精做准高校信访举报工作

做好纪律监督，首先要做精做准信访举报工作。高校纪检监察干部要做好纪律监督，做好信访举报工作，主要取决于以下几个方面。

（一）做好高校信访举报工作，要准确把握纪检工作哲学内涵

党的十九大以来，在党中央坚强领导下，中央纪委国家监委一体推进党的纪律检查体制、国家监察体制和纪检监察机构三大改革。每一名纪检监察干部都应顺应改革形势，适应新政策、新要求。在三大改革的大环境下，纪检监察干部要学习掌握哲学理论，把握新形势，创新思路，运用哲学方法指导纪检监察工作，提升水平。特别要把握好纪检监察工作中的一般与重点、惩治与预防、继承与创新、执行与监督、当前与长远等关系；要经常总结工作、认真研究规律，关注理论动态，把开展工作的过程作为提高、继承、发展、创新的过程。增强全面从严治党与教育改革发展的贴近度和保障力，研究纪检工作规律，从个别上升到一般、从感性上升到理性，以理论促进实际工作水平的提升。在工作中加强哲学思考，运用哲学思想把握好几个关系，对于开展纪检工作有重要意义。

一般与重点的关系。纪检监察工作存在一般与重点的关系，纪检监察干部需要正确认识并妥善处理。在开展工作和解决问题的过程中，首先要准确地确定主要矛盾和次要矛盾，要考虑矛盾的主要方面和次要方面，坚持有机统一，既统筹兼顾，又突出重点。面临教育改革的新形势，面对全面从严治党工作任务重、涉及范围广的特点，要善于抓住教育改革发展的重点，在推动学校科学发展的过程中分清主次矛盾，把握好处理各种矛盾的轻重缓急程度。不同时期有不同的主要矛盾，不同阶段有不同的矛盾重点，这就需要我

们提高推动开展工作的水平，提高判断形势把握时机的能力，对重点领域、关键环节努力做到监督突出，突出对关键少数领导干部权力运行的监督，防止出现管理漏洞，突出对重要岗位、关键环节的监督。确保重点，兼顾一般，在兼顾一般的同时突出重点。

惩治与预防的关系。惩治与预防是全面从严治党工作相辅相成、相互促进的两个方面，二者互为条件，是《党章》中"惩前毖后、治病救人"的表现。在纪检监察工作中，要坚持惩治和预防腐败一起抓。在日常的纪检监察工作中，无时无刻不在进行着惩治与预防的基础性和建设性的具体工作，一方面要保持严惩腐败工作的力度，对严重违纪违法问题不姑息、不手软，同时要以人为本，以保护和促进改革为目的，以达到警示和教育干部的目的；另一方面，要注重治本、注重预防、注重教育、注重制度建设，努力做到关口前移，超前防控，从源头上解决诱发腐败的根本问题。做到查风险、建制度、抓流程、促管理，全方位落实全面从严治党。从流程管理、环节把控、制度完善等方面入手，增强全面从严治党建设与教育改革发展的贴近度和保障力。针对不同层次、不同领域、不同岗位做好精心细致的一般教育和突出重点内容的教育，增强针对预见性，贯彻工作的全过程。这既是我们工作内容的高度概括，也是提升工作水平的一种追求；既是构建惩治和预防腐败的现实需要，也是提高全面从严治党科学化水平的必然要求。

继承与创新的关系。继承是创新的基础，创新是继承的发展，继承是科学的创新，创新是持续的发展。没有继承就没有创新，创新是增强纪检监察工作活力的动力之源。我们在实际工作中，要以全面从严治党理论为指导，以理论创新为支撑，深入学习理论，深刻把握形势，从中汲取营养和精华，提高全面从严治党科学化水平。在继承的基础上着眼于改革发展的新形势、新任务，全面从严治党和反腐败工作面临的新情况、新问题，社会和教职工对全面从严治党的新要求、新期待，从不同视角来发现问题、提出问题、研究问题、解决问题。不断研究工作规律，从个别上升到一般、从感性上升到理性，以理论促进实际工作水平的提升。注重从单位工作特点和全面从严治党工作实际出发，注重理论对实际工作的指导，注重创新的基础性，注重继承的开拓性。找准切入点和突破口，认真研究重点、难点和热点，努力探索新方法新途径。避免出现轻理论研究、少总结经验、忽视创新的现象，把开展工作的过程作为提高、继承、发展、创新的过程。特别要注意严把重点领域关口，推进教育改革的进程和实践探索：健全议事规则和决策程序，推进决策公开透明，严把科学决策关；加强高校财经工作监管，严把财务管理关；全面实施考试招生阳光工程，建立完善的招生管理和监督保障体系，严把招生录取关。

执行与监督的关系。执行贯彻落实监督工作，是纪检监察干部工作职责的具体体现。加强全面从严治党，是积极的、正面的、必要的有效监督，是为了更好地促进执行和落实监督工作，保证其不走样。二者是相辅相成、相互促进的关系，正确执行和落实到位可以很好地主动接受监督，经得起任何考验；合理监督和保障有力也是为了更好地贯彻落实和执行到位。纪检监察干部要认真履行职责、推动事业发展，积极维护改革开放，主动服务大局，以理念和思路创新为先导，紧紧围绕教育改革发展的中心任务加强全面从严治党，努力做到全面从严治党和教育改革发展深度融合、协同推进，主动适应新形势新要求，创新工作理念。强化抓宣传，提高党风廉政工作的宣传面和教职工的知晓率；强化抓监督，提高对贯彻执行各项制度执行情况的检查监督；紧紧围绕教育改革发展的中心加强量化考核和精细化管理，提高政策制度执行力，达到全面从严治党科学化、规范化。

当前与长远的关系。全面从严治党建设既有阶段性任务，也有战略性目标，既有亟待解决的热点难点问题，也有长期性、基础性和建设性的工作，统筹安排全面从严治党各项工作，必须把当前任务和长远目标相结合，坚持战略上总体规划，战术上分步实施。一方面要立足当前，切实抓好全面从严治党各项工作落实，解决反映强烈的突出问题；另一方面要着眼长远，积极稳妥、科学规划，增强全面从严治党工作的主动性、预见性。当前要特别做好既有长期建设性，又有现实指导性的制度完善工作。围绕现有制度在实际执行中存在着针对性不强、覆盖面不广、约束力不够的问题，在制度的废改立上下功夫，解决制度过时、缺失和不够规范的问题，以岗位为点，以流程为线，以全面开展风险防控为面，建立全面从严治党制度体系。

（二）做好高校信访举报工作，党委要坚决支持，要重视学校干部队伍教育

信访举报工作涉及面广、政策性强、情况复杂、工作难度大。信访是师生员工反映利益诉求、行使民主权利、参与高校具体事务管理的重要平台，是高校党政领导倾听师生员工心声、加强党风廉政建设的重要途径。做好信访举报工作，要依靠党委支持，特别是党委主要领导的重视和支持。党委支持为做好信访举报工作提供了有力的组织保证，有利于及时发现问题，及时果断地解决问题。也是落实全面从严治党主体责任的体现。

纪检监察工作的主责是监督、执纪、问责。信访监督又是监督工作的首位。分析高校的信访情况，存在信访渠道广泛、信访内容多样、信访问题复杂等多种特点。有的党员干部法制观念淡薄，政策水平不高，在日常工作中不注重方式方法，甚至简单粗暴、脱离群众。群众感觉工作环境压抑，知情权受到限制，工作积极性无法释放。所以就希望通过信访举报的方式使问题得到相关部门和领导的重视，以期待问题的解决。这些问题虽不涉及严重违纪违法，但如果不及时采取有效措施认真加以解决，势必演化成更深层次矛盾，甚至可能影响校园稳定和谐的环境。因此，加强对教职工思想和道德教育，促进领导干部廉洁自律，构筑反腐倡廉长效教育机制尤其重要。在深化反腐倡廉教育中，要注意加强以下几方面的教育内容。

1.加强作风建设。通过加强理论学习，加强思想理论武装，坚定理想信念，把好政治方向，保持清醒头脑，以求真务实的作风抓好各项工作的落实，坚持教育、监督、制度并重，认真落实党风廉政建设责任制和领导干部廉洁自律的各项规定，以优良的作风促进学风、师风和校风。

2.深入开展廉洁教育活动。充分利用网络优势在学校网站辟出廉政专栏，宣传中华民族传统文化和廉政思想；宣传党规党纪、法律法规及学校纪检监察工作情况、典型案例等。及时报道廉政动态，调动教职工积极性，吸引他们就廉政话题参与学习讨论。发布警示教育案例，提醒党员干部"廉洁从

管""廉洁从教"。通过办书画展、辩论赛、警言警句征集等形式开展廉洁教育活动。

3.加强师德师风教育。习近平总书记在北京大学师生座谈会上指出,评价教师队伍素质的第一标准应该是师德师风。对教育工作者最基本的要求是表里如一、知行合一,从实施来看,要坚持教育者先受教育。立德树人不仅是立学生的德,树学生的人格,更是立老师的德,树老师的人格。教师提升自我修养,做到以德立身、以德立学、以德施教。加强师德师风,不是靠制度去维系,而是靠机制、靠氛围、靠文化,去主张,去弘扬,是水到渠成的过程。

(三)做好高校信访举报工作,纪检监察干部要具备忠诚干净担当的责任心,要不断提升个人业务工作能力

信访举报工作是基础性工作,做好信访举报工作是做好纪律监督的前提。信访举报工作接地气,能够直接联系群众,能够掌握第一手的线索来源。要做好信访举报工作,责任心是关键,纪检监察干部必须做到忠诚干净担当。责任心不强,会造成重要信访举报工作处置不到位甚至遗失,使制度没有约束力,监督没有制衡力,教育没有说服力。纪检监察工作目标就会落空。因此,纪检监察干部要具备高度责任心,做到忠诚干净担当。既要重视信访办理结果,更要重视信访处置质量,做到每一个信访都经得起历史检验,结果都让信访者认可。

信访举报工作是一项政策性很强的工作,要做好这项工作,就要牢固树立依法依规接访办信的原则,熟练掌握相关党规党纪,严格遵守工作程序,纪检监察干部要通过以下几点提升个人业务工作能力。①不断加强理论学习。在全面从严治党的大环境下,有关纪检监察工作的法律法规不断更新完善。每一位纪检监察干部都要不断加强理论学习,紧跟时代要求,掌握最新要求。②做好信访准备工作,要认真研读信访件,熟悉信访件的基本情况。明确信访举报受理范围,分析信访举报的原因,判断信访举报内容可信度。在此基础上,认真开展集体研判讨论,对可能存在的关键点和难点要做到心中有数,

以确保正确处置。③做好信访件查办的取证工作。充分发挥组织协调作用，争取各方面对取证工作的支持和配合。收集获取能够证明事实真相的证据。在谈话取证时，纪检监察工作的严肃性要求谈话取证具备真实性、严谨性和合法性。通过对工作负责的诚心、耐心和技巧，使被谈话人心悦诚服地配合工作。④做好取证资料的分析、研究工作。经过谈话、调查取证后，要对取证资料认真分析、核对，从中发现问题，经集体研究讨论后形成初步调查结果或处理意见，从而形成工作闭环。

做好纪律监督，做精做准信访举报，需要党委大力支持。作为纪检监察干部，更要准确把握纪检工作哲学内涵，不断提升个人业务工作能力，做到忠诚干净担当。新形势下的纪检监察工作，是政治性、专业性、纪律性很强的工作，对人的综合素质要求很高。需要每一位纪检监察干部在借鉴中学习、在学习中探索，在探索中总结，在总结中创新。不断加强纪检监察理论和业务知识的学习，勇于实践，为学校发展提供坚强的政治保证。

二、落实立德树人根本任务，加强高校廉政文化建设

立德树人成效是检验学校一切工作的根本标准。如何守好一段渠、种好责任田？学生正处于心理和心智趋于成熟和定型的时期，他们的人生观、世界观和价值观正在形成过程中，身上也还都存在"建设型"或"破坏型"双向发展的可能性。作为一个教育程度较高的群体，他们是祖国的未来、民族的希望，是社会主义建设者和接班人。加强高校廉政文化建设，对他们开展廉政教育，先入为主，可以让他们在踏入社会之前具有抵抗腐败的免疫力，使"清正廉洁"成为每个人的立身立业之基，以确保成长为健康的社会中坚力量。

（一）高校廉政文化概述

廉政文化就是关于廉洁从政和廉政建设的文化，包括廉政的知识、信仰、规范以及与之相应的生活方式和社会评价，是以廉洁从政为理念和目标，以廉政理论、廉洁思想、廉政制度、廉政纪律和廉政文艺等为表现形式的一种

文化，即它是以廉政为思想内涵、以文化为表现形式的一种文化，是廉政建设与文化建设相结合的产物。廉政文化是廉政的特殊性与文化的普遍性的有机统一，是廉政内容与文化形式的巧妙结合。廉政文化是人们关于廉政的知识、信仰、规范和与之相适应的行为方式、社会评价的总和，是一个社会廉政建设变化发展和进步状态的反映，是政治和文化相结合的产物。廉政文化是中华优秀传统文化的继承和发展，是中国先进文化的重要组成部分，也是中华优秀传统文化的重要组成部分。

我国有五千多年的文明史，有其丰富的廉政文化底蕴和灿烂成果。历史上有过包公、海瑞等名垂青史的"清官"，也留传下来不少至今仍能警示、鞭策为官者的廉政名言。近年来，廉政建设的内容和要求被有机融入影视、戏剧、演讲、书画展等各种文化活动之中，宣传了廉政建设的思想，树立了廉洁榜样，弘扬了正气，营造了清正廉洁的文化氛围，体现了廉政文化的吸引力和感召力。长期以来，人们一直把高校的功能看作传承先进文化、提升社会价值、研究学问、弘扬人文和科学精神、创新知识的桥头堡，它所追随的必然是先进文化，优秀的大学文化无一例外地在展示当代先进文化的内涵，廉政文化是社会主义先进文化的重要组成部分，大学文化必然从中吸收、传承、创新和促进。将廉政文化融入大学校园文化，就形成高校廉政文化。它在大学校园文化建设中、在培养人的过程中起到润物细无声的作用。

（二）加强高校廉政文化建设的意义

加强高校廉政文化建设，是时代发展对高校提出的要求。伴随着社会经济的快速发展，人们的生活水平不断提高。受各种不良风气的影响，一个时期以来，人们对物质的享受、利益的追求，拜金主义、享乐主义、极端个人主义和以权谋私等现象的出现，给学生的成长带来不可忽视的影响。学生正处于价值观、道德观、人生观逐步形成的时期，对于他们来说，接受什么样的教育、受什么样的文化熏陶具有奠基作用和导向作用。廉政文化进校园，对学生进行廉洁教育，就是要使他们从小树立廉政思想道德，养成廉洁观念，奠定终身廉洁做人的品德基础，帮助他们学习掌握与廉洁相关的法律法规，形成廉洁高尚和自觉遵纪守法的观念；帮助他们树立正确的世界观、人生观、价值观，自觉抵制腐朽思想的侵蚀，增强反腐倡廉意识。

加强高校廉政文化建设，是高等学校教育的职责所在。高等教育要培养社会主义建设者和接班人。高校在培养人才的过程中，只传授知识和学识是远远不够的，更重要的是要教育学生如何做人。学生思想活跃，充满朝气，正处于身心发育阶段，是树立正确的人生观、价值观形成的重要时期，教授学生专业知识、学习和科学研究的方法的同时，更要加强思想道德修养，帮助学生形成崇高的理想信念，弘扬民族精神和时代精神，树立正确的价值取向，实现大学的功能，完成教育人、培养人的目的。在大学校园开展廉政教育，传播廉政文化，净化心灵，陶冶情操。让学生树立"廉洁光荣，腐败可耻"的意识，培养正确、积极、健康的理想信念、道德观念、法治意识和社会责任，做到关口前移、未雨绸缪，使他们在今后复杂环境中自觉抵御不正之风，对于今后使其成为全面发展的中国特色社会主义事业的建设者和接班人，具有极其重要的现实意义和历史意义。

加强高校廉政文化建设，是廉政文化建设的必然要求。高校廉政文化建设作为新形势下党风廉政建设工作的一个有效载体和重要抓手，是一项长期的系统工程。在党风廉政建设工作中，过去教育的对象主要是党员干部，对于那些思想观念尚未最后定型、即将走上工作岗位的学生，却没有向他们提供更多的廉政文化知识和信息。廉政文化进大学校园是党风廉政建设关口前移的必然要求，是党风廉政教育的一种必然趋势，是现有廉政教育各种渠道的自然延伸。通过在学生中开展"崇廉尚洁"的教育，不仅可以帮助下一代形成正确的廉耻观，还可以通过学生的言行，影响家庭甚至社会的廉洁观念。

（三）高校廉政文化建设实践探索

新时代的高校学生见多识广、优越感强、与社会接触多，所以在标榜"个人主义""一切我为先"的今天，让学生明白"同舟共济、众志成城""廉以修身、俭以养德"的道理显得尤为重要。

1.利用网络优势，加大学习宣传力度。通过网络平台开展廉政信息宣传。

积极构建官方微博、官方微信等媒体载体，及时发布党风廉政建设的相关政策和信息，保证宣传到位。在学校网站辟出廉政专栏，大力宣传我国传统文化和马列主义经典著作中的廉政思想；宣传党规党纪、学校纪检监察工作情况、典型案例等。及时报道廉政动态，调动学生学习的积极性，吸引他们就廉政话题参与学习和讨论。通过办书画展、辩论赛、警言警句征集等形式开展廉政文化进校园活动，积极表扬和宣传学院的好人好事，重视学生班级文化建设，形成奋发向上、敬业爱岗、勤奋学习、遵纪守法的良好校园氛围。

2.要丰富学习教育形式，提升廉政教育效果。积极组织开展各种学习教育，在教育内容的选择、活动的安排上，注重分层施教，突出针对性。

（1）在学生思想政治理论课中加入廉政教育内容。教育学生"敬廉崇洁"，在全体学生中树立起积极、健康、向上的人生理念，培养清正廉政、为公为民的社会责任感。教育学生清清白白做人、认认真真做事，利用班级团队活动进行廉洁主题教育。同时，在学科中渗透廉洁教育内容，使学生在学习历史、传统文化等基础课知识的同时受到廉洁教育。积极推进廉洁教育进课堂、进校园、进学生头脑，不断增强廉洁教育的针对性、实效性和吸引力、感染力，培养学生正确的价值观念和高尚的道德情操。

（2）对学生进行廉政教育的同时，也要对学校教职工进行廉政教育。组织教职工党员、干部积极开展理论学习。通过学习党的路线、方针、政策，学习国家的法律、法规，提升学校师德师风建设。组织教职工外出学习、参观和考察。通过组织党员干部参观廉政教育展览，通过生动的画面、真实的案例，教育广大党员干部做到自警、自醒、自重、自立，警钟长鸣。通过座谈会、撰写观后感、廉政测试、知识竞赛等形式深化和加强廉政教育。

（3）完善档案校史馆。充分运用学校校史资源，对学生开展艰苦创业、勤廉兴校的传统教育。通过展现学校历史沿革、艰苦创业、转型变革和开拓奋进的发展历程，让学生在情感、态度、价值观和心灵上产生共鸣共振。有助于学生树立正确校史观，激发主人翁意识和社会意识，有利于培养学生时代精神，培养学生的爱国爱校情怀，增强他们的归属感和荣誉感。

（4）开展丰富多彩的"廉政文化"系列活动。加强学生廉洁自律教育，培养"诚实守信、勤俭节约、自律自强"的廉洁品质，增强学生"干净做人、规范做事、遵纪守法"的自觉性；培养学生胸怀大志，以为民为公为主要内容的理想信念，以诚信、责任、正直等为主要内容的道德品质，以清廉、节俭、自律为主要内容的传统美德，以公正、民主、守法为主要内容的法治意识，以规则、程序、公平等为主要内容的监督意识；培养学生崇敬廉政人物、推崇廉洁行为的情感；通过廉政文化进校园，来带动社区、家庭的廉政文化教育，从而可以达到"教育一个学生，带动一个家庭，影响整个社会"的目的。通过组织社会实践活动，让学生接受廉政教育。组织学生志愿者到贫困地区开展志愿活动，与当地的学校学生"结对子"，开展帮扶互动；利用周末组织志愿者到北京周边的老年公寓慰问老人，送去温暖；每年组织开展科技文化节等社团活动，将廉政文化的内容融入丰富的校园文化中，在潜移默化中教育学生、引导学生。通过廉政文化教育活动使学生认识到"廉政"距离学生生活并不遥远。落实到现实的生活中，就是要使他们立身清白，思想清正，品德高尚，敬廉崇洁，勤俭自立。教育引导学生党员时刻不忘身上肩负的神圣职责，在学习和工作中起到先锋模范作用，用自律的精神感染每个人，从而促进廉政文化建设和发展。

（5）用正反面典型事例导廉，增强廉政文化的感染力。树立典型激励学生，推进校园廉政文化建设。在学生中开展三好学生、单项积极分子、文明班级评比，为学生树立各方面的典型，让学生学有榜样。通过榜样群的示范作用，使校园廉政文化得到了进一步提升。组织学生学习新涌现的先进人物的优秀事迹，举行优秀党员事迹报告会，开展学习先进典型事迹活动，形成弘扬正气、尚廉倡廉的风尚。同时，利用近年来查处的违纪违法典型案例，开展警示教育，总结经验教训，用正反两方面教材教育和警示学生，使之引以为戒。

加强高校廉政文化建设是一项任重道远的工作，高校青年学生正处于价值观形成和确立的关键时期，抓好这一时期的价值观养成十分重要。青年学生的价值取向，决定了未来整个社会的价值取向。高校教育工作者要以高度的政治责任感和历史使命感，从学校实际情况出发，坚守并砥砺"为党育人、为国育才"的初心使命，加强校园廉政文化建设，把立德树人作为对党的初心使命的最高践行；把廉政文化建设内化到学校工作各领域、各方面、各环节，做到以树人为核心，以立德为根本。教育学生把爱党、爱国和爱社会主义有机结合起来，立学生品德，树学生人格，推动习近平新时代中国特色社会主义思想在学校落地生根、开花结果，形成生动实践。

三、促进各类监督深度贯通协调，推进"纪法贯通、法法衔接"

党的二十大报告强调，健全党统一领导、全面覆盖、权威高效的监督体系，完善权力监督制约机制，以党内监督为主导，促进各类监督贯通、协调，让权力在阳光下运行。高校作为人才的汇聚地和培养地，承担着为党育人、为国育才的神圣使命，必须坚持系统思维，在深化各类监督有效贯通协同上下功夫，一体谋划、部署和推动各类监督关联互动、系统集成，形成常态长效的监督合力，不断增强监督治理效能，以"立德树人"来涵养风清气正的校园政治生态。纪检监察监督、审计监督、巡视巡察监督同为党和国家监督体系的重要组成部分，通过加强与舆论监督、群众监督等其他监督的贯通协调，推动各方有效衔接、高效运转，对进一步推动重大政策措施落地见效、推动增进民生福祉、推动规范权力运行和责任落实有着积极作用。

（一）贯通协调各类监督

1.落实党委主体责任，加强党对监督工作的领导。坚持和把握"党委统一领导"这一根本原则，牢牢抓住主体责任，加强党委对监督工作的领导和分解，推动党委职能部门承担职责范围内的职能监督责任，压实高校基层党建工作责任，强化日常监督职能，切实履行教育、管理、监督党员和组织、宣传、凝聚、服务群众的职责；充分发挥高校纪委的监督执纪问责和协助职能，进一步深化"三转"，发挥"再监督"职能；用好巡视巡察这把"利剑"，加强自上而下的组织监督，以政治巡视推动高校各级党组织和党员领导干部担起党内监督政治责任；进一步严肃党内政治生活，规范党的组织生活，使党员能够在党内生活中发挥主体作用，通过党内正常途径履行对领导干部和上级党组织的监督职责；坚持和发扬党内民主，保障党员民主权利，规范党务信息公开制度，落实党内重要情况通报制度，完善党内情况反馈机制，拓宽党内下情上达的信息渠道。

2.充分发挥高校纪委职能作用，推动各类监督贯通协调。健全完善高校内部监督体系是一个复杂且系统的工程，所以高校需要加强顶层设计和宏观统筹，建立多维联动的监督和制约体系。因此，高校纪委可以通过协助、引导、推动、监督功能，促进各类监督有机贯通、相互协调、形成合力。一是协助党委建立对党内各监督主体参与监督、履行监督职责的考核评价体系，形成对履行监督职责不作为、不到位问题的问责机制，以全面从严治党新成效引领和推动其他监督发挥作用；二是落实好纪检监察体制改革举措，在更高层次上实现"三转"，恪守权责边界，以"监督的再监督"推动高校内部各类监督主体完善制度机制、强化制度执行；三是建立健全与其他监督主体的协调配合机制，形成定期会商、重要情况通报、线索联合排查、联合监督执纪等机制；四是着眼补短板、强弱项，围绕党内民主监督氛围不浓、党外群众监督制度不健全等问题，协助党委开展调查研究，提出意见建议，引导民主监督、群众监督发挥应有作用；五是加强纪检干部队伍自身建设，不断提升纪检干部履职尽责水平，自觉接受各方面的监督，做受监督、会监督、敢监督的表率。

3.做好审计、巡察与纪检监察监督的贯通融合。高校内部审计部门要突出政治监督属性，在审计内容上聚焦党中央决策部署，在反映问题上要切中影响党和国家利益的要害问题，真正做到想中央之所想、急中央之所急，推动及时解决苗头性倾向性问题，促进中央政令畅通和重大部署落实落地，这也是纪检监察监督内容。内部审计部门积极推进与内部纪检监察、巡察监督部门建立信息互通、联席共商、成果共享等机制，依法依规制定完善相关高校内部制度，夯实"纪审巡"协调基础，保证监督方向协同、目标一致，共同关注党中央出台的一系列政策措施的执行情况。围绕宏观政策要求深化财政审计，重点关注财政支出强度和进度，在重要教育政策举措的落实、党政机关"过紧日子"、严肃财经纪律等方面进一步加强源头治理，规范权力运行，堵塞制度漏洞，形成一批管根本、利长远的制度机制，并加以落实，以高质量监督保障高校事业高质量发展，切实将"纪审巡"协调制度优势转化为治理效能。

4.对高校各权力主体的监督还有群众监督、舆论监督以及高校之外的社会监督。群众监督在高校是指广大师生依据国家法律和学校制度规定对办学治校行为实施监督，教代会、学代会的民主监督属于群众监督的一种形式。同时，广大师生还可以根据学校的制度安排，通过多种方式向学校相关职能部门反映情况，发挥监督作用。舆论监督既有高校师生通过网络媒体反映情况和问题形成舆论，也有高校外部新闻媒体对高校事务宣传报道所形成的舆论对高校内部治理成效的监督。高校各级党组织应当高度重视群众呼声和社会关注，鼓励师生做学校事业的"参与者"而非"旁观者"。通过建立学校领导接待日制度，到基层调研制度，定期听取基层单位、师生代表意见制度，向离退休人员、民主党派和无党派人士通报工作制度，各类专门委员会咨询论证制度等，在学校工作各领域、各方面嵌入民主管理理念，保障师生的表达权和监督权。同时，还应大力加强民主法治观念的宣传和教育，通过有效途径增强广大师生的民主监督意识。

（二）推进"纪法贯通、法法衔接"

"纪法贯通、法法衔接"是纪检监察机关高效、顺畅履行职责的关键环节，是推动纪检监察工作规范化、法治化、正规化的现实需要，也是实现纪检监察工作高质量发展的必然要求。

1.纪检监察机关在"纪法贯通、法法衔接"方面存在的问题。纪检监察干部执纪执法能力参差不齐。有的高校纪委缺乏专业人才和办案力量，办案人员在纪法贯通方面存在短板，对相关法律的熟知度不高，缺乏审计、大数据等方面知识，难以有效查处新型腐败和隐性腐败；部分纪检监察干部政绩观存在偏差。有的重违法轻违纪，"把法律挺在前面，而不是把纪律挺在前面"，对违反纪律问题的查处还不够。有的重实体轻程序，重结果轻过程，出现指供、诱供、骗供甚至体罚、变相体罚等违规违纪行为。有的对未达到立案标准的问题立案；有的问责不精准，存在问责不力或问责泛化；"四种形态"的运用不够精准。纪检监察系统内运用"四种形态"的尺度不一，畸轻畸重。

没有综合考量审查对象的主观故意、行为性质、危害后果、社会影响、认错态度及追赃挽损等情况，未实现政治效果、纪法效果、社会效果相统一。有的存在"放水"问题，案件查得不深不透，借"四种形态"之名搞选择性执纪执法。有的在日常监督中不注重运用第一种形态对干部进行教育警醒，存在将小问题养成大问题再处置的现象。

从宽处罚建议制度适用不够精准。有的适用过程中存在随意性，把握标准过严或过宽。有的单纯依据被调查人认罪认罚态度而简单适用，没有综合考虑被调查人的一贯表现、主观恶性、当地政治生态等因素。有的认为适用从宽处罚建议制度就可以降低证明标准，导致案件证据不扎实。

2.推进"纪法贯通、法法衔接"的措施。强化制度执行，持续提升纪检监察法规制度权威性和执行力。结合正在开展的纪检监察干部队伍教育整顿，对高校纪检监察法规制度执行情况开展专项检查、对制度执行不到位问题开展专项整治。把制度执行纳入政治监督范畴，把纪检监察干部依规依纪依法正确履职作为监督重点，针对跑风漏气、私存线索、打听干预案情、违规办案等违反制度的突出问题开展重点整治，通报典型问题，细化整改举措，推动制度不折不扣贯彻落实。加强全过程监督，防范化解审查调查权力运行风险。通过对审查调查工作开展介入式监督，深挖跑风漏气、以案谋私、纪法运用不精准、执纪执法程序不规范等问题，切实加强对审查调查权力运行的监督。加强对审查调查措施使用的监督管理，严格落实"宽打窄用"的要求，从措施审批合规性、程序规范性、文书准确性等方面进行重点监督，防范随意扩大措施使用范围、错误使用文书类型等风险。加强沟通协调，推进执纪执法贯通、有效衔接司法。在疑难复杂案件的审查调查工作中，加强审查调查部门与审理部门的沟通协作，通过审理提前介入、召开工作协调会等方式，研判证据固定、定性把握等方面的重点难点问题。加强调查研究，及时发现执纪执法不规范等突出问题并切实加以解决；多深入监督检查和审查调查一线加强下沉调研指导；对重点法规执行情况开展专题调研，推动法规制度落实落地。

第三章

重点领域和关键环节监督

　　高校的根本任务是立德树人。党的二十大报告提出，"育人的根本在于立德。全面贯彻党的教育方针，落实立德树人根本任务，培养德智体美劳全面发展的社会主义建设者和接班人"。而坚持党对高校工作的全面领导，推动全面从严治党向纵深发展，是新时代中国特色社会主义教育事业发展的根本保证。在高校，易发生违纪违法等廉政风险的重点领域、关键环节相对集中于招生考试、后勤基建、物资采购、科学研究等环节。伴随着纪检监察体制改革实际，高校纪检监察机构既要完成"规定动作"，也要创新"自选动作"。监督是纪检监察工作的基本职责、第一职责。高校纪检监察机构开展监督工作的目的是保证学校工作能够规范公平进行，实现权力在阳光下运行，其最终结果也是为学校教书育人服务。做好监督工作，就要不断优化改进监督方式方法，做实基层权力运行监督，切实加强对重点领域和关键环节的监督。

第一节　做好基层权力运行与监督

党的十八大报告提出要确保决策权、执行权、监督权既相互制约又相互协调，确保国家机关按照法定权限和程序行使权力。党的十八届三中全会提出："必须构建决策科学、执行坚决、监督有力的权力运行体系，要形成科学有效的权力制约和协调机制。"党的十九大报告中也强调："要加强对权力运行的制约和监督，让人民监督权力，让权力在阳光下运行，把权力关进制度的笼子。"党的十九届四中全会明确提出：要坚持和完善党和国家监督体系建设，强化对权力运行的制约和监督，形成科学决策、执行坚决、监督有力的权力运行机制。要从制约和分解的角度科学合理配置权力，让不同性质的权力由不同部门、单位、个人行使，规范各级党政主要领导干部职责权限和党政部门及内设机构权力和职能，形成科学的权力结构和运行机制。要依法设定权力、规范权力、制约权力、监督权力，运用法治思想，围绕授权、用权、制权等环节推进机构、职能、权限、程序、责任法定化，合理确定权力归属，划清权力边界。要强化用权公开，推行地方各级政府及其部门权力清单制度，依法公开权力运行流程，让公权力接受最广泛的监督。要明晰权责关系，杜绝"只想当官不想干事，只想揽权不想担责，只想出彩不想出力"思想，实行权责对应，防止滥用职权，真正让监督管用、生效，形成激浊扬清、干事创业的良好政治生态。

高校纪检监察机构履行监督职责，要重视对基层权力运行的监督。日常工作中，财务资金使用、学校资产管理、工程及采购项目实施、集体决策等事项，都涉及权力规范运行，权力的行使直接关系到师生群众切身利益，一旦脱轨，不仅直接损害群众利益，还会破坏基层政治生态。因此，要强化权力规范运行监督，堵住权力寻租的缝隙。为了以高质量监督有效推进高校全面从严治党工作的落实，促进高校各二级单位决策、管理与服务效能的提升，破解监督关键少数、扭住"微权力"监督节点的总开关，就要做好基层权力运行与监督。做好基层权力运行与监督是落实全面从严治党首先要从政治上看的总抓手，是深入贯彻落实完善治理体系、提升治理能力的体现，是自觉实践以人民为中心、主动呼应师生意见与诉求的监督切口。

一、做好基层权力运行与监督的必要性

（一）形成科学有效的权力制约、协调机制是时代和社会实践发展的需要

我国的权力结构和运行机制，建立在我国社会主义民主政治的基础之上，由我国社会主义政治制度所决定，具有决策效率高、着眼于长期发展、立足于最广大人民根本利益、能够集中力量办大事的独特优势，总体上符合我国国情，能够实现好、维护好、发展好最广大人民根本利益。特别是随着改革开放和社会主义现代化建设的深入推进，随着社会主义民主政治建设的不断发展，随着党和国家各项领导制度和工作制度的日益完备，党和国家的权力结构和运行机制也日益健全和成熟，能够比较好地适应经济社会持续健康发展的需要。但也要看到，在一些具体方面还存在一些不相适应、不够完善的地方。最主要的问题是权力配置还不尽科学；权力过分集中，导致"一把手"出问题的比例相对比较高；权力运行还不够透明；对权力的监督还不够有力。因此，形成科学有效的权力制约和协调机制，既是提高党的执政能力、巩固执政地位、完成执政使命的重要保证，也是建设廉洁政治，实现干部清正、政府清廉、政治清明的根本保证。当然，构建科学有效的权力制约和协调机制，是一个涉及面广的艰巨复杂的系统工程，要与深化政治、经济等各方面体制改革协同推进，逐步完善。

（二）必须构建决策科学、执行坚决、监督有力的权力运行体系

决策、执行、监督是权力结构"三位一体"的组成部分，也是权力运行机制相辅相成的重要环节。在权力运行体系中，决策是核心，执行是关键，监督是保障。应当说，通过改革开放30多年来的长期实践，我国科学民主的

决策机制已经基本定型，这在国家长期发展规划、重大战略决策的形成等方面发挥了极为重要的作用。但这一决策机制也还有一些不完善的地方，需要继续加以改进。要进一步健全中国特色重大决策制度，完善重大决策的形成机制和程序，加强决策的协商、论证、听证，发挥中国特色新型智库的作用，建立健全决策后评估和纠错机制，不断提高科学决策、民主决策、依法决策水平。凡是重大问题决策、重要人事任免、重大项目安排和大额资金使用，都必须实行集体决策，绝不能由个人或少数人说了算；凡是涉及群众切身利益的决策都要充分听取群众意见，凡是损害群众利益的做法都要坚决防止和纠正。要进一步提高执行力，决定了的事情，就要言必信、行必果，有始有终，说到做到。健全督促检查、绩效考核和问责制度，确保党的路线方针政策和各项决策部署贯彻落实到位，决不允许"上有政策、下有对策"，决不允许有令不行、有禁不止。要更好发挥党内外专门机关的监督作用，加强党内监督、民主监督、法律监督和舆论监督，完善党务政务司法和各领域办事公开制度，推进权力运行公开化、规范化，真正做到让人民监督权力，让权力在阳光下运行。

（三）按照制约和协调原则科学配置权力

科学配置权力，就是要使权力既相互制约又相互协调，不仅做到结构合理、配置科学、程序严密、制约有效、给权力套上一个"制度的笼子"，还要做到权责一致、规范有序、相互协调、运行顺畅，使权力切实发挥作用，促进党和国家各项事业发展。要进一步完善党和国家领导体制，更好坚持民主集中制，充分发挥党的领导核心作用。要坚持科学执政、民主执政、依法执政，不断改进和完善党的领导方式和执政方式，进一步理顺和规范党代会、全委会和常委会之间的关系，更好发挥党代会和全委会对重大问题的决策权，党委常委会行使执行权和一般问题决定权，党的纪律检查委员会行使监督权。民主集中制既是我们党和国家的根本组织制度和领导制度，也是领导班子行使权力的根本工作制度。要坚持民主基础上的集中和集中指导下的民主相结合，既保证党和国家的团结统一和行动一致，广泛凝聚全党全社会的力量，又尊重广大党员和人民群众的主体地位，充分发挥他们的积极性、主动性和创造性。党必须按照总揽全局、协调各方的原则，在同级各种组织中发挥领导核心作用，并与人民当家作主和依法治国相统一，进一步理顺和规范党委与人大、政府、政协、司法机关以及人民团体的关系，支持和保证它们依法有效地履行职能。

（四）明确各级党政主要领导职责权限，科学配置各部门及内设机构权力和职能，明确职责定位和工作任务

要吸收近几年权力公开透明运行试点的经验，按照职能科学、结构优化、廉洁高效、人民满意的原则，进一步明确各级党政主要领导职责权限，合理划分、科学配置党政部门及其内设机构的权力和职能，健全部门职责和人员编制体系，做到定位准确、边界清晰，权责一致、人事相符，各司其职、各负其责，依照法定权限和程序行使权力。按照不同性质的权力由不同部门行使的原则，尽量实行决策、执行、监督职能相分离，对直接掌管人财物等高风险部门和岗位的权力进行限制，压缩和规范各种权力的自由裁量空间，从而降低权力失控乃至腐败发生的概率。按照同一件事情或同一项工作任务由一个部门负责的原则，加大机构和职责整合力度，最大限度地解决部门众多、职责分散和交叉扯皮问题。

二、基层权力运行与监督的现实问题

在高校内部权力运行制约和监督机制中，责任和权力是其中重要的基本要素。制约和监督机制的基本价值取向主要为实现权责统一，也是责任和权力之间最为理想的关系形态。因此，大学内部权力运行缺乏规范性的重要原因之一是责任和权力之间存在失衡和疏离。高校纪检监察机构依然一定程度存在对权力运行的不愿监督、不敢监督、不去监督、无法监督等问题，主要表现在以下几个方面。

一是监督职责和监督权威衔接不紧密。由于决策权、执行权、监督权不合理的配置，导致权力运行监督的软肋。高校纪委担负着本单位的监督重任，

然而从属于本学校，人权、财权均掌握在学校党委手中。一般情况下，高校党委出于自身的职责和政绩考虑，对于本校出现的问题大都大事化小，小事化了，尽可能地"内部处理"，这种情况在高校存在。

二是现有监督机制在实际工作中发挥作用有限。党的十八大以来，我国逐步完善、建立、运行的政治监督、日常监督体系，从理论上来讲是完备的，但在现行监督体制和机制下，这些形式的监督，其作用的发挥往往非常有限。绝大部分纪检部门实行双重领导，在实际监督过程中受到同级党委和行政掣肘，而舆论监督不被重视，一些负面监督报道往往被视作新闻舆情对待。

三是权力运行过程缺乏有效的程序制约和保障。民主集中制，集体领导在有些单位流于形式。一些单位领导干部独断专行，不尊重班子成员的意见，任意越权包揽；有的班子成员原则性差，看领导眼色行事，使一些错误意见也能通过合法程序。对抵制、干扰和破坏党内监督的行为，目前尚无可操作性的规定及检查的标准，给少数人以权谋私提供了条件。

四是权力运行制约和监督有效合力缺乏。在高校内部权力运行制约与监督机制中，如制度体系存在问题，将导致制度约束性不足，整体功能性削弱。目前高校内部权力主要覆盖了教学实践、组织建设、财务管理、人才培养、后勤保障、科学研究、基础建设等各个方面，为了加强制度建设，高校也制定了规范性文件，但由于高校人员规模较为庞大、日常事务繁杂、组织机构较多等，普遍存在着制度建设滞后、缺位等问题，导致约束性不足，甚至在制约和监督机制中存在冲突或政策漏洞。

另外，因制度体系缺乏有效的协调性和整体性，导致校级部门与各二级单位、校级各职能部门之间缺乏有效的制度衔接和约束，存在各自为政，以及执行力度不强等问题，严重影响权力运行制约和监督的有效性。

三、做好基层权力运行与监督的措施

（一）加强制度建设，以制度制约权力

没有规矩，不成方圆。加强对权力运行的制约和监督，必须坚持以制度

制约权力，确保权力在制度的范围内良性运行。要健全制度体系。改革开放以来，我国政治体制改革不断深入，制度建设领域不断拓宽，制度建设成效不断显现。但也应清醒地看到，有些制度存在着不足、漏洞和缺陷，有些制度已难以适应社会发展的需要。因此，要结合实际，因时制宜、因地制宜，建立健全各项制度，夯实以制度制约权力的基础，切实做到用制度管权管事管人。要在坚持民主集中制的基础上，坚持突出重点、整体推进，及时完善、修订、废止有关制度，建立健全内容科学、程序严密、配套完备、有效管用的制度体系，确保决策权、执行权、监督权既相互制约又相互协调，确保党和国家机关按照法定权限和程序行使权力。要特别注重以制度规范党内民主权利、立法权、行政权、司法权等各自的领域和作用范围，防止权力过分集中。要完善党务、政务、司法等领域办事公开制度，健全质询、问责、经济责任审计、引咎辞职、罢免等制度，推进权力运行公开化、规范化。要提高制度的执行力。以制度制约权力，必须切实提高制度的执行力，做到执行制度不走样、维护制度不变通、违反制度必惩处。要通过形式多样、扎实有效的制度教育，使党和国家机关工作人员领会制度精神、熟悉制度内容、增强制度意识，牢固树立法律面前人人平等、制度面前没有特权、制度约束没有例外的观念，增强带头学习制度、真正相信制度、严格遵守制度、自觉维护制度、模范执行制度的自觉性和坚定性。要坚持民主集中制，健全制度运行监控机制，形成各方面监督制度运行的合力，确保制度在阳光下运行，有效防止有制不依、胡作非为行为。要切实加强制度执行的组织领导，加强制度执行情况的督促检查，改变在制度执行上以会议贯彻会议、以文件贯彻文件、以讲话贯彻讲话的做法，对违反规章制度情况较轻者严肃批评教育并予以纠正，对违反党纪、触犯国法造成严重后果者要严格执纪执法追究责任。

（二）加强学习引导，依靠各种平台开展宣传教育

高校纪检监察机构要巧借台、善借力，利用好中层干部主题教育党课、党的二十大精神专题培训班等载体，围绕改革新精神、新要求等重点，精心专题辅导。高校纪检监察机构要利用好与校领导班子成员、中层正职谈话的

工作制度与要求，一对一地做好思想深度互动，要充分利用日常调研、专题研讨与工作协调会等平台，阐述改革的有关重点、要点。主动联合有关部门开展全方位、主题性、常态化的党风廉政建设宣传、教育与培训，培育全员参与的共建共享廉洁文化。学校各党支部要把党的政治建设摆在首位，坚持用习近平新时代中国特色社会主义思想武装教职工头脑，教育引导全体党员和教职工增强"四个意识"、坚定"四个自信"、做到"两个维护"。党支部书记履行全面从严治党第一责任人职责，班子成员按照分工，履行"一岗双责"，明确支部纪检委员及其他支部委员承担的相应职责。支部书记坚持讲廉政党课，结合党风廉政教育，重点讲学校制度和纪律，班子成员带头学习宣传。

（三）聚焦权力运行，突破权力公开与运行监督难点

完善决策机制，加强和建立健全内部监督机制。内部监督就是要更加注重治本、更加注重预防、更加注重制度建设，充分发挥制度的约束作用。对涉及权力运行制度进行细化完善。规范落实"三重一大"制度的决策机制和决策程序，落实"三重一大"事项决策实施监督与责任追究。完善内部监督的有关程序，运用多种方式，使监督能够介入权力运行全过程。使监督者能够知情、能够参与、能够选择，然后才能够监督。牢固树立科学民主决策意识，强化部门内部控制措施，完善议事规则和相关制度。坚持民主集中制原则，执行集体领导、民主集中、个别酝酿、会议决定的程序，保证决策的科学化、民主化、法制化、高效化。健全公示制度，使决策过程、执行过程、有关内容、程序和结果都能够在单位内部得到公开，使单位内部的各个层级相互之间有监督，内部人员对领导班子有监督，真正使内部监督发挥作用；加强对权力运行规范化监督。对于存在廉政风险的重点岗位和重要权力事项，要做到严格内部监督，通过不断完善制度和提高制度的执行力，从而完善"监督体系"和"治理体系"建设，规范权力运行。

加大信息公开力度，不断完善学校内外结合的监督机制，保证师生员工的知情权和监督权，有效防控廉政风险。加强对领导干部和涉及人、财、物

管理的重点岗位的监督，严格执行"三重一大"集体决策、廉政准则、个人有关事项报告、述职述廉、民主生活会、干部经济责任审计等监督制度，相关职能部门切实履行职责，通过完善相关考核评价机制，不断提高制度的执行力。依法依规稳步推进校务公开和党务公开力度，利用校园网、校务公开栏等媒介公开相关制度、职权目录、工作流程图等有关权力运行规范的基础性静态信息，公开各项具体工作的决策、执行、监督及工作结果等有关权力运行过程的动态信息。逐步细化、丰富和完善相关的信息公开内容与公开方式，不断加大权力运行的透明度。按照项目化管理的模式，针对干部任用、人事管理、财务预决算、财务管理、设备物资采购、基建修缮工程、资产管理、科研经费管理、招生等重点领域，学校纪检监察部门协调相关部门逐步建立各重要工作事项廉政风险防控的项目化管理台账，制定专项防控工作方案，明确各部门单位和岗位的防控责任，对重大项目资金的使用实行全过程监督，健全专项监督机制。党政领导班子定期听取专项监督工作情况报告，分析存在的问题，研究完善廉政风险防控措施。跟踪记录廉政风险信息。注重发挥各项监督机制的综合效能，从监督、审计、干部考察、述职述廉、有关事项报告、案件分析等方面收集和记录风险信息，评估分析部门和岗位廉政风险的发展变化趋势，及时发现和纠正苗头性、倾向性问题；科学配置各类职权。根据教育系统的权力运行自身规律和特点，建立健全决策权、执行权、监督权既相互制约又相互协调的权力结构和运行机制。

通过科学配置权力，加强分权制约和程序制约机制建设。学校领导班子合理分工，从而加强领导班子成员之间岗位职权的制约。流程内合理分权，将决策、执行、监督分解给不同的责任主体，重要事项都由两个或两个以上的部门或岗位通过独立履行各自职责来完成，加强同一流程内环节之间的制约。优化相应的权力运行程序，使分权制约措施在涉权事项的办理流程中得到有效落实。评估分析决策、执行、监督在全流程当中的配置状态，逐个环节地查找缺乏制约、不易监督的情况，灵活运用分权、放权、减权等方式完善权力配置。加强制度安排，对于新建立的权力制约措施，应形成相应的文件规定或内部业务规范。

（四）透视重点领域，在个别监督难题上取得突破

高校纪检监察机构要结合落实四中全会精神与上级工作要求，牢固树立以师生为中心的发展理念，及时调研发现并主动找准监督突破口，给决策、管理与运行带来了一系列师生高度认可的变化。从制度执行、权力公开、民主参与、有效监督等维度，会同有关部门组织专题的工作研讨与交流。面对学校多个重点领域，如何通过监督来规范权力运行，如何在促进完善发展的目标中提升站位、找准定位，避免因就事论事而带来负面影响，应选择高校普遍关注的监督难点，例如复杂、敏感的科研经费监督难题，以科研调研监督为抓手，开展专题座谈、主题研讨、案例剖析、外出交流等，聚焦各个不同主体关注问题，深度剖析高校特有的科研工作坐标与目标、逻辑与关系，紧紧抓住目标化、组织化、集约化三个关键，进行全主体、全要素、全流程的系统梳理，在课题组这个最基本、最关键的组织单元上下功夫、做诊断、强监督，盘活、整合好监督链条，在一起推进"三不"体制机制上形成共识、汇聚合力。

近年来，高校学术资源显著增加，科研经费成倍增长，为推进知识创新提供重要保障的同时，也增加了廉政风险发生的概率。学术带头人、课题负责人、评审专家是高校教学科研的中坚力量，他们拥有一定的学术资源和科研经费支配权。尽管党风廉政建设和反腐败工作取得压倒性态势，但仍然存在少数专家学者、学术带头人、课题负责人利用学术资源配置的权力，套取、挪用科研经费的问题。这些问题不仅败坏了学风，也带坏了学生，影响恶劣。目前，对高校学术资源配置权力的监管不到位，监管制度不完善，有些科研人员法纪观念、廉洁意识、风险意识不强。一些高校领导干部本身就是某个领域的专家，领导权和学术权交织在一起，增加了权力监管的难度。高校的权力运行监督，就是要努力突破这些难点，使高校的学术资源真正用在推动学术发展和创新型国家建设上，使专家学者自觉遵循学术规范、潜心钻研学术，为开启全面建设社会主义现代化国家新征程做出应有的努力。

做实做细做好科研监督，主要有以下几点。加强宣传教育，澄清模糊认

识，增强自律意识。在科研工作中，一些教师对科研经费管理缺乏正确认识，学校也缺少相应的培训教育。课题负责人对经费开支范围具有实际的决定权，如果认识模糊，经费支出的随意性也会更为明显。因此，做好科研监督，首先要广泛深入地开展了廉洁从研宣传教育。在学校层面抓好集中教育，结合实际进行警示提醒教育，积极营造廉洁从研的氛围。同时，要建立科研项目负责人廉洁从研的长效机制，将廉洁从研教育常态化。科研主管单位每年对新立项的教师集中签订廉洁从研承诺书，督促科研人员特别是项目负责人，加强对课题组和科研团队的管理，严格遵守有关规定，自觉接受监督检查，确保经费使用的真实性、合法性，预防违纪违法问题发生；建立公示监督机制。科研项目立项、论证和运行、结项等环节以公开方式进行。各项目建设任务书、运行经费、购置设备、建设成果等材料在学校科研管理系统中予以公布，以加强对各建设项目运行过程的监督。通过用户权限设置，使校领导、职能部门负责人、院系负责人可以实时查看科研项目建设任务、目标承诺、经费预算、进展情况，从而达到监督效果；严格履行工作程序。程序就是制约，一步不能省，不搞简易程序，防止权力在运行中变形。坚持原则不动摇，执行标准不走样，履行程序不变通，遵守纪律不放松。严格实行科研项目预算管理制度，强化科研经费支出审核，妥善处理剩余经费。运用现代技术，实现科研经费管理网络信息化，加强对经费支出的合理性控制，完善科研经费支出审批制度，确保科研经费支出与科研任务具有相关性，确保经费使用的真实性、合法性；通过网上预约报账系统，对项目负责人的项目经费使用手续和授权期限给予限定，有效防控资金风险。实现学术和行政权力的相互制约。以学术力量为主导，行政力量负责监督、配合、服务，通过重大事项由集体决议的方式开展决策，防止项目负责人"独断专行"的现象，有效地防控权力过于集中所导致的廉政风险，避免行政力量对学术事务的干扰，实现了学术权力和行政权力的物理隔离。

（五）健全监督体系

建立健全立体的、多维的权力监督体系。科学划分决策权、执行权、监督权，不但能够有效地消减一些重点领域、关键岗位、重要部门尤其是"一把手"的权力，还可以铲断权力运行链条，使决策权、执行权、监督权既相互分离，又相互制约，有效遏制腐败。同时，还能有效解决机关职能部门交叉与扯皮、部门分割、资源分散与浪费、整体效能和公共服务质量低下等问题。因此，要科学设置决策部门、执行部门和监督部门，科学划分决策权、执行权、监督权，使其分归互不隶属的不同部门，并制定相应的程序使之能够既相互协调配合又相互牵制，从而形成科学的权力结构。除党纪国法规定不能公开的事项以外，其他一切信息都应当及时、准确、充分地向社会公开，使监督者对权力运行的全过程能够实施民主监督。突出监督重点，加强对重点领域、重要部门、关键岗位的领导干部尤其是"一把手"的监督，对其权力的行使进行事前、事中和事后全程监督。健全监督网络，形成以党内监督、人大监督、政府监督、政协监督、司法监督、舆论监督、群众监督等为主体的全方位的权力监督格局，保证权力在制度化、法制化的框架内运行。整合权力监督力量，使各方面的监督相互配合、相互协调、相互补充，从而汇聚起强大的监督力量。

（六）把握"四个并重"，构建监督工作新格局

紧扣权力和责任两个关键点，以"四个并重"为新抓手，主动转变监督思维与监督方式，力求找准日常监督的切入点和着力点，有效推进"三转"，以小切口做大文章，以小循环促快整改，培育"共识、共建、共享"监督文化氛围，构建全方位、全主体、全过程的监督工作新格局，保障和服务学校事业健康、良性、科学发展。

1.被动监督与主动监督并重。围绕师生切身利益，紧盯学生安全管理、管理干部在职学历进修、科研经费使用、财政专项绩效、合同项目管理、班子建设与干部监督等重点、热点和难点问题，联合有关部门主动开展调研监督，引导、指导、督促相关职能部门完善制度、细化规定，避免无制度、不规范带来的廉政风险。以政治生态建设为主线，经常深入基层单位专题调研、了解情况，与校班子成员、市管干部以及二级单位负责人"一对一"谈话，主

动了解、掌握更多的活情况、真信息和"烂故事",全面准确客观地了解学校的真实脉动,探索高校日常监督的有效抓手与突破口。

2.事后监督与事前事中监督并重。立足高校本身实际,充分发挥校内巡察主动发现问题的"探头"和"利剑"作用,打主动仗、打联动仗,重点在做好校内巡察的整改效率与效应上下功夫。完善"即察即改"的"小循环"机制,对巡察过程中发现的问题,要求被巡察单位即知即改,不再拘泥于"巡察—反馈—整改—回头看"的"大循环"模式,提高整改的效率,快速促进被巡察单位的管理改进与水平提升。建立"即察即转"的联动机制,对在巡察中发现的共性问题,召集有关责任部门及时会商,举一反三、以点带面、形成共识、查摆短板、主动整改,以部分单位的"有限巡察"推动全校面上的"联动整改",有效扩大巡察的联动效应。在促进整改的做法上,把纪委的监督责任与巡察办的督办责任巧妙地嫁接在一起,巡察成为联结党委主体责任和纪委监督责任的有效枢纽,监督工作重心实现了由事后监督为主转向与事前、事中监督结合,使监督成为一种外在式、协同式、陪伴式的积极管理。

3.反向监督与正向监督并重。坚持对违纪违法问题严肃开展监督执纪问责,指导督促召开处分宣布会和警示教育会,保持反腐败高压态势。针对日常监督工作过度依赖信访件的反向监督思维方式与工作惯性,主动提出向"治未病"为新理念的主动、正向监督转变,积极调研、挖掘基层、身边的好做法、好典型,树立可学可鉴可做的榜样群,发挥好正向的引领、示范、带动作用。通过正向监督,建设、培育、树立正面典型引领,营造良好的廉洁文化生态。

4.单独监督与协作监督并重。围绕激活部门基于自身职能的业务监督作用,积极探索纪检监察工作转职能、转方式、转作风的有效抓手,在主动、坚决退出原有文件中约定的、日常工作中"习以为常"的议事、协调机构和工作的同时,通过日常调研、常委会、校长办公会议事决策过程及基层反映的问题线索,分析、发现部门存在的"疑似问题",及时开展具体的情况沟通、问题分析、风险研判,摆清楚可能存在的问题与责任,唤醒部门自身的监督意识、"逼出"部门应有的监督责任。以新组建校党风廉政建设与反腐败工作协调小组为突破口，讨论、交流，深化认识、取得共识，形成协调小组议事工作办法。从主动撬动、横向联动上激活部门的责任主体意识、主动监督意识，把纪检监察的监督责任嫁接在部门主动开展监督责任的基础上，纪委的专责监督与职能部门的业务监督有效整合，监督体系的覆盖面、组织力与协同力出现良好的开端。

第二节　招生考试监督

教育公平是社会公平的重要基础和组成部分，高校的招生考试能够公正公平是教育公正公平的主要外在表现形式。高校的招生考试涉及多种，如本专科生及研究生入学招生考试，也有大学英语四六级等语言等级类考试。高校的招生考试决定广大学子的未来，近年来也出现了一些高校招生考试的违纪违法事例，因此，高校招生考试是廉政风险防控的重点区域、关键环节。如何进一步加强制约监督机制是高校面临的紧迫难题。提升高校招生考试领域的监督管理水平，不仅是高校招生考试自身建设的需要，也是高校纪检监察体制改革的内在要求。国家监察体制改革的推进，为高校监察监督机制的构建提供了新的思路和现实路径，其职权的充分发挥将为高校招生考试工作实现有效的保驾护航。

一、高校的招生考试违规违纪表现

在招生方面，随着国家给予高校招生自主权的不断扩大，高校在推进创新人才培养模式的同时，隐匿着招生中的腐败现象：利用机动指标变相点招考生牟取私利；借"卓越班""实验班"人员选拔之名，行更改专业之实，牟取私利；艺术校考中内外串通，营私舞弊；艺、体特长生资格审核、现场测试、成绩核定故意放水，牟取私利；自主招生过程中，利用考生资格审查、命题组织、试卷保密、考试监考、考卷评阅、成绩核定、名单确定等关键环节搞交易，牟取私利；研究生招录过程中，利用面试环节搞交易，牟取私利；保送研究生过程中，利用条件、标准设计搞交易，做人情，等等。

在考试方面，主要表现在违规出具成绩单和相关证明材料等，或出具与学生实际情况不符的成绩单和相关证明材料等；出题教师及教务人员泄露考试内容谋取私利；监考人员不认真履责甚至营私舞弊，评卷教师评人情卷，教务人员私自涂改考试成绩等。

二、高校的招生考试监督措施

（一）提高站位，做好廉洁教育

从为党和人民选才、为学校高质量发展聚才、为社会主义育才的政治高度来看待招生考试工作，阶段性举办招生规章制度纪律学习和教育，让工作人员熟练掌握招生政策、流程等。组织工作人员集中学习，签署诚信及纪律要求承诺书，定期开展警示教育，让工作人员真正认识到出现违规违纪招生考试会给党的事业、给学校、给干部职工带来损害，提醒严负其责、严管所辖，切实履行好工作职责，也让干部职工真正认识到违纪违法给自己、给家庭带来的严重后果，严于律己，时刻心存敬畏、遵纪守法，不犯错误。

（二）强化外部监督，充分利用舆论媒体等力量

充分利用外部力量以及社会力量监督，一定程度弥补高校在招生考试过程中存在的内部监督失效的问题。形成包括上级主管部门、社会公众、媒体舆论等在内的立体监督网络。招生考试在宏观层面涉及国家教育资源的公平配置问题，在微观层面关乎考生受教育权的合法保护问题，公开化和透明化是做好高校招生考试监督工作的重要方式。通过招生章程公示、录取结果公示、监督电话公示等多种方式强化外部监督。

（三）完善高校内部监督

建立一整套标准规范的执行流程。招生考试工作管理标准化和规范化的建设，有利于更好地适应当前形势下招生考试工作的监管与保护。具体来讲，

就是要从考试的组织、考试成绩的处理、突发事件的应急预案、招生录取的流程、操作系统的应用等方面列出清单，依据事项的特点和时间节点，逐条逐项进行归纳完善，建立或出台《考试组织流程图》《考试成绩处理规范方案》《招生录取系统操作指南》等工作文件，进一步打造知标准、懂标准、按标行、对标走的行为习惯，以标准文件的形式，"替代"监督者实行监督，减少人为的干涉和失误，确保招生考试工作的正常进行。

以自主招生为例：高校自主招生的标准流程就是审核资格、笔试、面试、录取这四个环节。一是资格审核环节。要对资格审核的标准进行统一和规范，切勿出现人为因素导致的不公平现象出现。二是在高校自主招生的笔试环节要对出题的标准和专家以及批卷的人员进行严格的把控，可实行招生与考试分离制度，由高校进行自主招生的录取工作，而考试工作则委托给专业的考试机构进行严格的管理即可。三是高校自主招生的面试环节，对于高校自主招生的面试工作，考场、考官以及面试题目都要进行严格的把控，要实行双隔离原则，即人员隔离和信息隔离，切勿出现面试问题、面试考官等内容外泄，诱发高校自主招生廉政风险问题。四是高校自主招生的录取工作，在录取工作开展过程中，要建立多方参与的录取机制，让老师、纪委以及校领导等参与到高校自主招生的录取工作当中来，在互相监督的过程中完成高校自主招生的录取工作，并将高校自主招生的录取结果对外公示，接受社会大众的监督与评价。

第三节　后勤基建监督

随着我国对教育投入的增大，高校后勤采购和支出日益增长，各地高校基础建设持续投入，扩建、迁建、建设新校园的情况频繁。高校后勤涉及物资采买、基础维修等，与高校基础建设领域一样，都涉及大额资金，是高校廉政风险较高的重点领域，如果不加防控，就有可能引发腐败问题，产生一定的经济损失，出现不良的社会影响。后勤保障及基础建设涉及教育教学、科研项目、学生管理等多个方面，对高校整体发展水平以及办学质量影响深远，抓好重点领域、关键环节的监督，做好高校后勤基建监督，才能降低廉政风险，切实推动高校教育改革和稳定高校发展。

一、高校后勤基建违规违纪表现

后勤方面：在后勤物资采购方面，供应商会提出让利、给予回扣等方式诱使采购人员从其所在公司进货，但在供货时又通过抬高物价、降低质量等方式从中牟利，产生不正当竞争行为。通常，高校每年均会投入大量资金用于采购日常消耗品等来保障学校各项工作得以顺利开展，同时食堂原材料等易耗品需求量也很大。近年来在高校中，其采购方式从原有的分散型变为如今的政府集中采购，虽然提高了工作效率、降低了采购成本，但是无形中提高了高校相关部门的采购权力。因此，采购部门利用其在物资采购的价格及品质上具有自主选择权的有利条件，选择供应商，收受贿赂，供应商则通过提升价格、以劣充优的方式牟取更多更大的利益。

公务车辆管理方面：违规用车、公车私用、私车公养；小故障大维修，虚列维修保养项目等。

资金管理方面：制度执行不力，违反国家财务收支管理规定，截留、挪用、坐支，公款私存或私设"小金库"问题；违规发放奖金；虚列开支，虚开票据套取现金等；账款应收不收、应付不付。

房产管理方面：申请、审批、使用程序不合规，缺乏有效监管；违规出租出借学校房产资源用于办班、经营等活动；对使用单位或个人缺乏监管与退出机制等。

固定资产管理方面：固定资产往往是高校后勤管理的痛点与难点，很难有学校能够做到申购合规、记录清晰、账物相符。存在问题主要是固定资产盘点不及时，账实不符；固定资产管理权责不明，损坏流失现象严重；固定资产违规处理，造成国有资产流失。

过程监管方面：有的高校在后勤物资采购方面未能实现有效的全过程监

管，表现为从采购计划编制、采购方案确定、采购交易执行、物资验收入库以及供货商服务质量评价分析等环节都缺少体系化的内控机制设置，未能实现闭环管理。

基础建设方面：由于基建项目具有专业性，高校在资质和队伍上都难以独立承担，基本与社会上建筑工程企业合作完成。基础建设方面可能出现的问题主要有，基础建设项目立项论证不客观、不充分，权力过分集中，个别领导说了算，或受外界干预影响，匆匆立项上马；暗箱操作控制招投标；捞政绩，搞形象工程，超标准设计，造成资源浪费；项目管理不严，权力滥用或受利益驱动，随意变更设计；基建材料以次充好；工作人员立场不坚定，吃请、收受贿赂，现场监督管理缺失，面对偷工减料、工艺不合理熟视无睹，出现工程质量问题；玩忽职守，验收结算不按合同程序执行等。

二、高校后勤基建监督措施

（一）常态化开展廉洁教育，把警示教育贯穿日常、融入经常

习近平总书记在二十届中央纪委二次全会上强调："要在不想腐上巩固提升，更加注重正本清源、固本培元，加强新时代廉洁文化建设。"不断创新廉洁文化宣传教育形式，把廉洁教育贯穿日常、融入经常，广泛开展廉洁文化建设活动，培育廉洁价值理念，教育引导高校后勤基建人员把尊廉守廉作为行动自觉，在高校积极营造风清气正、崇廉拒腐的教书育人环境。对高校后勤基建人员开展经常性和多种形式的警示教育，组织采购人员参观警示教育基地、观看廉政影片，通过典型案例剖析，提高自律意识，从中得到反思和警醒；通过学习先进事迹、模范标杆，坚定努力的方向，做到时刻戒尺在握，正确看待和行使手中的权力，从思想上构筑坚定的拒腐防线。

（二）常态化坚持问题导向，开展约谈提醒监督

通过多种方式了解后勤基建干部的思想、工作、作风、生活情况，提高监督的针对性和实效性，力求把工作做深做细做实，把责任和压力真正传导到位。开展常态化约谈提醒，有效提高党员领导干部廉洁自律意识，筑牢拒

腐防变思想防线。约谈提醒不是泛泛而谈，为使约谈更具针对性，要坚持问题导向，对于存在苗头性、倾向性问题或违纪情节轻微的，或者重点领域、关键环节和重要岗位的干部都是约谈重点，需要定期加强约谈提醒。对后勤基建的新任领导干部开展集中任前廉政谈话，促使其主动学习党纪法规，强化廉洁自律意识。要求领导干部带头遵守从业准则，自觉承担社会责任，敬业奉献、诚实公正、清正廉洁、严守法纪，做到政治强、业务精、纪律严、作风正；严格执行廉洁自律各项规定，自觉抵制各种歪风邪气，做到警钟长鸣、警示常在。

（三）梳理廉政风险点，建立廉政风险防控体系

针对高校后勤基建领域中各个环节可能存在的风险和容易发生的问题，梳理风险点，编制部门"小微权力清单"。根据不同岗位、不同层面、不同职级的工作实际，厘清权责清单。廉政风险点的排查要做到准确和全面。同时对照权责清单，细化工作流程，科学设置机构、管理层级、岗位职责权限，按照公开、透明、高效原则，分解权力事项，将审批权、执行权、监督权分离，逐项绘制"小微权力"运行工作流程图，明确"小微权力"制约和运行情况，形成层层制约的良性"小微权力"，在此基础上建立行之有效的廉政风险防控体系。

1.明确岗位职责查找机制。高校后勤基建领域涉及的岗位较多，若职责不明确，一旦发生问题，则会互相推诿。因此，高校应采取自上而下的方式，查找岗位廉政风险点，避免腐败事件的发生。

2.建立健全风险点防控机制。建立岗位风险查找机制后，对于所发现的风险点，需建立风险点防控机制，建立健全各项规章制度，积极防控。

3.建立健全监督体系。在后勤部门的权力日渐集中的趋势下，高校后勤基建领域应建立相应的监督机制，对权力运行、制度执行等环节进行严密监督，防止权力失控现象的发生。在监督的过程中，对于所发现的问题，应及时告知上级部门，并采取有力的措施予以解决。

4.依据廉政建设模式，完善各个岗位的职责制度、纪律制度和管理制度、

风险制度，分别从后勤基建领域工作内容、管理模式及风险点入手，实现工作的规范化，管理的制度化和风险控制的全面化，详细地将风险管理内容细化形成规范，便于展开岗位职责追查，且有利于做好后勤基建人员的生活以及作风监管，切实依据制度对人员本身和工作存在的问题进行处理，保证各项后勤风险处理有据可依，有章可循，不会出现权责模糊和追查失实的情况。

第四节　以调研监督方式监督高校科研工作

科研监督既是高校自身普遍重视、担心害怕、共同关注的重点、敏感和复杂的命题，也是社会关注度比较高、议论较多的话题。在国家大力倡导科技创新发展、教育放管服与教育评价综合改革的大背景下，在立足新发展阶段、贯彻新发展理念、构建新发展格局的大环境中，高校科研如何提高政治站位、把握目标定位、力求实践到位，科研监督如何适应、跟进、有效，成为高校纪检监察工作必须主动应对、自觉担当、有效破解的一个真课题。

以北京联合大学为例，以"科研调研监督"为主题，由学校纪委办牵头，联合校科技处、财务处、审计处、人事处及二级学院共同开展。调研立足国家、北京和学校有关科研制度、管理、政策等阶段实际，紧扣北京联合大学发展的特殊历史、特定阶段和特别需要，旨在通过综合调研，梳理需要关注、研究与解决的问题，从而提出需要系统、协同、合力解决的科研监督的相关建议，将调研监督作为开展具体监督实践的新共识与新遵循。

一、立足特定背景，把握工作真逻辑，提升监督站位

当前，学校科研发展总体处在总量上台阶、质量上层次、管理上水平、服务上效率的特殊时期，如何把握和处理好这四者关系，是监督工作需要重点考量和把握的大坐标。

（一）基于问题导向，善于小中见大

通过巡视、巡察、信访和财务、审计日常监督等反映出来的发展经费使用不规范、项目经费支出不合理、劳务发放不合规、经费结余搁置、相关制度滞后、管理职责不清晰、服务不到位、科研队伍建设组织化程度低、科研成果转化应用率低等方方面面的问题，只是反映出联大科研现阶段发展特点、管理能力与质量水平方面的一些表象。高校科研是一个事关全局、相互关联、多重作用的小系统，关联学校办学定位、院系专业发展方向、科研团队、平台、方向凝练，以及聘任考核评价等方面，包含科学研究、实验开发、成果转化等环节，表现为课题、论文、专利等形式，其所存在的问题也必然带有系统性、多样性和复杂性。这些问题既会涉及廉洁问题，也会产生相关风险，更影响到发展生态以及学校事业发展的长远大计。

从监督的视角看，绝不能视而不见，更不能就事论事，只见树木，不见森林。科研调研监督表达的是一种新的监督理念与文化，纪检监察的监督不是旁观者，也不是局外人，监督是一种外在式管理、陪伴性成长和制度性纠错，做好监督工作必须源于系统联系，注重协商协同协作，有效联动共担责任，才能解决好重点难点热点事宜，这既是小中见大的用意所在，也是检验各自的站位是否正确、履职是否到位、工作是否有效的试金石、晴雨表。

（二）拓宽监督视野，力求事中见理

高校科研小到教师个人的发展、职称、能力、积极性、名利等，大到教育服务社会需求的责任、能力与贡献，政府对学校的评价、考核与绩效，乃至国家的创新与发展竞争力等，所反映出来的诸多细、小、杂等问题，相互之间普遍、复杂、敏感、联动，关系到教师、学校、社会与国家，所有问题都会不同程度折射、反映、归结于制度、管理、服务、监督方面。

换言之，联大科研发展要上台阶、提质量，本质上考验的是学校整体的管理水平与能力。科研调研监督既要全面了解学校科研工作的实际，又不能仅仅局限于科研工作本身，需要把监督的视角拓展到科学研究与人才培养、社会服务、文化传承、师资队伍的成长与发展，特别是学校与社会的关系方面，以"六位一体"的大系统观念，对学校科研工作开展一次大视角、全方位、多主体的大诊断、大体检。这种实践探索本身就在于监督需要避免陷入就事论事，避免陷入就监督说监督的小循环、自循环与死循环，从有利于发挥好促进、完善、发展的作用与效果中提升对监督的认知、定位与评价，力求事中见理，合乎情，归于法。

（三）着眼全局大局，摆正监督站位

教育是国之大事，承担着为党育才、为国育人的重要的、历史的、战略的光荣使命。科研作为高校的一项重要使命与职责，是推动国家科技创新的重要阵地，是教师的能力培养与活力再造的重要载体，是应用型大学有效对接与服务社会发展的有效路径，也是服务立德树人根本任务、提升人才培养能力与水平的必经之道。如何在国家创新与发展竞争力提高的全局中定准位？如何在服务学校事业发展的大局中发挥好作用？作为教育发展的中坚力量和重要源泉，教师的发展本身也是事关根本、长远的大事。

如何从教师的视角做好激励与调动、管理与服务、规范与约束，是事关立德树人根本任务、双师型教师培养、有效服务社会发展的重要、敏感、关键要务。立足监督职责，以系统观念为指导、强化治理思维，注重从监督、保障、执行、促进、完善、发展的大坐标中把握监督的大逻辑，自觉强化监督的服务意识与监督的大局观、系统观、发展观，发挥好以监督保稳定、提效率、促发展的作用，防止以偏概全、一叶障目，避免监督中的缺位、错位、被动、风险和负面影响。

（四）注重目标统筹，找准共建逻辑

科研过程涉及科研当事人、所在学院与部门、职能部门、合作对象、研究团队等多主体，关系到科研选题、团队建设、成果价值、评价导向、考核管理、制度规范、条件保障等多要素。科研监督必须高度关注并了解当事人的诉求、感受与评价。从监督视角看，如何以他人的视角看自我监督的意识与责任，需要找准共同关注的大目标，用目标引导、统一、统筹，系统梳理、全面诊断、找准抓实链接相互之间共同诉求、困惑与关注的真逻辑，需要凝

聚监督共识、汇聚监督合力、培育监督体系、发挥监督效能，需要树立"治未病"的治理导向，从主体、权力、质效的视角切入，需要注重调研的全主体、全方位、全要素、全流程，剖析根源、综合施策，着力实现科研管理中的不敢腐、不能腐、不想腐的一体化推进，从而治理根除"病原体"。

（五）服务健康发展，力求近中见远

各个高校有自己特定的发展历史、阶段特点与不同问题。从高校自身的科研看，既是学校层面的社会职责所在、事业发展需要、日常重要事务，也关系到老师的职业发展、利益诉求与职业安全。从治理所需要实现的目标看，需要立足当下、注重长远。监督定位需要紧扣监督执纪问责、促进完善发展的新高度，兼顾好事业与队伍发展两个方面，强化健康、有序、高效、可持续的监督理念，统筹好问题导向、结果导向与目标导向的关系，充分考虑社会环境、制度管理、政策服务、内部文化、发展阶段、人员素质等方方面面的影响要素，既要做到尊重历史、立足当下，又要做到稳中求进、近中见远。

二、系统深度诊断，合力找出真问题，把握监督定位

科研主体在科研过程中的表现是最真实、最鲜活、最重要的，做好科研调研监督的分析、诊断，需要突出教师为中心，努力从他们关心、关注与关切的视角，去审视、反思制度、管理、服务与监督等事项，防止各说各话、自我循环、自我评价。问题的研判与诊断必须注重接地气、鲜活性、精细化、关联性，通过系统诊断，尽可能做到可知、可改、可察，这也是高质量监督的基础性工作和关键所在，也是培育共识共建共享监督文化的内在需要。综合分析调研中的各方面有效信息，需要从以下十个方面着手。

（一）认识与行为方面

对于科研经费，尤其是横向课题经费姓公还是姓私、经费的使用与支配权限等，仍存认识误区。对个人行为与工作行为辨识不清，极个别教师还有利用课题经费为个人、同事、团队或亲属、朋友谋利的行为。这种认识的普遍存在，既对当事人产生这样那样的误用、误导、误判，也对管理与监督产

生错位、缺位和不到位的潜在影响。应用型大学的科研定位认识多元化、难统一、有偏差，客观上有学校外部制度、政策、考核、评价导向等不清晰、有误导的因素，主观上也存在高校自身发展缺乏理性、清晰和务实的目标定位，存在与研究型大学定位缺乏区分、目标缺乏错位、资源盲目竞争的同质化、混乱性现象。部分教师对于科研制度认识和执行不到位，片面突出放大项目负责人的权力，忽视项目组成员的参与和监督作用，项目组成为形式与摆设。

（二）目标与定位方面

主要是对科研的目标与手段、项目与目标间的关联性、目的与目标方面的理解与认知上的迷茫与错位，对科研与学科发展的关系认识不清。有的学院不顾自身条件和学科发展需求，为科研而科研，盲目支持教师参加一些参与率低、贡献率低、关联度弱的校外科研项目。作为应用性研究，缺乏在服从服务大局中的定位，与相关市属委办局的合作不紧密、对实践需求了解不够细实，闭门造车、自我循环、自我评价成为普遍与误区，科研成果转化率低自然也成为一个伪命题。对于科研服务北京经济社会发展、国家发展战略的内涵和质量要求认识不到位、基础不扎实、服务面向不清晰，高校科研在服务立德树人根本任务上切入点不准、着力点不清、落脚点散乱，存在一定程度的重科研轻教学、重科研轻服务的偏差，"科研反哺教学"成为又一个真问题、假命题。

（三）任务与需求方面

科研的目标需要缺乏与教师个人暨团队发展需要的有机链接，缺乏具体的匹配、细化、分工与协作，组织化程度严重不适应，职能部门与学院纵向之间缺乏深度的交流、研判、论证，学院内部缺乏统筹、有序、有效的组织与激励，学院之间缺乏相对的分工、协作与联动，导致有限的资源要素缺乏目标导向、有效的集约，低水平的重复与忙乱无序成为常态，影响到总量的实现与质量的提升。

（四）科研与全局方面

科研作为高校一项基本的、重要的职责，不可能独立存在，目标定位与实践过程都需要处理好科研与教育教学、科研与人才培养、科研与文化传承、科研与教师个人与团队职业成长、科研与相关职称待遇利益、科研与社会需求等的关系，相关制度、管理、政策等的制定以及运行，未能充分考虑到高校科研工作的综合性、特殊性，科研支撑教学、科研服务人才培养、科研服务思想政治教育、科研服务师资队伍培养、促进立德树人目标实现等方面体现不够，存在这样那样的扭曲、偏差和失范，既影响到科研人员的健康、可持续和高水平发展，也影响到学校事业的发展、质量与水平的提升。

（五）个体与团队方面

个体户、单打独斗的行为比较普遍，不仅不利于创新，也不会对内涵发展起到更大的、长远的、有效的支撑、促进和服务作用。部分教师对于科研制度认识和执行不到位，片面突出放大项目负责人的权力，忽视项目组成员的权益、参与和监督作用，项目组其他成员参与度不高、信息不对称，监督作用失灵。项目负责人不熟悉相关制度和业务流程，用连号发票回避合同；成果转化理念、方式不适应市场与社会的变化，科研成果转化率低。科研平台数量、布局、组织、运行机制未能发挥好引导、凝聚、整合、激励和显示的作用。

（六）制度与管理方面

各级各类科研项目制度规定繁杂，科研部门、财务部门对于政策解读的权威性和有效性不足，导致具体工作中存在边界不清、底线不明的情况。目前，高校承接科研项目可分为横向、纵向两大类十余项，有关各级各类项目的大量制度、规定、实施细则众多，缺乏统一规划梳理。既存在内容交叉重复、程序烦琐低效的情况，又存在各项制度各管一段、形成管理空白地带的问题。科研工作的定位缺乏全局意识与系统观念，重申报、轻结题、轻考核，重项目、轻目标、轻实效，重流程、轻服务、轻效率，重管事、轻管人、轻监督。存在科研考核与教学考核的联动不够、失衡现象。科研工作过程中的部门与学院尚未形成一个整体，存在各管一段、选择性履职、对接不畅、各忙各事、忙乱无序的情况，有的学院不知道有科研管理经费，有的学院不知道如何用科研管理经费，造成管理服务的空白点、错位点，也不利于有限资源的最大化利用。部分学院存在科研项目材料费支出不规范、无入库登记及领用手续的情况。科研管理、审计、财务等相关制度不够完善，细化、衔接不够。专利转让部分收益学校获得后，后续培育没有制度明确。

（七）服务与监督方面

在对基层的培训、服务上，局限于有限的几次培训，无法全员覆盖、主动应对各类个性化的关注与疑惑，极易造成老师的没参加、不学习、不理解与执行的偏差与违规，成为一个各说各有理的死扣。科研人员不熟悉相关业务流程与要求。部分教师在科研课题申报程序上缺乏专业知识，尤其在项目预算编制环节，科研项目经费的负责人没有专业的财务知识，相关预算没有测算依据，不能反映科研过程中的科研成本，导致日后预算科目与报销科目冲突，导致预算频繁调整，而影响项目整体执行情况。部分教师在科研课题申报程序上缺乏专业知识，尤其在项目预算编制环节，导致有钱花不了或者预算频繁调整，影响项目整体执行情况。职能监督偏弱，经费审批管理流于形式。财务监督一方面失之于宽，过多关注面上各种票据的真假和报销金额限制，忽视对各类报销与课题相关性的监督把握；另一方面施之于繁，各种烦琐的审批签报程序极大拖延了课题开展进程。对于审计发现的科研项目结项中的经费问题，只是对违规经费予以追回，存在只纠不正的情况。审计结果应用没有与科研、财务、纪委办等部门共享。

党委对科研工作的监督意识不强，将科研工作作为单纯的业务工作，忽视其政治属性，缺乏主动监督、深入监督和有效监督，对发现的问题整改力度不够，对于科研经费使用情况的监督基本都是事后监督，存在一定的滞后性。审计处的监督在一定程度上缺乏横向联动，对审计发现的有些问题只纠不正，只做经费追回处理，没有进一步的处理举措。各类监督贯通协调不畅。党委监督、纪委监督、职能部门监督还未实现贯通协调，信息共享、联合处置的体制机制不健全，影响监督效能发挥。

（八）运行与绩效方面

科研工作运行中存在放管边界不清、底线不明，制度、管理规范与流程方面存在相应的短板、滞后、不平衡、不规范，科研运行中精细服务缺失。财务报销程序相对烦琐，项目经费支出存在赶进度的情况。科研经费系统化管理有待加强。归口管理的科研部门与项目承担单位、课题负责人（报销人员）与财务部门存在信息不对称的情形，业务部门服务科研工作的精细化程度不高，导致相关科研工作没钱花、不会花、花钱难的问题长期存在。

（九）处室与学院方面

相关制度设计不合理。科研系统烦琐，课题结题后的奖励流程过于复杂；横向课题、纵向课题用同样的激励办法，个别文件制度参考其他学校较多，与本校实际结合不够；对相关政策的解读、指导不够。有关制度建设存在空白。低值易耗品学校缺乏统一规范的制度与管理，校本部和副局级学院没有统一采购标准要求；项目管理费如何使用未明确，部分学院存在不敢用的情况。对部分科研人员积极性调动不充分。分类管理力度不够，评完职称的教师科研动力不足，40岁以上的老讲师科研提升难度很大，科研奖励获得者基本是负责人，其他人员认可较少。部分学院设备存放存在困难。学院之间、系部之间缺乏开放共享的平台与机制学院，相互之间重视争空间、争资源，对资源的利用率与绩效缺乏跟踪与评价。存在服务保障不到位的情况。有的学院科研团队中研究生数量较少，很多基础性工作由教师本人完成，教师需要释放时间、空间资源。财务助理专员制度等体制创新亟待突破。部分学院设置了科研工作的财务助理，主要职责是负责学院相关课题的财务报销工作，一定程度上实现了为科研人员减负、推进科研报销规范化的效果，但目前只是个别学院的内部尝试，未形成有效机制。学院党委、行政对科研工作的监督意识不强，日常监督不深不细。科研管理结构和人员配备不合理。学院主管科研工作的副院长是兼职，各项事务繁重，监管有难度。科研管理人员呈倒金字塔结构，学校层面的科室不断扩大，下面学院往往就是一两个人员对接，人员配备不到位，精细化管理有难度。一些比较敏感的问题需要进一步规范，比如大笔科研经费使用是否上党政联席会的问题。

（十）内部与外部方面

高校的科研既是自身的社会职责所在，也是链接学校与社会的一个纽带、抓手与载体。通过科研合作，建立起高校与政府、企业、科研单位、其他高校或者科研管理部门、社会中间组织等广泛、多样的合作关系，这种合作是应用型大学的重要路径和共建命脉。科研监督工作必须兼顾校内外的不同制度、管理与要求，既不能简单照办、影响内部的平衡、协调、和谐，也不能闭门循环、自说自话，影响健康的合作与教师的积极性。这就需要制度上的贯通、管理上的协同、运行上的融通。

三、共识共建共享，确立监督真目标，确保监督到位

坚持调研监督多角度，推动各类监督贯通协调。纪委的专责监督与二级党组织的全面监督、业务部门的职能监督、基层民主监督，以及财务监督、审计监督的贯通，既要找准日常监督的坐标、轨道和路径，也要找准监督的小切口、真抓手、硬实招，尽可能做到提出的监督清单认可、针对、具体、可行、管用。

（一）基本与根本

有三个基本也是根本的问题需要高度重视、形成共识、集体遵循。一是高校的科研站位与目标统筹问题，需要在"六位一体"的系统中，重新系统审视与完善制度、管理、政策、绩效、考评、职称评定等方面。二是应用型大学的科研定位与发展评价问题，作为一个实践性的课题，为什么、搞什么、怎么搞、如何评，是政府部门、教育管理部门与学校管理者必须主动面对、认真解决的基础性、关键问题。加以明确的价值导向、目标引领、行为矫正、绩效评价。三是科研经费属性的问题，必须明确是学校所有、纳入预算管理、支出必须符合制度与管理规定，每个人、各个组织都必须自觉遵守、严格执行。对科研者本人、职能部门与管理者、监督者来说，都需要明确、统一、

规范，防止人云亦云、不明其理，陷入认识上的顺从与惯性，防止监管中的理不直、气不壮。

（二）目标与轨道

必须高度重视并解决好三个层面的问题。一是做好项目化向目标化的转变。高度关注"项目化"对教师个人与学校事业发展的危害与影响，注重用目标引领、凝聚、规范和约束科研主体与科研行为。这个目标需要解决好社会需求与科研主体的价值追求的吻合，需要立足学校所能提供的条件支持与管理服务，需要把握好基础、可能与潜力。二是做好个体化向组织化的转变。高校的科研是组织行为，不应异化为教师个人的爱好与利益表达。团队化是科研的基本组织单位，既有利于协作创新，又有利于汇聚合力，更有利于产生综合的带动与可持续发展。组织化就是以团队为抓手，按照贯通选定的、明确的、具体的研究目标，有序地开展排兵布阵、用足用活用好人才资源，产生最大的合力、活力和动力。三是做好分散化向集约化的转变。核心是校内外制度、政策、项目、资金、团队、考评、考聘等各个科研要素，必须改变部门分割、学院竞争、面上开花、漫天星星的现状，用目标引导、凝聚和汇合各个方面的积极性，以目标为遵循，做好各个要素的统筹、集成、聚合。"十四五"提出的学科为龙头，就是新的、明确的导向与抓手。

（三）创新与改变

践行新发展理念，需要从以下三个方面推动传统管理向治理的方向转变。一是从传统的"管理=人+事"的事务性管理模式，向"治理=目标+主体+权力"的目标性治理模式转变，重视各个主体间合力、活力、动力的激励与培育。二是注重整体战略目标、阶段性重点战役和有效性战术的统筹、协调与衔接，促进科研工作的高质、有序、健康、持续。三是注重部门之间、部门与学院之间、学院与学院之间、团队与团队之间、团队与合作对象之间，需要强化利益共同体意识，真心实意搞合作、真刀真枪做研究、真金真银求实效。

（四）教育与约束

一是要加强对项目负责人及其成员的科研财务基础知识培训、党规党纪教育，尤其要加强警示教育，选取典型，用身边事教育身边人，坚决纠正科研经费属于个人的错误思想。二是要强化项目负责人自我监督、审核把关的主动性和积极性，按照规定可以自行安排经费使用范围，同时对其支出的相关性、合法性负责，自觉接受有关部门及学校的监督、检查、审计，强化自我约束和自我规范。充分发挥项目组成员的监督作用，实现科研项目团队的自我监督，通过信息公开、交叉签字等手段，扩大项目成员的监督权限。三是项目负责人出现弄虚作假、截留、挪用、挤占项目经费等违反财经纪律行为或者有关规定的，按照学校规定予以处罚；严重违背科研诚信的，实行黑名单管理；触犯法律法规的依法追究其法律责任。

（五）指导与支持

一是发挥好职能部门的独特作用。在创新制度、出台政策、争取外部资源与平台、促进对外合作与交流，出台有效举措，最大限度地激励和支持学院、教师积极开展科研攻关与社会服务。二是强化学院的主体地位与属性。重点围绕理顺校院关系，加强学院管理与服务团队的建设，把现有的过多集中在职能部门的行政资源中心下移、下放到学院，给予学院更多的自主权和话语权。三是在为学院、教师减压、减负、减劳方面大胆探索、主动创新。

（六）管理与服务

一是明确科研的目标方向、价值导向和评价走向。贯穿、体现在转的制度、管理、政策与系列评价中。二是要统筹考虑教师负担重的"真问题"。积极总结和完善教师自己创造的"财务助理"制度，多种形式呼应需求，把财务部门的向下延伸服务与课题组的自我服务，通过制度设计与政策支持有效衔接起来。加强二级学院科研管理团队建设，选齐配强，加强专题研讨、专业培训和专门交流，针对性提高引导力、组织力和服务力。三是探索建立高度整合的科研信息共享服务平台，通过信息化手段，整合科研管理部门、财务部门、资产管理等部门的共享科研信息资源，减少经费使用过程中的重复审批。要紧扣教师关心、关注与关切的问题，整理出权威性、规范化、专业性、系列化的培训、学习讲座，方便教师自学、实用。

（七）激励与调动

一是要重视科研价值观的建立与引导。建立健全以创新质量和共享为导向的绩效评价体系，建立科研项目绩效分类评价体系，强化绩效评价应用，跟踪经费的使用情况，及时发现单位科研项目经费管理过程中的漏洞及不足，实现动态监管和主动服务相结合。二是注重制度的全面性、规范性建设。科研部门要将监督融入放管服的政策制定和执行中，进一步整合科研经费管理规章制度，该合并的合并，该简化的简化，该废止的废止，同时提升对相关制度解读的权威性、宣传的有效性、执行的规范化。三是优化部门的职能服务。财务处要进一步加强预算管理、下放科研项目预算调整权限，开展项目预算申报指导；增强服务意识，扩大科研人员经费使用的自主权，优化管理流程，让科研人员少一些财务方面的束缚和时间浪费，把更多的精力放在科研探索上面；健全科研财务信息内部公开制度，使得经费报销公开透明。审计处要加强对科研审计一般性问题的处理，敢于纠正突出问题、典型问题，及时纠正涉嫌违规违纪甚至违法问题。

（八）监督与矫正

一是重视从源头抓监督、激活内在的监督力，强化自我监督的唤醒。重点在还原课题组真面目、细化成员的责权利、做实身边的真监督上做足绣花功夫。二是要加强对制度体系建设的监督。督促职能部门健全完善科研项目管理制度体系，结合内控机制建设，扎紧制度笼子，推进流程化、信息化建设，靠制度管人、管事、管项目。做好制度执行情况的监督检查，对违反制度的行为进行严肃处理，树立制度权威，强化刚性执行，真正使制度带电长牙。要加强不同职能部门监督的贯通协调，设立跨越不同部门的科研监督讨论议事机构、信息共享平台、联合处置机制，形成监督合力。三是要注重对项目全周期的监督。项目申报阶段重点抓好集体研究和专家评审，坚决防止少数人违规决定重大项目申报，积极探索组织相关部门对项目进行技术要求、经费预算、必要性的集体会商，组织内外部专家进行评审。实施阶段重点抓好过程跟踪和监督检查，督促职能部门对项目可能存在的进度、技术、质量、廉洁等风险事项进行及时分析研判，发现问题，及时纠偏。通过不同监督主体、业务部门的沟通交流机制，及时汇报和掌控项目进展情况。做实科研项目评估工作，每年定期选取一定数量的科研项目进行全生命周期的评估检查和绩效考核，尤其突出廉洁风险考核，查漏补缺，规范制度，建立长效机制。

（九）示范与引领

一是引领科研主体。要加强对教师的教育、管理和监督。建立科研工作重点领域关键环节清单，重点关注科研工作关键少数、承担高级别大额度科研项目人员以及问题多发领域。压实日常管理责任，组织做好廉洁约谈，签订承诺书，将廉洁提醒事项融入科研项目管理，经常性开展提醒。统筹监督力量，共享监督信息，形成监督合力，及时发现苗头性、倾向性问题，做到治微病，防未病。推进教师科研诚信机制建设，对于有意出现的违规行为，直接和教师本人薪酬待遇、职务职称晋升和岗位调整挂钩，视情节轻重给予批评教育、阶段性限制、组织处理和纪律处分。二是理顺部门履职。职能部门履职要避免事无巨细、闭门忙乱，需要重新构建起职能部门与二级党组织的良性工作机制。立足各个学院、部门历史的、发展的、工作的、监督的不平衡性，需用区别工作法、分类、分层、分段的思路。三是加强示范带动。要重视培育、发现、运用典型示范引领、带动促进，善于用联大自己的蜡烛点燃另一支蜡烛，避免墙内开花墙外香，内部不认同，各着各的急。

（十）健康与有序

一是要唱响主旋律。各类监督要协同发挥好促进、完善、发展的作用，坚持严的主基调和三个区分开来相结合，客观真实、实事求是地分析问题原因，为想干事、干成事、不出事的良好发展氛围与环境，激励、调动和保持广大科研工作者的积极性和激情、活力。二是要平衡推进。统筹推进科研、财务、审计等职能部门的管理、服务与监督作用，完善制度、衔接流程、优化路径、简化事项、提升效率上做探索、创新和提升。把握好营造良好的科研工作氛围与保持惩治腐败高压态势的关系，运用好反面典型的教育、警醒和影响作用。三是以"四个并重"（事后与事前事中监督并重、被动监督与主动监督并重、正向监督与反向监督并重、纪委单独监督与部门联合监督并重）为抓手，在培育全新的监督文化，构建和谐的监督机制，汇聚有序的监督合力，提升有效的监督效应方面做探索、下功夫、求实效。要在完善制度、优化管理、简化流程、提高服务效率上做创新、提效率。以科研监督清单为抓手，营造良好的科研工作生态，完善健康的科研工作链条，服务科研队伍的健康、幸福、和谐发展。

第四章

监督文化培育

第一节　监督文化

一、监督文化的内涵

"文化"一词在中国最早见于《易经》："关乎天文，关乎人文，以化天象。"意思是以文和德来感化天下。《辞海》对文化的解释是，"广义指人类社会历史实践过程中所创造的物质财富和精神财富的总和，狭义指社会的意识形态，以及与之相适应的制度和组织机构"。社会意义的文化概念指所有的人文现象，包括各种行为方式、态度、价值和信仰。文化是一种历史现象，每一个社会都有与其相适应的文化，并随着社会物质生产的发展而发展。辩证唯物主义认为，文化是人类在改造客观世界和主观世界过程中形成的书本知识和实践知识的总和。文化属于社会意识的范畴，有先进和落后之分。文化，根本在"化"。这个"化"就是内化、融合、升华和超越，把做人处事之道渗透到灵魂里，因而，文化对人的影响是潜移默化、和风细雨的，这种影响一旦被人们所接受，其作用却是根本性、长期性的。

党的十八大以来，以习近平同志为核心的党中央不断深化对党的自我监督、国家监督、人民监督的系统思考和实践运用，着力构建以党内监督为主导、各类监督贯通协调的党和国家监督体系，以监督为抓手不断推进党的自我革命、增强党的自我净化能力。新时代的监督文化源于党领导的伟大监督实践，是推动保障监督者高效履职、被监督者主动作为，实现监督在社会生活和现代化治理体系中自然融入的各种思想、理论、制度、规范以及行为方式、评价标准的文化总称。加强新时代的监督文化培育，将监督的刚性与文化的柔性相统一、约束与激励相结合，不但有利于破解新形势下的监督难题、有效推进党和国家监督体系建设，更是将监督融入治理、实现治理体系和治理能力现代化的重要路径。

二、监督文化的特征

监督文化作为内隐性和外显性的统一，既具有制度强制约束性的特征，也具有文化导向性的特征，同时又具备稳定性的特征。

第一，强制性。监督文化的强制性主要体现在制度的遵守和执行方面。监督文化以刚性的监督条例、规章准则为准绳，以严厉的惩戒措施为保障，明确规定了监督的权责任务，明确了广大党员干部的职责，在应该做和不应该做之间划分出了明确的界限，并且要求党员干部进行严格的执行，对于违规乱纪行为，必将作相应的处罚。这种强制性对广大党员干部形成了一种外在的约束力，促进广大党员干部不断规范自己的行为，遵守、维护监督制度，这有利于不断强化监督的严肃性，增强权威性，不断提高党员干部执行监督的力度和自觉性。

第二，导向性。强制性是促进监督有效实施的必经环节，导向性则是监督文化所追求的目标。监督文化的导向性是指在内隐性的作用下，通过对监督制度的宣传教育，发挥出内在隐性文化潜移默化的作用，为广大党员干部提供思想引导，促进党员干部不断加深对于监督的了解，明确具体的任务职责，增强党员干部对于监督的认同，不断激发监督意识，逐渐形成遵守制度的文化氛围，不断培养党员干部的监督自觉，促使党员干部不断地主动规范自身的行为，保证权力的正确行使。

第三，稳定性。文化的形成需要一定的过程，但是形成之后就会展现出一定的稳定性。随着社会环境的变化发展，监督文化会呈现出不同的表现形式，具有变动性，但是监督文化所蕴含的内在精神却具有相对稳定性。随着监督实践的深入开展和社会环境的变化发展，监督文化会被注入新的内容，但是根本精神内核却会在与时俱进的发展中得到传承，并根植于人们的内心，发挥着文化的熏陶作用。

三、监督文化的功能

培育新时代监督文化旨在打破基层监督的多重认知难题。监督作为发生在"监督者"与"被监督者"之间的双向行为，涵盖了个人与个人、个人与部门、部门与部门乃至部门自身的多重逻辑关系，并具体化于现实的监督情境中。当前，受制于个人的思想认识局限、机构的定位与运行不畅等因素，基层监督的有效实现面临着普遍的"困境"，迫切需要以监督文化的进一步培育破题。

首先，以培育监督文化破解监督者与被监督者的"二元对立"难题。一般来说，监督意味着规范、约束、找错、纠偏，基层实践中普遍存在大多数人不理解监督、不喜欢被监督等现象，渴望"绝对自由"，希冀"永远正确"，这种思想认识是唯心的，也是不切实际的。古人"闻过则喜"，只有正视问题并积极改进才能实现个人的不断进步、事业的有序发展。从这个意义上说，监督者与被监督者并不是简单的对立关系，二者统一于个人发展与社会进步的实践。监督的价值不在于约束纠错，而是有效地促进发展，被监督者应该增强接受监督的自觉，监督者同样应该有一种"为他利他"的价值认同与服务意识，将"严管"与"厚爱"相结合，实现监督与发展的良性促进。

其次，以培育监督文化破解监督与管理的"裂变"难题。监督也是一种管理，但是在实践中，二者有一种"裂变"的趋势，尤其是从专责监督机关与其他部门的工作关系看，基层实践中普遍存在的监督者与不同管理主体关系不融洽、相互不理解、配合不到位的问题。为了进一步纠正以各自为中心、自循环、小循环的"事务思维"，需要从监督与管理的内在关系上找到共同的出发点与落脚点，把监督作为一种外在式管理，把监督融入管理的全过程、全主体、全方位，与管理者同心、共情、共频。

最后，以培育监督文化破解专责监督与其他监督的"分化"难题。党的十九届四中全会提出要构建以党内监督为主导、各类监督贯通协调的监督体系，发挥纪委专责监督等各类监督的合力。但是从专责监督与其他监督的关系看，基层实践中普遍存在纪检监察专职监督开展难、难开展，日常监督容易被割裂、孤立和进退两难，其他各类监督的主动性不够、斗争性不强、有效性不够，监督合力难以形成等现象，需要专责监督者还原到其他监督的视角，找到一种共同但有区别的"目标认同"的共同体意识和共建共享的"协同意识"，深入拓展信息沟通机制、线索移交机制、成果共享机制，拓宽联系范围、细化沟通内容、健全协调机制、巩固协同成果。

四、培育监督文化的时代意义

文化若水，源泽深厚又润物无声，带有极大的包容性和渗透力。培育新时代的监督文化，以文化的柔性力量融合各类监督主体、客体的思想认识，"润滑"关键要素媒介的运行以及贯通协调机制，"畅通"监督与治理的深度联结与正向呼应，有利于进一步增强党员领导干部开展自我监督、履行职责监督、接受他人监督的积极性和主动性，切实提升各类监督的系统性、全面性和有效性，影响重大、意义深远。

首先，培育新时代的监督文化，有利于进一步坚持和完善党和国家监督体系。党的十九届四中全会将"坚持和完善党和国家监督体系"列为重要内容作出专门部署，要求健全党统一领导、全面覆盖、权威高效的监督体系。培育新时代的监督文化，能够为党和国家监督体系的构建提供良好的社会环境和舆论氛围，引导广大党员干部围绕监督形成共同遵循的价值观念、思维模式、行为准则，牢记党内监督在党和国家监督体系中的根本性地位，不断推进各类监督的贯通协调，在党中央集中统一领导下，以党内监督带动各方面监督，进一步完善对权力运行的制约和监督机制，一体推进"不想腐、不能腐、不敢腐"的体制机制。

其次，培育新时代的监督文化，有利于进一步助力党的自我革命。习近平总书记指出，勇于自我革命是我们党最鲜明的品格，也是我们党最大的优势。推动党的自我革命，既要靠各级党组织严格要求、严格教育、严格管理、严格监督，又要靠广大党员、干部自觉行动，主动检视自我，打扫身上的政治灰尘，不断增强政治免疫力。培育新时代的监督文化，能够以文化的柔性力量将监督的刚性要求融入广大党员干部特别是领导干部的内心和日常，形成一种内在的、集体的、自觉的认可与共识，不断增强直面问题的自觉和刀刃向内的勇气，并以彻底的自我革命的精神加以解决，深入推进全面从严治党，始终牢记初心使命。

最后，培育新时代的监督文化，有利于进一步提升国家治理体系和治理能力的现代化。党和国家监督体系是国家治理体系的重要组成部分，监督是一种基于全局、系统、长远、有序、健康、高质量发展与目标性引领的治理，本质上是一种外在式管理、探索性实践、集体性试错、渐进式完善、强制性纠错。培育新时代的监督文化，将外在监督管理与内在试错容错机制相融合、规范权力运行与先行先试创新相统一，在明确划定各自边界的基础上保障各项治理的精细化、科学化运行，无疑能够更好地应对"百年未有之大变局"形势下的诸多不安全性、不确定性因素，有效激发治理活力，释放治理效能，提升治理质效。

五、高校监督文化培育原则

实践是检验真理的唯一标准，也是文化孕育的土壤和媒介。对于高校来说，培育新时代的监督文化，也要深深扎根于中华大地、紧密依托于高校立德树人的实践，以监督的视角审视一个个具体的实践问题，以文化的视野探究各类问题背后的深度逻辑，精准施策、协同发力。

首先，坚持小中见大、注重部门联动，自觉提高各类监督的政治站位。

作为纪检监察机关，督促各部门认真履职、主动担责、联动破解各类工作难题是承担政治监督的具体表现，也是日常监督、专项监督的重要内容。在这个过程中，必须有"以小见大"的政治眼光和格局定位：明晰"大的意义"，提高政治站位，引导督促各相关职责部门将一个个具体的问题解决放置于社会和谐、安全、稳定的大局中考量；实现"大的联动"，改变解决复杂问题的各部门"单兵作战"态势，引导各部门从"各自自转"向"联动作战"转变，打好组合拳、歼灭战。近年来，很多单位都不同程度遇到了各种缠访、闹访以及重复访的问题，这些问题往往与一些历史遗留的、多个部门职责交织的、粗放式发展模式下造成的深层次矛盾重合，面对这些问题、解决这些问题需要智慧，更需要担当。通过调研发现，很多这类问题不是不能解决，而是由于长期处于各个部门"都管又都不管"的灰色地带，导致问题长期被搁置以致错过解决的最佳时机，新问题成了老问题，简单问题成了复杂问题，程序问题成了利益问题。实际上，问题绝不会因为视而不见而销声匿迹，只会愈演愈烈。面对这种情况，纪检监察机关必须敢于站出来，不做旁观者、局外人，而是要主动作为，督促各个部门提高政治站位、增强大局意识、积极认真履职，牵头成立破解缠访、重复访问题的联动机制，加强信息沟通共享、梳理制度程序漏洞、分层分步化解难题。要切实做到"以事为鉴""举一反三"，通过对缠访问题处理的"回头看"，进一步督促引导各个部门认识到应该如何以政治的视角看待问题、以联动的机制解决问题，以监督督促问题解决、提升治理效力。

其次，坚持事中见理、挖掘深层机制，不断校正各类监督的职责定位。纪检监察机关开展监督必须紧密结合工作实际，但又不能陷入"事务思维"、单纯就事论事，更不能有监督上的"功利主义"思想，把监督简单定位于、止步于、满足于发现问题，而是要透过事件看本质，通过个案剖析反思体制机制，通过开展监督提升有效治理。近年来，很多高校都出现了涉及学生主体的各类刑事案件，不但对学生本身的前途命运造成负面影响，干扰了学校正常的教学秩序，而且也极大损害了高校的社会公信力和美誉度。

如果高校学生的刑事案件出现一起是偶然，那么这种长期、多次出现是不是就体现了一些必然的存在？偶然的因素能否杜绝、必然的因素是否应该根治？在各种偶然与必然之后是否对应着意识的疏忽、管理的疏漏、体制的弊端？应该说，高校有关学生管理部门和相关机构在这方面的思考是缺位的，相关的制度措施也往往是浮于表面的。对于高校纪检监察机关来说，面对这样的看似偶然但影响极大的负面事件时不应该缺位，而是要坚持"抽丝剥茧""事中见理"，透过一个个看似偶然的、孤立的、突发的事件去核实相关部门是否教育到位、措施到位、职责到位，去查验相关育人机制、安全机制、宣传机制是否有序顺畅，能够充分减少甚至避免类似事情发生，减轻负面影响，依规依纪定性处理，科学合理定量分析，把相关职责"挖出来"还给各个职能部门，并认真督促其规范、充分履职。

最后，坚持行中见责，注重绩效导向，力求监督协同的有效到位。高校纪检监察机构的作用发挥体现在围绕中心、服务大局的过程中，监督保障执行，促进完善发展，贯通党委主体监督、部门职能监督、群众民主监督，以监督促各项事业提升质效，实现高质量发展。近年来，高校科研工作获得了越来越多的关注，是高校落实社会服务职能、提升经济发展动能的晴雨表，也是其完善内部学科建设、优化人才布局的指挥棒。在国家的大力支持和引导下，高校有关科研项目越来越多、涉及金额越来越大，与社会各个层面广泛联结、与内部各项工作深度融合，进一步凸显了高校科研监督的紧迫性和复杂性。

从现有的实践来看，做好高校科研监督有三个层面的工作内容：一是国家科研相关政策和导向是否在学校中心工作中得到充分体现和落实，此项工作主要对应的是党委主体监督；二是高校内部围绕科研工作的部门职责与分工联动是否科学合理、激励保障机制是否顺畅有效，此类工作主要对应的是部门的职能监督；三是高校科研团队在具体的研究过程中是否能够诚信科研、依规依纪执行各类经费的报销使用，此项工作对应的是相关教师的民主监督。纪委立足于"监督的再监督"的职责定位，既要对科研工作中的违法违规违纪行为开展直接监督，又要对各部门的监督职责履行情况进行"二次"监督，发挥监督的协同作用，实现各类监督贯通的合力。

第二节　监督文化培育路径探析

文化的形成不是一蹴而就的，需要不断积累、持续强化。特别是监督文化作为一项复杂的系统工程，更是需要秉持开放的视野，从思想引领、制度构建、实践探索等多个维度积极探索。当前，加强监督文化培育，要不断完善党和国家监督体系建设、拓宽监督渠道，搭建监督平台，同时也要加强监督的理论研究和宣传教育，增强人们对于监督的认同感，逐渐形成人人参与监督、自觉接受监督的良好氛围。

一、健全完善党和国家监督体系

文化是在完善的制度体系基础之上逐渐形成发展起来的，完善的监督体系是加强监督文化建设的前提和基础。建立完善的监督体系，要不断落实各级监督责任，促进纪检监察体制的改革，调动各方面的因素不断增强监督的合力，提高监督质效，织密制度之网，使得党和国家的监督沿着正确、规范的轨道有效运行，不断为监督文化的培育提供完善的制度体系保障。其中，党内监督在整个监督体系构建中又处于核心地位。

（一）突出政治纪律监督

党的纪律是多方面的，但最根本的是党的政治纪律，遵守政治纪律是遵守党的其他纪律的重要基础。加强政治纪律监督，首先要不断提高政治敏锐性，要对广大党员干部的政治立场、政治思想进行监督，要监督党员干部是否做到了"两个维护"，是否认真学习贯彻党的理论知识，在执行落实党中央的重大决策、方针、路线方面是否到位。对于出现的问题要从政治纪律着手，始终从政治上发现、纠正问题，通过严格的政治纪律监督，不断压实责任，端正党员干部的思想，确保广大党员干部牢固树立纪律意识，不断提高政治站位，坚定政治信仰。

加强政治纪律监督，要发挥出日常监督的作用，通过参加相关会议、与党员干部进行谈话等，不断了解党员干部的思想意识，对于出现偏差的思想、行为进行及时纠正，防止党内出现不按照规矩按照"潜规则"办事的现象，防止出现弄虚作假、言行不一、拉帮结派等不良现象，不断约束、规范党员干部的言行，确保正确的政治方向，提高党员干部执行政策、方针的自觉性。突出政治纪律监督，也要在落实落细上努力下功夫，要坚持纪律面前一律平等，遵规守纪没有例外，加强对广大党员干部落实相关制度精神的情况进行检查，对于无视、违反纪律的行为要及时不断地进行纠正，不断加大处罚力度，产生强大的震慑作用，避免出现政策指示"层层空转"现象，使得广大党员干部心存戒律，守住为政底线，不断在思想上形成高度认同，在行为上做到自觉约束，确保各项制度政策真正落地。

（二）落实各级党组织监督责任

党的各级组织在党内监督中承担着主体责任，党委书记则是第一责任人。在中国共产党第十九届中央纪律检查委员会第五次全会工作报告中，在对加强党内监督提出要求时，明确要"扭住主体责任这个'牛鼻子'，贯彻党委（党组）落实全面从严治党主体责任规定"。党内监督就是要立足于微小，及时发现问题出现的苗头，并不断纠正偏差，通过近几年查处的违规乱纪案例可以发现，都是由小错发展到大错的过程，落实各级党组织的监督责任，加强党组织对于党员干部的了解，积极做到防微杜渐，减少违规乱纪现象。

习近平总书记从权责关系的角度出发，认为担任一定的职务就要履行相应的责任。《中国共产党党内监督条例》对各级党组织的监督职责进行了明确的规定，党组织能不能认真履行党内监督主体的责任关系到管党治党的成效，因此，各级党组织要主动承担起监督的责任。首先，各级党组织要不断强化监督主体责任意识，要认识到履行监督责任的重要性，要自觉站在全面从严治党的高度，勇于承担监督责任，认真履行监督职责。其次，党委书记要不断履行好第一责任人的职责，"既要挂帅，又要出征"，把监督责任传递给班子里的所有成员，确保责任得到真正落实，同时，党委书记也要自觉接受监督，不断习惯在监督的环境下工作，争做从严监督的好书记。党组在抓好主管、分管业务工作的同时，也要加强对这些地区、部门的监督，对于问题的苗头要及时发现，并及时督促改正，落实好"一岗双责"。

党组在履行党内监督主体责任的同时，要不断明确细化监督责任，不断完善责任落实追究制度，真正使得制度得到落实；要制定相关的责任书，明确各监督主体的责任、监督范围，并制定相应的考核标准和责任落实追究制度，不断实现党组内部的自我监督和相互监督。党组主要领导干部要定期进行述职述廉，自觉接受组织和广大党员的监督。同时，也要对党组履行监督职责的情况进行定期的检查，上级党组要加大对下级党组监督工作的巡视，建立严格、科学的考核制度，避免在考核工作中出现"一刀切"现象，考核的方式也要多样性，避免形式化，真正发挥出考核的作用，使得各级党组自觉承担起责任，不断营造良好的政治生态。

（三）推进纪检监察体制改革

党的十九届四中全会为推进纪检监察工作规范化、科学化做出了重大制度安排，为纪检监察工作指明了迈向高质量发展的前进方向。深化纪检监察体制改革，有利于更好地发挥出纪检监察机关维护制度权威、促进制度有效执行的重要职责，有利于不断强化监督的有效性、协同性，推动纪检监察工作不断向前发展。深化"三转"，是纪检监察机关适应监察体制改革的现实需要，是不断履行职责的重要举措。

首先，纪委要带头转职能、转方式、转作风，以上率下，实现"三转"不断向基层延伸。

转职能核心就是要不断聚焦主责主业，不断规范各级纪委的分工及其职能，促进其内部机构的调整，明确职能定位，始终做到在位不缺位，同时也要细化职能分工，实现监督工作的宽严相济、精准适当。

转方式，各级纪委要不断创新、改善工作方法，始终保持反腐的强硬态势，要不断实现以案促教的工作方法，开展相关教育活动，剖析案发根源，不断堵住漏洞。同时也要积极运用新技术，发挥新媒体的作用。灵活开展巡视工作，加强巡视监督效能，不断发现问题，从查处违法不断向发现违纪转变，对出现问题的苗头要及时进行约谈，不断提高监督的质效。

转作风是转职能和转方式的保障，各级纪委要不断加强对于自身的建设完善，在监督执纪的过程中，要敢于加强对于自身的监督，实现刀刃向内，要发挥干部监督室和机关纪委作用，加强日常的管理教育，勇于进行自我监督。同时也要促进信息公开化，提高信息公开的及时有效性和针对性，自觉接受来自外部的监督，拓展社会参与监督渠道，使得外部监督制度化、常态化。

其次，"打铁还需自身硬"，要不断加强纪检监察干部队伍建设。锻造合格、工作高效的干部队伍，要始终围绕着忠诚、干净、担当的要求，要以政治坚定、作风良好、业务能力高为目标，不断开展教育培训学习，提高纪检监察干部的政治觉悟，强化法律意识，丰富理论知识储备。同时，要坚持理论与实践相结合，在实践中不断发现自身存在的问题，并积极进行解决。要不断改进纪检监察干部的管理和选拔方式，不断建立和完善相关的工作规则和秩序，形成完备的规章制度，保证党的路线方针政策得到有效执行。

（四）推动形成监督合力

党内监督是一项复杂的系统，必须健全协作配合机制，形成互补联动格局。党的十九大报告指出："把党内监督同国家机关监督、民主监督、司法监督、群众监督、舆论监督贯通起来，增强监督合力。"党内监督起着重要的引领作用，是其他各种形式的监督发挥出积极作用的重要基础，同时，加强党内监督也需要其他各种形式的监督相互配合。

只有党内监督和其他形式的监督相互协调、配合，才能形成合力，才能不断增强党内监督的实效。要实现党内监督和其他监督的配合，就要以党内监督为主导，带动其他监督，使得党内监督与其他监督方式相互衔接，使得党内监督与其他各类监督形式不断结合，形成步调一致的全方位监督体系，使得党员干部处于全面、严密的监督之中。

首先，监督内容要相互贯通。根据条例规定的具体监督内容，党内监督要和其他形式的监督同向发力，共同聚焦于具体的监督内容，让党员干部处于全方位的监督之下，不断净化党员干部的工作环境、生活交流圈，促使党员干部不断保持良好的政治形象。

其次，监督形式要相互对接。巡视巡察、述职述廉等作为党内监督的重要形式，这些都需要和其他监督之间形成密切的配合，才能顺利有效地进行，因此，要不断扩宽群众参与监督的渠道，搭建丰富便利的群众意见反馈平台，利用平台留言、微信扫码提建议等方式，不断简便、优化广大人民群众参与监督的方式，增强群众参与监督的积极性，通过与群众的检举、申诉相结合，不断发挥出巡视巡察的作用。

人民群众在参与监督的过程中，也要注重权利的正确行使，要主动提高参与监督的能力和政治素养，真正发挥出群众监督的积极作用。要注重发挥出舆论监督的作用，要积极利用新媒体、大数据进行监督，扩宽网络监督的渠道，不断确保监督的全程跟进，提高监督的精准性。在利用舆论进行监督的同时，也要注重监督内容的真实有效性，坚持正确的舆论监督原则，确保舆论监督的高效性。同时，也要支持各民主党派积极进行监督，对于各党派人士提出的批评、建议要积极接受采纳，并且也要完善司法监督、行政监督等，不断形成最大的监督合力，系统全面地推进党内监督制度体系的健全完善，为党内监督制度文化的建设提供坚实的制度基础。

二、增强党内监督制度的权威性和执行力

制度的权威性是增强监督认同的前提，是增强监督执行力的基础，只有制度科学合理，才能形成强大的震慑作用，党员干部才能发自内心地认同、敬畏、遵守制度，才能逐渐提高执行能力和自觉性，才能更好地促进监督文化的培育。增强党内监督制度的权威性和执行力，要不断增强党内监督制度制定的科学性，健全评估、问责机制，完善党内监督常态化机制，不断扎紧制度的笼子，形成强大的震慑作用，不断强化党内监督的实效。

（一）增强党内监督制度的科学性

制度本身的科学性，是强化党员干部理解认同制度的重要前提，是制度有效实施的前提条件，构建科学完备的党内监督制度要坚持系统性与可行性相统一、现实性和前瞻性相统一、制度设计和执行统一原则。

首先，党内监督制度要具有系统性，在各制度体系之间相互配合，彼此衔接，避免出现制度分散、碎片化，避免出现制度漏洞和制度之间相互打架现象，增强党内监督制度的系统协调性，发挥出整体性作用；制度在设计的过程中也要使得各项具体制度不断简明化，要明确各执行主体、监督主体、责任主体，明确具体的执行要求、执行程序，不断增强党内监督制度的可操作性。

其次，要增强党内监督制度的现实性和前瞻性，既要立足当前党内监督的现实情况，根据实践的需要不断完善党内监督制度，又要立足于长远，做好未雨绸缪。制度不是一成不变的，而是根据现实的需要不断修订、改进的。党内监督在实践的过程中，会面临着新的情况、问题，已有的规章制度会呈现出滞后性，无法满足新形势的需要，要立足于当前，要及时根据实践需要，不断去除不合时宜的制度，对现有的制度进行更新完善，确保制度的供给。做好未来的绸缪，增强党内监督制度建设的前瞻性，要立足于新时代这个历史方位，着眼于不断增强党的自身建设，保持党的先进性和纯洁性这个整体要求，立足于反腐败、党风廉政建设这个大环境中，不断克服党内监督制度在设计过程中存在的前瞻性不足的缺点，增强党内监督制度建设的预见性。

最后，要坚持制度设计与执行相统一，制度在设计的过程中，要不断听取党内全体党员的意见，把大家共同认同的价值理念融入制度的设计中去，不断转化人们对于制度的情感认知，增强认同感，让制度更好地成为大家愿意接受的、并能够自觉主动执行的行为规范，使得制度真正落地生根，更好地发挥出党内监督制度的行为导向功能，不断增强制度的权威。

（二）加强制度执行的监督考核

习近平总书记指出："要狠抓制度执行，扎牢制度篱笆，真正让铁规发力，让禁令生威。"制度的权威性也体现在制度的执行力上，制度只有被有效执行，才具有生命力，才能真正起到约束规范作用。当前，党内监督制度不断健全完善，工作程序、工作方式也不断明确、详细，但在实际工作中，还存在落实不到位、打折扣的现象，制度执行出现了偏差，制度执行效果不明显，这使得党内监督制度成了摆设，削弱了制度的权威性。

树立制度的权威，增强制度的执行力，要抓好对制度执行情况的监督、考核，通过强有力的手段不断发挥出制度的权威和效力，促进党员干部由被动监督到积极参与监督，再到强化自我监督的转化，不断促进监督落地生根。加强对于制度执行情况的监督考核，有利于时刻警醒党员干部要合理使用手中的职权，及时发现制度执行过程中的偏差，不断纠正偏差，及时消除党内存在的不良现象，当前党内部分党员干部为了应付上级的检查，而开展监督，存在监督走过场、翻资料的现象；有的党员干部开展激进式的监督，不能长期坚持下去，这些不良现象的出现，是由于党员干部对于党内监督存在错误的认识心理，没有形成对于监督的正确情感认知，对于监督的执行力出现了弱化，使得监督检查最终流于形式，成了一种走过场的行为。

因此，要对党员干部的执行情况进行监督考核，要重点考核党员干部的执行心理、执行方式、执行效果，要监督考核党员干部是否以正确的态度进行监督，是否认识到监督的重要性，及时纠正党员干部的错误情感认知；在执行方式上，要考核党员干部是否采取合理监督方式、是否严格按照程序认真执行，避免出现应付式执行的现象，对于执行结果也要进行考核，既要注重量，也要注重质。其次，要不断完善考核机制。要集中解决考核过多、过度的问题，要积极采取"合并同类项"的办法，不断控制总量、频次。要对制度执行的指标进行合理的量化，确定科学且实用的考核办法和流程，使得考核机制逐渐科学、合理化，不断完善对党员干部制度执行情况的考核标准、考核过程，并将考核结果作为业绩评定、奖惩的重要依据，通过严格的考核标准，不断促进党员干部逐渐转变对于监督的态度，形成正确的监督认知。

（三）强化执纪问责力度

执纪问责是形成强大震慑的重要方式，增强党内监督权威性的重要手段，是提高党内监督制度执行力的重要保障。问责的目的是促进责任的落实，强化党员干部的制度意识、监督意识，促进党员干部逐渐形成主动参与、自觉接受监督的高度自觉性，使得不想腐的心理认知逐渐形成。

构建科学且合理的问责机制，首先，要建立终身责任追究制度，不断强化问责的力度，使得问责的警示牌永驻人们心中，只有严肃追究责任，才能树立起制度的权威性与严肃性，才能真正严格落实责任。"对那些领导不力、不抓不管而导致不正之风长期滋长蔓延，或者屡屡出现重大腐败问题而不制止、不查处、不报告的，无论是党委还是纪委，不管是谁，只要有责任，都要追究责任。"问责面前要坚持人人平等，无论职位高低，只要出现违规乱纪行为，都要严肃追究责任。在问责的过程中，要不断完善问责的程序，增强问责的有效性、严肃性，同时也要保证问责程序的公正性，杜绝问责的主观随意性和不分青红皂白地简单问责、泛化问责。

其次，要落实问责的主体及其相关责任，纪委是问责的主要机关，但是不代表问责只属于纪委的事情，党委及其部门也有问责的权力，要担起问责的责任。其次，要不断完善问责的具体步骤、程序，增强问责的科学性、严肃性，使得问责机制常态化、制度化。同时，问责主体要不断增强问责意识，认识到执纪问责的重要性，不断强化执纪理念，在问责的过程中，要坚持党内规章制度至上和人人平等原则，运用法治思维思考问题，进行执纪问责，破除人治思维，对于违反党规党纪的党员干部，要不分职务高低，一律进行严厉惩处。

最后，在执纪问责的过程中要综合运用通报批评、纪律处分等手段，做到赏罚分明，对于违规乱纪的行为，不断加大问责力度，提高违规乱纪的成本，让人们不断心生敬畏。通过执纪问责形成强大的震慑作用，使广大党员干部能够不断明确哪些不能做，清楚认识到违规乱纪的成本，从而不断提高遵守制度、执行制度的自觉性。

三、强化党员干部的价值认同

党员干部作为党内监督的主体，他们对于党内监督的看法会直接影响到自身进行监督的积极性及其执行党内监督的自觉性，同时对于党内监督的效能也会产生直接影响。所以加强党内监督文化培育，要进行正确价值理念的指引和党内监督相关理论的教育，促进党员干部不断坚定信念，增强监督意识，并且通过激励和惩罚相结合的手段，在党内形成正确的价值导向，不断强化党员干部的制度认同感。

（一）坚持价值理念指引，形成正确认识

当前在党内仍存在着抵制监督、滥用权力的现象，究其根本原因是没有形成对于党内监督的正确认识。党员干部要从思想源头不断纠正错误的监督观念，则需要正确价值理念的引导。

坚持正确价值理念的指引，首先，要形成权力受约制、受监督的思想认知。加强对权力行使的全面监督，则是保证权力正确使用的关键，习近平总书记也曾多次强调要不断加强对于权力的制约、监督。权力一旦失去外在的监督、约束，就有可能成为少数领导干部谋取私利的工具。之所以在领导干部群体中最容易出现腐败，是因为权力多集中于领导干部的手中，并且缺乏必要的监督。当前党内的监督存在空转现象，下级存在不敢监督心理，不敢对上级进行监督；同级之间存在监督松散现象；上级领导干部对下级的监督存在走形式现象，致使部分权力缺乏外在的监督。同时有的党员干部也存在着错误的认知，有的党员干部认为监督是对自己的约束，有的党员干部认为信任就可以代替监督，这些错误认识也让权力的滥用成为可能。因此，在党内要定期开展关于权力受监督的理论学习，促进党员干部不断摒弃错误的监督思想，在党内形成权力受监督的氛围，不断促进党员干部形成对于权力以及监督的正确认识，强化党员干部对于党内监督制度的认同。

其次，要始终坚持人民至上理念。人民利益至上作为中国共产党始终坚持的价值理念，是建党管党治党的重要思想根基，习近平总书记也多次强调我们要坚持人民利益至上，并且要有"我将无我，不负人民"的崇高境界。

当前，部分党员干部在监督的过程中存在不愿监督、放弃监督等现象，之所以出现这些现象，很大程度上是因为部分党员干部缺失了宗旨意识，没有意识到自身的权力是人民赋予的，没有深刻领悟中国共产党的百年历史就是始终为人民幸福而奋斗的历史，使得监督逐渐成为形式，为民服务的理念也没有真正得到落实。因此，要通过持续开展党的群众路线教育等活动，不断提高党员干部的为民理念，促进党员干部正确运用手中的权力，不断保障人们的权利，通过开展"不忘初心、牢记使命""党史学习教育""学习贯彻习近平新时代中国特色社会主义思想"等主题教育活动，使得广大党员干部不断明确自身的职责，始终牢记为民服务的初心，不断站稳人民立场，自觉接受监督、检验，真正发挥出监督的作用。

（二）加强党内监督理论教育，增强监督意识

党员干部只有在充分理解掌握党内监督制度的基础上，才能逐渐形成对于党内监督的正确情感态度，才能不断增强监督意识，认同党内监督制度。因此，要加强党员干部对于党内监督相关理论制度的学习，强化党员干部监督与被监督的思想认识，形成正确的监督认知。

加强党内监督制度理论的教育学习，首先，要注重教育学习的内容，内容既要包括《党章》党规党纪等，也要包括党性党风等教育，教育内容要具有全面性，同时，也要不断根据实际情况的变化发展而不断进行更新，加深党员干部对于管党治党重要思想内容的了解。其次，教育内容要有针对性，要分层分类，根据教育对象采取差异化教育方式。因各级党员干部的学历水平、知识能力、职责范围不同，所以要针对不同层次、不同岗位的党员干部开展不同的教育内容，采取差异化的教育方式，使得各级党员干部都能明确自己的职责，不断强化监督意识。同时，在对党员干部进行教育的同时，也要根据不同的教育内容选择形式多样的教育形式。对于简单、易懂的内容，如中央八项规定、《中国共产党问责条例》等这些字数少、容易理解的内容，就可以采取图解、漫画的形式展示出来，这样既可以一目了然地展现出具体的内容，也可以增强党员干部学习的积极性；对于内容多且难以理解的规则

条例，可以和具体的事例相结合，通过采取具体案例、典型事件进行通俗易懂的解读教育，真正使得党员干部读懂悟透相关制度条例。

在教育方式上，首先，要注重理论学习和实践教育相结合，在进行党内监督理论教育的同时，也要通过具体实践活动进行引导，通过具体的教育实践，不断提高党员干部对于党内监督相关理论知识的领悟。其次，也要注重正反面例子的教育，注重使用党员干部身边的事例进行教育，注重教育的感染力和时效性。通过宣传介绍廉洁守纪的模范人物，发挥出榜样的引领、感染作用，为党员干部树立起行动标杆；同时也要用好违法违纪的反面教材，发挥出警示教育的作用，定期开展以案促改教育，选取违反政治纪律、重大的违规乱纪、"四风"问题等典型案例作为教材，根据具体案件暴露出的问题，提出明确的改进建议，明确改进内容，让党员干部在感受到强大的震慑作用的同时，也能够心存戒惧，不断自省，逐渐规范自身的言行。

在教育方式上也要注重党员干部的自我学习和互动式学习。通过学习内容清单，强化党员干部的自我学习，同时加强党员干部之间的相互学习，通过集中教育学习和相互讨论交流，让党员干部能够不断加深对于相关理论知识的了解、掌握，不断强化思想情感认同，让监督真正深入人心。

（三）坚持激励与惩罚并重，形成正确导向

增强党员干部对于监督的认同，既要强化物质激励，也要提高不作为的成本，"坚持严管与厚爱结合、激励和约束并重"，实现双向推进，通过及时奖励先进党员干部和加大对于那些不认同、不认真执行监督制度的党员干部的惩罚，不断形成正确的行为导向，激发党员干部参与监督的动力和参与监督的自觉性。

首先，要加强对工作中表现突出的先进党员干部的奖励，发挥出先进党员干部在反腐败、廉政建设中的引领作用。要积极对不怕困难、勇于参与监督、为党内监督做出突出贡献的人物进行表彰，并通过定期开展监督评选活动，将评选结果作为评优、晋升的考核标准，不断增强党员干部的荣誉感和心理获得感，激励更多的人积极主动参与到监督工作中。同时也要加大物质激励，通过对积极参与监督、勇于进行检举揭发的党员干部予以一定的物质奖励，对在监督工作中积极作为、表现良好的党员干部进行薪酬奖励，通过外在的物质激励和内在的精神满足，在党内逐渐形成正确的价值行为导向，增强广大党员干部积极参与监督的驱动力，促进党内监督常态化，不断增强监督效能。

其次，也要加大违法乱纪行为的惩罚力度，提高违规乱纪的成本，进一步发挥出惩治的严厉性和有效性。首先要健全党员干部对于制度认同的评价、惩罚机制，健全制度上的约束。要严肃查处违法案件，加大对违法乱纪人员的惩罚力度，这是形成震慑作用的直接途径，也是体现制度的公平性，增强党员干部对于制度的认同的重要方式。数据显示，2020年，全国纪检监察机关运用"四种形态"批评教育帮助和处理共195.4万人次。[①]通过对于出现的问题进行及时惩治，不断提高惩治的及时性、有效性，保持高压态势，不断提高违纪成本，有利于形成强大的威慑作用，逐渐形成查处一人、教育一片的效应。同时，惩罚不是手段，而是为了更好地教育党员干部，要做好对于受到惩罚、处分的党员干部的回访工作。要坚持惩罚与教育并进的方式，因事因人施策，扎实做好执纪审查的"后半篇文章"，使得受到处分的党员干部不断意识到自己的错误，正确看待处分，不断调整心态，积极投入工作，使得党员干部既能体会到惩罚的力度，也能感受到温度，促进党员干部逐渐转化对于监督制度的情感态度，加强对于党内监督制度的理解认同，自觉主动地投入监督工作。

四、营造浓厚的监督氛围，形成监督信仰

环境氛围影响着人们的思想情感、生活方式，增强广大党员干部对于党内监督的认同，不断提高党员干部执行党内监督制度的自觉性，需要通过不断建构党内文化，创新传播途径等方式不断营造浓厚的党内监督氛围，让广大党员干部习惯在监督的环境中工作生活，使得监督逐渐成为一种习惯，成

---

① 瞿芃.2020年批评教育帮助和处理195.4万人次.[EB/OL]（2021-01-28）https://www.ccdi.gov.cn/toutiaon/202101/t20210128_98798.html.

为一种信仰。

（一）建构积极健康的党内政治文化

中国共产党自成立以来，便从理论和实践等方面不断研究探寻加强党内监督的方法途径，使得党内监督不断沿着科学化、高效化、制度化的方向深入发展，但是党内仍存在一些不良现象，部分党员干部仍存在不会监督、抵制监督、懒于监督等现象，贪污腐败、违规乱纪行为依旧时有发生，这些问题现象出现的根本原因在于部分党员干部没有形成正确的思想认识，缺乏制度执行力。文化可以潜移默化地影响人们的思想行为，党内政治文化作为文化的一种，有其特有的作用，建构积极健康的党内政治文化有利于引导党员干部形成共同一致的理想信念，形成对于党内监督的正确认识。

建构积极健康的党内政治文化，首先，要强化党内民主文化，在党内营造出浓厚的民主氛围。党内民主是监督工作有效开展的重要前提，没有民主，党员干部的权力就得不到充分的保障，监督工作就难以开展。当前党内仍然存在的官僚主义、唯上主义等思想，使得党内环境不断被污染，弱化了党内民主，也使得党员干部缺失了执行监督的积极性。因此，要不断加强党内民主文化培育，不断营造出民主平等的环境氛围，增强党员干部的民主思想观念，不断强化对于监督工作的思想认知，提高民众参与监督的积极性，让监督逐渐成为一种生活习惯。

其次，要弘扬党内廉洁文化，不断厚植党风廉政建设、反腐败的土壤。在党内大力弘扬廉洁文化可以不断影响、引导党员干部的思维方式、价值选择、行为习惯，发挥出深远且持久的影响力，促使党员干部在思想上逐渐形成廉洁从政的观念，不断筑牢"不想腐"的防线，在行为上强化执行监督的自觉性，确保党员干部始终保持清廉的政治形象。

最后，要积极弘扬爱岗、忠诚、正直、坦荡、艰苦奋斗的价值观，不断破除党内存在的唯上主义、享乐主义、官僚主义等不良观念，促进党员干部自觉使用正确的价值观念武装自身，逐渐形成正确的价值认知，不断加强自我监督，规范自身的行为，使自身的行为不断符合党内所提倡的行为标准，同时也可以促进党员干部自觉承担起自身的责任，积极主动地接受监督和加强对于其他党员的监督，不断提高党员干部参与监督的自觉性，营造良好的党内监督氛围。

（二）创新传播途径，增强制度影响力

加强党员干部对于党内监督的理解，形成关于党内监督的正确认识，强化执行监督的自觉性，是加强党内监督文化建设的重要目标，因此，要不断扩展创新党内监督相关理论制度的传播宣传途径，不断加深人们对于制度的了解、认同，在社会上形成浓厚的监督氛围。

首先，发挥出新媒体技术的优势，积极利用新媒体传播党内监督文化。在充分利用传统宣传媒介如报纸、宣传栏、悬挂横幅的基础上，积极引入新的传播宣传方式，发挥出新媒体受众广、传播快的优势，不断营造出浓厚的监督氛围。要积极搭建党内监督专题网页，及时更新党内监督的理论动态、实践活动，使得人们及时了解最新消息；要充分发挥出微信公众号的作用，及时推送管党治党、反腐败斗争的最新理论、实践成果，使得人们能够时刻感受到党风廉政建设的成效，如在中央纪委国家监察网站的公众号上每周都会推出"一周曝光台"这个特别专题，及时公布查处的违规乱纪行为，让人们时刻感受到正风反腐就在自己的身边，不断展现出监督执纪的严肃性，强化人们对于制度的认同和遵规守纪心理；要搭建多种参与平台，通过开设互动交流服务平台、留言平台，不断收集民众的留言，及时回应民众疑问，引导网民加深对党内监督的理解，同时通过网络监督平台，使得党员干部时刻处于人们的监督之下；在积极利用现代科技的同时，也要注重发挥传统媒介传播宣传的作用，通过结合监督执纪实践过程中的真实人物案例，不断推出相关公益广告、专题纪录片、电视连续剧、党内监督主题电影等，使得党内监督通过人们喜闻乐见的方式展现出来，不断促进人们形成对于党内监督的正确情感认知，真正发挥出制度的作用。

其次，通过举办形式多样的活动，形成种类丰富的文化产品，使得监督理念真正融入人们的日常生活之中。习近平总书记指出，一种价值观念要发挥出作用，必须和人们的实际联系起来，让人们在实际生活中加深对它的了解，要在做实、做细上下功夫，使得监督理念不断融入人们的生活中，通过举办反腐败、廉洁文化等专题摄影展、书法展，结合各地区博物馆推出相关展品，把廉洁、反腐败、强化监督的精神内涵与艺术作品完美结合起来，使得人们从这些文化产品中不断汲取精神营养，增强监督文化、廉政理念的感染力；通过深入挖掘各地区的优势资源，建设出具有特色的教育学习基地，如四川省依据自身优势建设了三苏祠廉洁文化基地、河南洛阳在全市建成了200多座家风家训馆，这些教育载体的建立为党员干部学习接受廉洁文化教育、不断加强党性修养提供了重要场所，有利于不断强化人们的廉洁意识，营造良好的社会风气。通过不断扩展传播宣传渠道，丰富传播载体，形成积极向上、形式多样的文化产品，让廉洁理念、监督文化不断走进党员干部的内心，并不断内化为党员干部的自觉行动。

（三）培育执行党内监督的自觉

增强党员干部对于党内监督的认同，不断增强执行党内监督的自觉，是加强党内监督文化建设的重要内容。党员干部对于党内监督的认同需要通过具体的实践活动来体现，同时，也需要在具体的实践活动中不断得到巩固。只有通过具体的监督实践活动才能不断坚定党员干部对于制度的认同感，逐渐形成监督信仰，并内化为党员干部的自觉行动。

在党内积极开展相关政治思想、理论制度的学习，以及不断发挥正确价值观念的指引作用，一方面可以不断破除党员干部自身思想观念与监督制度所蕴含的价值导向之间的矛盾，引导党员干部不断认同监督制度本身所蕴含的价值理念，发自内心地认同监督制度、遵守监督制度；另一方面可以不断丰富党员干部自身的理论修养，用理论更好地武装头脑，引领实践。

随着党内外所处环境的不断变化和面临的问题不断复杂，在新的社会背景下，落实全面从严治党总要求，也对党员干部的知识和能力提出了更高的要求，加强相关理论学习、坚持正确价值观念的引导可以保证党员干部在思想和行为上沿着正确的方向前进，不断破除党员干部行为与监督制度要求之间的矛盾，促使党员干部的言行始终与党内规章、条例的要求保持一致，在思想上认同监督制度，行为上自觉主动遵守监督制度、践行监督制度。同时，也要持续强化党员干部对于党内监督的思想、情感认同，消除部分党员干部自身存在的知行不一现象，不断发挥正确价值理念的指引作用，注重理论与实践相结合，坚持学以致用，不断把理论知识与具体监督实践相结合。

当前，党员干部在工作中，出现了一些工作没有做到位的问题，其根源就在于没有把相关理论真正理解、弄透，没有认真贯彻到具体实际工作中去，因此，党员干部要在"长"与"常"上下功夫，既要常学理论知识，增强理论修养，也要主动立足于社会实际，立足于反腐败斗争、管党治党的大局中，做到知行合一，在具体实践中不断修炼自身，巩固制度认同，让监督理念真正渗透到思想、行为之中，不断营造信仰制度、按制度办事的行为自觉和良好的社会风气。

第三节　夯实高校监督文化培育之基

廉洁文化建设是高校建设中不可或缺的重要任务，亦是时代发展赋予各类高校的崇高使命。进入中国特色社会主义新时代，在我们党不断加强自身建设，高扬廉洁政治旗帜、大力惩治腐败的背景下，加强高校廉洁文化建设，对于促进学生的健康成长，落实党的"立德树人"育人方针和促进高校自身的建设和发展，无疑具有重要的现实意义，更是为高校监督文化的培育提供了重要的基础性支撑作用。

2022年2月，中共中央办公厅印发了《关于加强新时代廉洁文化建设的意见》（以下简称《意见》），成为新时代各级单位、各部门开展廉洁文化建设的重要指导方针。《意见》指出，"党中央高度重视廉洁文化建设，强调反对腐败、建设廉洁政治，是我们党一贯坚持的鲜明政治立场，是党自我革命必须长期抓好的重大政治任务"。

一、廉洁的内涵

廉洁对于个人而言，是一种道德品格，也是一种道德尺度；对于社会而言，是一种道德规范和所期望的价值追求。依据相关资料，"廉"最初见于《仪礼·乡饮酒礼》："设席于堂廉之上。"其中有清、少、俭的意思。关于"洁"，《辞海》中有整洁和"洁郎"的说法，代表较高的道德素养。"廉洁"最早出现于《楚辞》："朕幼清以廉洁兮，身服义而未沫。"王逸注："不受曰廉，不污曰洁。"可见，廉洁乃崇高的思想道德情操，体现了个人较高的思想道德素质：为人正直，淡泊名利，拒绝诱惑。随着社会的发展，《辞海》对"廉洁"在古今原有内涵的基础上进行了更丰富和更为深刻的拓展，不仅拥有了马克思主义的文化内涵，而且将法律与道德结合，从而使"廉洁"对于个人而言更具有约束力，同时也具有保障性，当因为出现不廉洁行为对个人或他人的权益造成一定损害时，法律会因此起到保护作用，对于从政人员权力的行使会有更强的规范，确保从政人员清正廉明、作风优良、公平公正，时刻为人民服务。

廉洁文化是关于廉洁的知识、理论、准则、信仰、文艺和与之相适应的价值取向、行为准则、制度体系及其相互关系的文化总和，是中华优良传统文化的核心要素，是社会主义先进文化的重要内容。廉洁文化包含三个层面：知识文学层面、制度文化层面、理想信念层面。知识文学层面是关于廉洁的文学作品，如名言警句、诗词歌赋等，通过学习阅读文学作品来达到潜移默化的效果，培养廉洁意识，初步了解廉洁文化；制度文化层面是要将其贯穿于制度和法律层面，认识到清正廉洁的重要性，保证人民的利益，真正做到"权为民所用、利为民所谋"，在全社会形成良好的廉洁氛围；理想信念层面是指我们不仅要有廉洁意识，更要做到将其内化于心、外化于行。

二、高校廉洁文化建设的特点

加强新时代廉洁文化建设，不断涵养风清气正的党内政治生态和清爽干净的育人环境，对于高校推进内部治理体系和治理能力现代化、推动自身文化传承创新同样具有重要的实践价值。廉洁文化建设一旦形成稳定的文化态势，其蕴涵的道德观念、精神信守、行动准则将会对高校师生的整体价值取向和日常行为起到示范导向作用，推动师生尤其是高校领导层和管理层自觉培养接受廉洁文化、抵制腐败的核心价值观念，引导他们在利益诱惑面前做出恰当的理性行动。这种风清气正的廉洁氛围正是推动高校健康可持续发展的无形保障。

（一）党员干部是关键

高校党员干部是新时代高校党的建设事业高质量发展的中坚力量，是新时代高等教育事业实现内涵式发展的组织者、领导者、推动者，必须发挥以身作则、以上率下、示范带动的"领头羊"作用。党的十八大以来，高校的教育规模不断扩大，与经济社会融合程度不断加深，高校党员干部廉洁文化建设也面临着新的挑战。加强新时代廉洁文化建设，应在"明大德、守公德、严私德上下功夫"，使高校党员干部中掌握行政权力者、经济权力者、学术权力者廉洁用权，既靠猛药去疴的治标，更靠正心修身的治本。要打通廉洁文化与政风行风的壁垒，以廉洁文化融通党内政治生活、政治文化，以廉洁文化培育为政清廉、秉公用权的深厚土壤，以廉洁文化滋养崇德尚廉的实践养成，以廉洁文化激发廉为政本、持廉守正的内生动力。

（二）高校教师是廉洁建设中的主导群体

高等教育要发展，教师是动力之源。习近平总书记强调，评价教师队伍素质的第一标准应该是师德师风。师德师风建设应该是每一所学校常抓不懈的工作，既要有严格制度规定，也要有日常教育督导。高校教师不仅应是"学问之师"，更应是"品行之师"。加强廉洁文化建设，打通廉洁教育与教风学风、师德师风之间的壁垒，贯通廉洁观念、思维、精神于教师的思想教育、教学科研等的全过程，能够引导高校教师真正把教书育人和自我修养结合起来，时刻自警、自省、自重，将以德立身、以德立学、以德施教转化为评鉴事物的自觉准绳，真正成为青年学生成长成才的人生导师。

（三）大学生是廉洁建设中的主要群体

百年大计教育为本，教育大计廉洁为要。大学校园是否风清气正，直接关系着大学生世界观、人生观、价值观的建立，关系着大学生能否扣好人生第一粒扣子，关系着高等教育人才培养质量和社会主义发展的长远未来。廉洁文化与大学生思想政治教育、德育一脉相承，是大学生全面发展不可或缺的重要组成部分，符合青年大学生成长成才规律，是对当代不良社会思潮影响下思想政治教育失衡、大学生价值观念偏移的有效矫正。高校必须坚定不移地推进廉洁文化建设，对大学生加强廉洁观培育，以理想信念强基固本、以廉洁文化启智润心、以高尚道德砥砺品格。

三、高校廉洁教育的资源

古往今来，廉洁和腐败的对抗一直存在，在社会先进文化中，廉洁文化作为一种价值尺度，审视着每个时代的变化，深入挖掘马克思和恩格斯的廉洁思想、中国古代廉洁思想、中国共产党人关于廉洁的重要论述、廉政教育基地等廉洁文化资源，大力开展高校廉洁教育。

（一）马克思恩格斯的廉洁思想

作为无产阶级革命导师，马克思和恩格斯在总结过去政党创建和建设经验的基础上，创建了无产阶级政党，并带领无产阶级政党进行革命，概括出了无产阶级夺取政权之后加强党风廉政建设，将反腐败斗争进行到底，保障人民权益。马克思、恩格斯提出建立人民廉洁政权。马克思和恩格斯立足于人民性、生产关系以及国家政权和社会制度，认为腐败现象产生的根源为私有制。马克思指出："表面上高高凌驾于社会之上的国家政权，实际上正是这个社会最丑恶的东西，正是这个社会一切腐败事物的温床。"

在资产阶级的统治下，随着生产力的发展，大多数的劳动者也越来越受到剥削者的压迫，资产也受到剥削者的剥削，权力和利益只掌握在少数资本家的手中，滥用职权、以公谋私的腐败现象层出不穷，要想根除腐败，必须推翻资产阶级政权的统治，消灭私有制，同时，还需要在政治方面建立人民民主制度，在经济方面大力发展生产力，在思想方面要注重人民思想文化素质的提高，让人民真正掌握权力，让权力在阳光下运行。

马克思、恩格斯创立民主反腐思想。第一，提出在建立人民民主政权、消除私有制的同时，要建立公有制，保障人民当家作主；第二，马克思和恩格斯指出"如果所有大城市都按照巴黎的榜样组成公社，那么国民代表的选举将不再是总揽一切大权的政府玩弄手腕的事情"，马克思、恩格斯高度赞扬并借鉴了巴黎公社无产阶级起义过程中，通过民主选举方式产生自己的领导机关的方式，同时提出民主集中制，反对个人崇拜，每年都要召开党的代表大会，在体现对党内事务重视的基础上，还可以充分表达意见，及时发现党内矛盾、解决矛盾，更好地为人民服务；第三，提出对权力进行监督，将"一切社会公职，甚至原应属于中央政府的为数不多的几项职能，都要由公社的勤务员执行，从而也就处在公社的监督之下"，国家公职人员通过公开透明的方式，由人民选举产生，为人民服务，受人民监督，避免权力凌驾于人民之上。

马克思、恩格斯培育公仆意识的思想。马克思、恩格斯认为："无产者对全社会负有消灭一切阶级和阶级统治的新的社会使命，也就是把集权化的、组织起来的、窃据社会主人地位而不是为社会做公仆的政府权力打碎。"为了防止无产阶级取得政权之后，出现权力滥用和贪污腐败的现象，不仅要对国家公职人员进行廉洁思想政治教育，明确为人民服务的宗旨，增强廉洁意识，同时减少对国家公职人员工资的开支，废除高薪，从经济方面强化公仆意识，而且建立普选制、罢免制、监督制、法制，从而在制度上提供保障，制约腐败现象的产生，保障人民的利益，保证权力的运行可以做到真正为人民服务。

（二）中国古代廉洁思想

从古至今，中国的文化资源不断丰富，廉洁思想作为其中不可或缺的一部分，从先秦时代到明清，廉洁文化、廉洁思想便在不断丰富，不仅体现了中国古代的政治文明，而且对于现在个人思想品德和廉洁文化都具有很大的借鉴意义。

明德修身、仁政爱民的廉洁思想。孟子说："富贵不能淫，贫贱不能移，威武不能屈。此之谓大丈夫。"强调人在为官时，要保持不贪取不应得钱财的态度，清廉正直，要有清清白白的行为、光明磊落的态度。在兴起于商周且形成于春秋战国的民本思想中，更加注重廉仁下的为政爱民；在儒家学派中，孔子提出"修己以安百姓"，孟子的"民为贵，社稷次之，君为轻"，荀子提出"君者，舟也；庶人者，水也；水则载舟，水则覆舟"。其核心都是在表达统治者的江山维护是建立在要关心爱护百姓，清廉执政，心怀天下、避免独断专权的基础上，为政者只有爱护百姓，不为一己私欲，为政时保持优良品质，以人民为中心，才能获得百姓的拥护，这对于今天"以人民为中心"的思想起到了一定的指导作用，更加突出强调了廉洁对于仁政的重要支撑。

勤俭节约、重义轻利的廉洁思想。最初，"廉"是作为官员应有的思想道德之一，对官员们也提出了一定的思想道德要求。墨子提出"节俭"，西魏时期的"躬行廉平，躬行俭约"，体现了勤俭节约的良好品质；孔子的"衣敝缊袍，与衣狐貉者立，而不耻者，其由也与"，体现了艰苦朴素的作风；荀子的"上宣明则下治辨矣，上端诚则下愿悫矣，上公正则下易直矣"，体现了公正诚实的品质。在"义"和"利"的关系方面，即道德与物质利益之间的关系，儒家主张重义轻利，这并不代表不能追求利益，前提要合乎一定的道德规范，不能为了自身利益，舍弃道德。在我们日常生活中，"义""利"选择随处可见，在追求利的同时，一定得是符合法律，并且合乎道德规范的。勤俭节约、重义轻利的思想观念作为古代廉洁思想的重要组成部分，应在当代得到更好的倡导和践行。

另外，"德"是对为政者的政治行为提出的道德的要求，为了保障官员为官清正廉洁、为政以德，官员要严格遵守刑罚制度和监督管理机制。例如，秦朝推行"以法为教，以吏为师"，并且设立监察制度，更好地让权力在阳光下运行，自助培养廉洁、刚正的品德。

（三）中国共产党人关于廉洁的重要论述

中国共产党自成立以来，在创造性地运用马克思主义廉洁思想的基础上，中国共产党历届领导人结合中国具体实际情况，进行反腐倡廉工作，带领全国人民进行革命、建设和改革，形成了符合中国特色的廉洁思想，同时丰富了廉洁文化资源。

毛泽东同志在长期领导中国革命和建设的过程中，已然明白了贪污受贿会对整个共产党带来巨大的危害，为了提高党员自身的思想政治素质，他提出"应使一切政府工作人员明白，贪污和浪费是极大的犯罪"；为了避免资产阶级的侵蚀，告诫全党"务必使同志们继续地保持谦虚、谨慎、不骄、不躁的作风，务必使同志们继续保持艰苦奋斗的作风"。他提出要用全心全意为人民服务的宗旨、党的路线方针政策、艰苦朴素的优良传统等对党员们进行教育，提高党员们抗腐反腐的思想，思想一旦出现滑坡，反腐工作便功亏一篑。同时，毛泽东指出："共产党员是一种特别的人，他们完全不谋私利，而只为民族与人民求福利。"以马克思恩格斯的民主反腐思想为基础，认为人民群众才是历史的创造者，共产党所拥有的权力来自人民，坚持唯物史观，并提出："人民，只有人民，才是创造世界历史的动力。"所以要密切联系群众，权力的行使也要接受人民的监督，坚持走人民群众的路线，将"政府工作置于人民群众的监督之下，要求党政领导干部廉洁自律，要接受四个方面的监督，即党内监督、群众监督、民主党派监督和新闻监督"。这些都对于党风廉政建设起到了推动作用。

邓小平同志在完善和丰富前一任领导人的廉洁思想和党风廉政建设的基础上，"一手抓改革开放，一手抓惩治腐败"，将教育与法制相结合，帮助党员同志们树立正确的世界观、人生观、价值观，同时加强立法。1992年，邓小平同志指出："对干部和共产党员来说，廉政建设要作为大事来抓，还是要靠法制，搞法制靠得住些。"更好地进行反腐败斗争。江泽民同志在继承发展毛泽东和邓小平廉洁思想的基础上，提出了"三个代表"重要思想，回答了"怎样建设执政的共产党"，提出"坚持标本兼治，教育是基础，法制是保证，监督是关键。通过深化改革，不断铲除腐败现象滋生蔓延的土壤和条件"。胡锦涛同志提出以人为本的科学发展观，将其与党风廉政建设联系在一起，注重体系反腐。

习近平总书记认为在高校全面开展廉洁文化教育与高校培养人才的使命，以及党的有关政策、具体要求相符合。将廉洁与价值观联系在一起的同时，坚持群众路线，开展一系列学习教育活动，进行思想政治教育，帮助党内外人士树立正确的世界观、人生观、价值观。

（四）廉政教育基地

2008年以来，为了廉政教育资源的进一步整合，中央纪委监察部启动了第一批全国廉政教育基地命名工作，全国共有50个廉政教育基地入选，包括中国人民抗日战争纪念馆、周恩来邓颖超纪念馆、新中国反腐败第一大案展览馆、中共一大会址纪念馆、重庆红岩革命历史纪念馆、铁人王进喜纪念馆等，在这之后，全国各地廉政教育基地的兴建仍在继续。廉政教育基地既是广大党员干部接受廉政教育的重要场所，又是广大人民群众接受廉洁教育、形成廉洁意识、加强思想道德修养的重要学习场所。

在廉政教育基地，展示了许多的先进人物事迹和警示案例。例如，在福建省廉政教育基地中，内设许多榜样人物纪念馆，其中，林则徐纪念馆展示了林则徐"富贵不能淫，贫贱不能移，威武不能屈"的精神和浩然正气、两袖清风的高尚品格，谷文昌纪念馆记载了谷文昌不畏环境的恶劣，坚持植树造林、保护环境的事迹，展现了谷文昌无私奉献的品德；在鹤山市廉政教育基地中，既展示了鹤山廉人物、廉故事、廉家风，也有近年来鹤山市查处的各级党员干部违纪违法典型案例；在牡丹江市廉政教育基地，展示了马骏、张闻天等领袖和革命先烈的廉洁故事，还有金桂兰、刘国瑞等当代楷模和龙江劳模的动人事迹。在参观廉政教育基地中，对于先进人物事迹的学习，可以在潜移默化中影响广大党员同志和人民群众的思想和行为，从而加强自身道德素养；警示案例通过一个个鲜活的例子和忏悔画面，能够让大家的感受更加真切，起到更大的警醒作用。随着时代的发展，科技也进入了廉政教育基地，光明区的廉政教育基地"廉明馆"通过AI讲解、投屏互动、VR展示，使廉政教育更具有沉浸性，帮助参观者更具有身临其境的感觉，增强了教育的吸引力。

对于廉政教育基地，目前在设有线下参观的基础上，线上增设相应的实时浏览网站。例如，在西柏坡廉政教育基地网站上能够看到警示案例、先进模范和廉政相关视频；广州农讲所旧址纪念馆将展出的跟廉政相关的文物以图片形式上传至网站；河南省建立的数字化廉政教育基地包含相关漫画、书籍、摄影作品和影视作品，其中有声图书达到了五万多册；广西的3D"网上廉政教育展览"，可以在网上直接浏览实地基地的一切内容，清晰可见。廉政教育基地网站的设立，既是对廉政教育基地的创新，又增强了廉洁文化的传播效果，即使在学习与工作繁忙的情况下，党员同志和广大人民群众依旧可以足不出户便可以了解到廉洁文化，增强廉洁意识，提升思想道德素质。

（五）红色资源

习近平总书记指出，"红色资源是我们党艰辛而辉煌奋斗历程的见证，是最宝贵的精神财富"，"要用心用情用力保护好、管理好、运用好红色资源"。加强新时代高校廉洁文化建设，必须充分利用好宝贵的红色资源财富，将共产党人人民至上、廉洁奉公、自力更生、艰苦奋斗的廉洁精神理念融入青年学生课堂教学、社会实践、校园生活中的各个场景，引导其树立红色的人生理想、廉洁奉公的社会担当，真正实现以清正廉洁为底色为党育人、为国育才。红色资源为高校廉洁文化建设提供了丰富的主题素材、灵活的育人场景。无论是可观可见的红色遗址、革命文物，铭记于心的历史事件、英雄人物，还是代代相传的红色精神和家国情怀，都能够充分融入高校廉洁文化建设，有机转化为以廉洁为主题的课程教学建设、校园文化活动、专项社会实践、校园环境建设等，进一步提升廉洁文化育人质效。红色资源星罗棋布于我国960多万平方公里的广袤大地上，跨越百年的历史进程，各种红色遗址、革命故事、红色精神之间既密切关联，又各有侧重。

红色资源融入高校廉洁文化建设，必须以系统思维加以科学设计，真正做到善用红色资源、突出廉洁主题、释放育人效能。紧密围绕高校廉洁文化建设主题，科学选用红色廉洁资源，开展系统研究对红色资源进行合理分类，充分挖掘廉洁要素形成红色廉洁资源，强调地域性，以高校所在地及周边的红色资源为主要依托，采纳廉洁素材、拓展实践基地、营造文化氛围，让红色廉洁文化建设与校园生活紧密相融，与青年学生的社会成长密切相接；突出时代性，将红色廉洁要素融入中华民族伟大复兴的历史进程中来，扩展到新时代中国式现代化建设的实践中来，引导广大青年学生以社会主义合格建设者和可靠接班人为标尺，不断汲取红色廉洁文化养料，树立廉洁理念、践行廉洁示范；加强特色化，充分结合高校办学历史、发展定位、学科特色、人才培养等特色内容，有机融入红色廉洁要素，实现高校廉洁文化建设的特色化。

将红色资源引入高校廉洁教育中来，以红色资源为媒介，推动廉洁教育与思政课程、课程思政以及日常思政教育的紧密融合，面向青年学生讲好红色廉洁故事，把共产党人人民至上、廉洁奉公、自力更生、艰苦奋斗的廉洁品质和操守转化为青年学生的精神追求和价值取向，将廉荣贪耻的行为准则内化于心，外化于行。切实打造"三全育人"格局，加强对高校党政干部、专业教师的红色廉洁教育，引导广大教职员工廉洁治校、廉洁从教，为广大青年学生树立身边可见的廉洁榜样；充分发挥高校廉政研究优势，自觉提升红色文化素养，不断深化对红色廉洁资源的科学把握和合理运用；积极营造浓郁的红色廉洁文化氛围，将红色廉洁资源的宣传利用融于学生日常生活学习场景之中，"抬头可见、低头可思"，实现润物无声的功效。

四、加强高校廉洁文化建设的对策

高校廉洁文化建设，涵盖了社会文化、政治文化以及职业文化等各个层面，对各个部门协同建设提出了更高的要求。高校廉洁文化建设要以社会主义核心价值体系为中心，重点做好以下几个方面。

（一）搞好顶层设计，形成廉洁文化建设合力

1.加强党委的统一领导，推动廉洁文化建设聚心合拍。

构建"1+3"的主导格局体系。新时代廉洁文化建设具有同构性特征，要使新时代廉洁文化建设不流于形式，需要高校建立完善的主导格局体系和监督保障体系。根据《关于加强新时代廉洁文化建设的意见》的规定，高校党

委对廉洁文化建设负主体责任、起主导作用，应将廉洁文化建设作为学校整体工作的有机组成部分，并将其贯穿于全面从严治党、党风廉政建设、思想政治工作和事业发展全过程，融入整体校园文化建设；做好总体规划、强化顶层设计、注重制度规范，定期通报信息、研究情况、督查落实。高校纪检监察部门应全力做好组织推动，组织部门要把廉洁从政作为干部教育培训的重要内容，宣传部门要加大阐释力度、统筹廉洁文化精品创作。以此形成纵有主导、横有协同、上有布置、下有推动的新时代廉洁文化建设齐抓共管的局面，做到虚功实做、绵绵用力、锲而不舍。

形成"上下内外"的实施格局体系。高校各职能部门、各教学单位、各后勤保障部门都应担负起本单位、本系统、本领域的廉洁文化建设主体责任，在学校"规定动作"的基础上，充分发挥主观能动性，结合自身特点与实际做出"自选动作"。全校上下要加强联动协调、突出教育重点、整合案例资源、提高行动效率、形成整体合力，建立高校内部推动新时代廉洁文化建设的小生态。此外，高校还要努力构建新时代廉洁文化建设的大生态，整合社会教育、学校教育、家庭教育的互动合力，依托政府部门、纪检监察机关、企事业单位等力量，建立"政校企行"多元联动的新时代廉洁文化建设大格局和长效机制。

2.增强思想引领，培植廉洁文化理念价值认同。

以深入的理论武装激活思想磁场。马克思主义认为，用思想武装群众、用理论掌握群众是把理论转化为现实物质力量的重要手段。高校要将习近平新时代中国特色社会主义思想、习近平总书记关于党风廉政建设、廉洁文化建设、高等教育高质量发展的重要论述，党和国家有关新时代廉洁文化建设的新理念、新要求、新部署作为学校党委理论学习中心组学习计划、教职工政治理论学习计划、各基层组织"三会一课"、党团主题活动等重要学习内容；深刻理解新时代廉洁文化建设的核心要义，打牢新时代廉洁文化建设的思想根基，以理论上的坚定保证行动上的坚定，牢铸信仰信念信心，以思想上的清醒保证行动上的清醒。

以观念自律与文化自觉的高度统一激发人的主体作用。新时代廉洁文化以习近平新时代中国特色社会主义思想为根本遵循，以中国特色社会主义文化为战略支点，反映了新时代对廉洁价值、廉洁规范、廉洁风尚的思想认同和精神追求。高校加强新时代廉洁文化建设，要解决的是师生思想根源的问题，是理想信念的问题，是观念自律和内心自律的问题，从而形成廉洁文化价值构建的基础性力量与自发性力量。高校对于新时代廉洁文化自觉程度的度量，需要考虑其廉洁文化的建设现状，坚持廉洁文化的观念自律与文化自觉的高度统一，将廉洁文化引向廉洁智慧。

（二）积极探索，不断创新廉洁文化建设的形式和内容

廉洁文化以优秀的传统文化为根基，以系统的廉洁理论为指引、以先进的廉洁思想为核心、以稳固的廉洁制度为保障，是中国特色社会主义文化体系的重要组成部分。从内容上看，廉洁文化涵盖了廉洁的政治文化、廉洁的组织文化、廉洁的职业文化、廉洁的社会文化等，它既包含了无形的思想、理念、动机，也囊括了承载这些思想、理念、动机的具象的人、事、物。

1.充实内容体系，提升廉洁文化内容润泽功能。

坚持内容历史性与时代性的融合。新时代廉洁文化是对中华优秀传统文化、革命文化和中国特色社会主义先进文化的传承和发展，是廉洁文化在新时代的创造性转化和创新性发展，具有鲜明的时代特色。高校要充分发挥自身智库和理论阵地优势，结合实施中华优秀传统文化传承发展工程，从传统文化中汲取文化自信和历史自信，挖掘历史文献、文化经典、文物古迹中的廉洁思想，整理古圣先贤的嘉言懿行，组织开展廉洁文化历史研究，充分运用历史智慧推进廉洁文化建设。同时，要与时俱，将新时代廉洁文化建设的原则、任务和成就与党风廉政建设的新形势、新要求、新成效充分结合，提炼社会主义核心价值观中的廉洁要素，做好理论宣讲、政策解读，丰富廉洁文化的思想内涵。

坚持内容广泛性与特殊性的融合。新时代廉洁文化内容丰富、兼容并包，是新时代中国特色社会主义核心价值体系、意识形态及上层建筑中具有引领力的部分。高校在推进廉洁文化建设过程中，需要兼顾构建主体的广泛性，

客体的独特性以及环境的多样性。除充分运用中国传统文化中的廉洁思想、马克思恩格斯经典著作思想以及中国共产党的廉洁文化思想外，还要注重充分结合"行业特殊性"与"教育规律性""公共大同"与"校本特色"，充分结合本领域、本系统、本校的事业发展实际，深挖校史、校训、校友、校景中蕴含的廉洁元素、廉洁故事，做到贴近师生、贴近生活、贴近实际，实现对学校主体思想观念、价值判断、行为模式的形塑功能。

坚持内容示范性与警示性的融合。要充分发挥实干奉献、清正廉洁楷模的精神引领、典型示范作用，深入挖掘身边的党员干部廉洁从政、职工廉洁从业、教师廉洁从教、学生廉洁从学的生动案例，热情歌颂他们崇高的精神境界、无私的奉献精神、奋进的工作作风，让党员干部、教师、职工、学生学有榜样、赶有目标，把榜样力量转化为干事创业的生动实践。同时，要强化警示震慑。党的十八大以来，在"打虎""拍蝇""猎狐"的雷霆之势下，大批党内的腐败分子落马，其中不乏教育领域、高校系统的典型案例，这些都是现实生活中生动的教育素材。此外，高校还要巧借"身边事"警醒"身边人"，勇于"刀刃向内"，对学校内部的反面案例进行通报曝光，使干部师生思想上有震动、灵魂上受触动、工作上见行动。

2.创新载体平台，激发廉洁文化传播强劲活力。

拓展课堂教学阵地。课堂是传递知识、传播文化、塑造灵魂的主渠道、主阵地。高校要充分发挥课堂教学，特别是思政课程在新时代廉洁文化传播中的重要作用，要"加强理论研究、坚持实践指向、把握交叉研究趋势，在理论和实践的结合中不断深化对思想政治教育规律的认识"，实现廉洁文化与思想政治教育的有机融合。高校教师要用习近平新时代中国特色社会主义思想武装头脑、占领课堂，用自己的学识、阅历点燃学生对真善美的向往，增强学生的价值判断能力、价值选择能力、价值塑造能力，使廉洁的种子在学生心中生根发芽。高校还要加强廉洁教材建设，组织学校纪检监察部门、宣传文化部门以及教授学者等专业力量编撰廉洁教育教材，并结合新时代中国特色改版升级，创作一批兼具时代性、思想性、艺术性和观赏性的精品力作。

活用传播媒介载体。高校要充分认识和把握微传播时代的媒介化变迁，善于统筹校内外媒介资源传播廉洁文化,借助其高效的互动性和实时性特点,弥补传统"说教"的不足,放大自由浏览、自主互动传播的优势。加强廉洁文化网络内容建设,充分运用媒体融合成果,使廉洁文化与校园文化交互生成、相互滋养,实现内在渗透式融合发展。创新传播载体手段,搭建信息化平台,积极运用各类媒体、移动客户端等传播平台,实现广泛覆盖、有效覆盖,以动态、立体的现代传媒渠道赋予廉洁文化更加鲜明的时代特点。

(三)融会贯通,将廉洁文化融入高校整体建设

习近平总书记在2022年6月17日中央政治局第四十次集体学习时指出:"构筑拒腐防变的思想堤坝,用理想信念强基固本,用党的创新理论武装全党,用优秀传统文化正心明德,补足精神之'钙',铸牢思想之'魂',筑牢思想道德防线。"新时代高校应当立足于立德树人、为党和国家培养社会主义建设者和接班人,为推进全面从严治党营造崇廉尚洁良好社会氛围,充分突出时代特征,发挥高校优势和特色,有效整合资源,把廉洁文化建设贯穿学校管党治党、教育教学全过程,切实找准融入的契合点,把握关键点,发挥廉洁文化在教育人、引导人、塑造人、感染人方面的功能和作用,不断提高领导干部和师生职工廉洁从业、廉洁执教、廉洁修身意识。要深化廉洁文化教育宣传,融合党建和中心工作,精耕细作,接续发力,打造具有特色的高校新时代廉洁文化品牌,形成上下联动、整体推进的廉洁文化建设立体矩阵,把廉洁文化建设融入日常,立体推进,综合发力。

廉洁文化建设要与党建工作紧密融合,以党风廉政建设为抓手,打造上下联动的廉洁文化建设通道。高校要从讲政治的高度,高度重视廉洁文化建设,切实履行"一岗双责"和第一责任人职责,要把廉洁文化建设作为一体推进"三不腐"的基础性工程,纳入党风廉政建设和反腐败工作布局进行谋划。各基层党组织、各部门要充分发挥在廉洁文化建设中的组织作用和共产党员的带头作用,把廉洁文化教育融入党建、教学、科研、管理、服务的全过程、各环节,把廉洁文化建设作为中心组学习、"三会一课"、主题党日的必修内容,创新载体,丰富形式,针对不同领域、层级特点,分层分类开展

廉洁文化建设，统筹用好党性教育、爱国主义教育基地和各类党史纪念馆等资源，提高廉洁文化建设的针对性、实效性，形成廉洁文化建设整体合力。

廉洁文化建设要与教育教学紧密融合，依托学历教育，打造生动鲜活的廉洁文化进校园系列活动。开设教书育人的"清风讲堂"，将廉洁文化教育融入思政课程和课程思政中，深入挖掘廉洁文化资源，加大授课力度，完善教学内容，丰富教学形式，打造具有高校特色的精品廉洁课程，把高校建设成开展廉洁文化建设的重要平台和有效载体。要抓好高校思政课，在品行道德方面的教学中，通过弘扬优秀传统文化、学习廉洁人物、分析腐败典型案例等方式渗透廉洁美德教育，融"廉意"，养"廉心"。要把廉洁文化教育融入日常教育管理，将廉洁教育与学生社会公德、职业道德、艰苦奋斗、诚实守信、遵纪守法教育相结合。要把廉洁文化教育融入关键节点教育，利用好新生入学、毕业生离校等关键时间点，上好进入大学和迈入社会的"第一堂廉洁课"，引导学生树立正确的世界观、人生观和价值观。要把廉洁文化教育融入第二课堂，鼓励引导学生通过班级活动、社团活动、主题党（团）日、社会实践等感知体悟廉洁教育的深刻内涵和重大意义。

廉洁文化建设与纪律建设紧密融合，以关键人关键事为重点，打造清正廉洁的政治生态。以廉洁文化涵养政治生态，敢于正视自身问题，推动纪律和作风革命。面向全体党员干部，以"关键少数"、关键环节为重点，把廉洁文化建设与纪律教育、警示教育、重点监督相结合。组织开展校管干部和关键岗位人员廉洁承诺，引导领导干部明大德、守公德、严私德，知敬畏、存戒惧、守底线；持续深入推进干部约谈，突出对"关键少数"和年轻干部的重点监督，为新入党、新入职、新提拔、新调动的年轻干部及时进行警示教育，将警示教育贯穿到干部培养、选拔、管理、任用的全过程；做好常态化廉洁提醒和重要节点警示提醒，通过组织召开警示教育大会、通报典型案例、参观警示教育基地（展厅）、观看警示教育片、党规党纪教育、警示教育交流发言、撰写心得体会、讨论违纪违法人员的"忏悔录"等灵活多样的警示教育活动，因岗制宜、因人制宜分层分类施教，增强红线意识和底线思维；在全体党员中开展纪律教育主题活动，提高党员党性修养，增强纪律意识和廉洁意识；定期梳理廉洁风险点，做好重点领域和关键环节的监督，关口前移，抓早、抓小、抓预防。

廉洁文化建设与师德师风建设紧密融合，以立德树人为根本，打造教书育人的良好教风。用廉洁文化涵养师德师风，以师德师风建设推进廉洁文化建设，推动全校形成不忘教育初心、牢记育人使命的良好教风。充分发挥党委教师工作部的作用，代表党委履行党管教师工作的职能，统筹协调高校教师思想政治和师德师风建设工作；学习教书育人楷模优秀事迹、师德师风警示案例、新时代高校教师职业行为十项准则等，激励广大教师争做"四有好老师"，让师德力量内化于心、外化于行；加强教师的教育管理监督，开展理想信念教育，引导其以德立身，以德从教，爱岗敬业，为人师表，恪守教育初心，弘扬师德师风；坚持师德师风第一标准，把师德师风情况纳入教师考核指标体系，师德师风考核不合格者实行一票否决；加强对学术带头人、科研项目负责人、评审专家等人员的教育管理和监督，坚决治理学术不端行为，发挥表率作用。

廉洁文化建设与家风教育紧密融合，传承优良家风，打造风清气正的八小时外生活圈。将廉洁文化融入家风建设之中，弘扬克己奉公、清廉自守、公私分明、甘于奉献、为政清廉、秉公用权等价值追求，使优秀家风家训成为廉洁文化的重要渊源和"宝藏"，并在传承发展中不断涵养廉洁文化。狠抓党员干部等"关键少数"，把党员干部配偶、子女、亲属和身边工作人员作为警示教育的重要对象，让党员干部把修身律己和廉洁齐家联系起来，引导党员干部从自身做起，从家庭做起，重家庭、重家教、重家风，传承好家教、培养好家风，以"家风"促"作风"，以"家风"建"新风"；引导党员干部严格遵守纪律规矩和各项规章制度，养成在"八小时之外"自觉接受监督的习惯，自觉净化生活圈、社交圈、朋友圈。

廉洁文化建设与党风宣传教育紧密融合，打造全校党员的学习园地和党风廉政教育的宣传阵地。大力弘扬以伟大建党精神为源头的精神谱系，充分利用和发挥好传统媒体和新媒体的优势，进一步创新学习形式和载体，丰富廉洁文化教育内容，尤其要积极发挥新媒体优势，比如微信公众号、直播等形式，结合新时代廉洁文化建设的丰富内涵，以漫画、图说、视说等喜闻乐见的形式，把稳政治方向，展现工作动态，传播廉洁能量，加强警示教育，弘扬新风正气，以"微平台"释放"大能量"，于潜移默化中提升干部员工政治意识、法治意识、纪律意识、廉洁意识，营造党风清廉、校风清明、教风清正、学风清新的政治生态和育人环境，打造全校党员的学习园地和党风廉政教育的宣传阵地。

廉洁文化建设与人文校园建设融合，营造积极向上、风清气正、团结和谐的校园氛围。廉洁文化是校园文化的重要组成部分，是构建人文校园不可缺少的因素。把廉洁文化建设纳入人文校园建设内容，坚持党的教育方针，落实立德树人根本任务，弘扬伟大建党精神，高扬爱国主义旗帜，践行社会主义核心价值观，发挥文化铸魂、育人、塑形、赋能的强大力量。通过廉洁文化宣传标语、校园广播等方式，全方位、立体化输出，积极传播廉洁文化正能量，奏响党风廉政最强音，营造思廉倡廉好氛围，增强廉洁文化宣传的亲和力、渗透力、引领力，发挥廉洁文化春风化雨、润物无声的作用，让廉洁文化入脑入心、内化于心、外化于行，让高校干部员工成为廉洁文化的讲述者、传播者、践行者，以廉洁文化固"根"铸"魂"，激扬新征程斗志，不断凝聚守正创新、开拓奋进的力量。

五、创新开展廉洁文化培育实践

习近平总书记在党的二十大报告中明确强调"加强新时代廉洁文化建设，教育引导广大党员、干部增强不想腐的自觉，清清白白做人、干干净净做事"，进一步凸显了加强新时代廉洁文化建设在高等教育中的重要性。高等教育作为中国特色社会主义事业的重要组成部分，在培养具有社会责任感和家国情怀的优秀人才方面具有独特的优势和使命。作为立德树人的主阵地，高校推进新时代廉洁文化建设，既是全面加强高校党的建设、全面从严治党的必然要求，也是积极构建良好育人生态、不断提高人才培养质量，实现"青年强，则国家强"历史判断的必然要求。

通过加强廉洁文化的教育引导，可以为高校创造良好的学习环境和育人氛围，激发学生的学习热情和创新能力。在这样的环境中，广大师生能够深刻感受到廉洁自律的重要性，树立正确的人生观、价值观和道德观，坚守诚信原则，清清白白做人、干干净净做事，增强社会责任感，培养出更多具有担当精神的优秀青年。这不仅符合社会主义核心价值观的要求，而且能够培养学生遵纪守法、诚实守信的品行，树立正确的道德观念和价值观念，形成良好的行为习惯和社会责任感。廉洁文化教育引导学生在学习、工作和生活中坚守诚信原则，反对贪污腐败，注重公共利益，促进社会公正与和谐。同时，廉洁文化建设提倡廉洁从教，不仅要求师生在学术研究和教育教学中保持真实、客观、公正，还要关心社会、服务社会，在各个领域展开实际行动。通过培养德才兼备、具有创新精神和实践能力的优秀人才，高校能够为社会主义现代化建设提供强大的智力支持和人才保障。同时，廉洁文化的倡导和践行也为学生提供了正确的行为准则，引导他们在成长过程中远离腐败和不良行为，培养出担当社会责任、建设美好家园的能力和品质。

近年来，全国各大高校认真贯彻落实《关于加强新时代廉洁文化建设的意见》《关于在大中小学全面开展廉洁教育的意见》等文件要求，充分发挥学校资源优势，持续探索创新工作方法，不断引导师生提升廉洁认知、培养廉洁情感、强化廉洁意志、践行廉洁行为，形成了较为丰富的实践经验，为高校廉洁文化建设提供了可以借鉴的生动参照。

北京大学坚持把加强廉洁文化建设作为一体推进不敢腐、不能腐、不想腐的基础性工程抓紧抓实，推动廉洁文化建设融入管党治党、办学治校、立德树人各方面和全过程。学校各级党组织结合本单位特色，开好廉洁讲堂、上好廉洁党课、用好廉政教育基地，形成师生愿为乐为、共建共享局面，让廉洁文化在形式上"亮"起来，在内容上"立"起来，在实践中"活"起来。用好用活廉洁文化资源，推动廉洁文化润物无声、深入人心。把廉洁文化融入思政课程与课程思政主渠道、主阵地，讲好廉洁文化这一师生共育的思政课。政府管理学院将廉洁教育融入课程建设，为本科生开设《监察与监督》课程，为研究生开设反腐败政策专题，引导学生深入学习研究廉洁文化。每到毕业季，各院系精心设计毕业教育活动，将党性教育、廉洁教育化作对毕业生的殷殷叮嘱①。

清华大学坚持和加强党对学校的全面领导，发挥全面从严治党的引领保障作用，深入开展新时代廉洁文化建设，不断加强党风校风建设，为清华园营造风清气正的育人环境提供有力保障。通过统筹谋划、以点带面、以文养廉等方式，不断发挥廉洁文化的引领和浸润作用，让新时代廉洁文化在校园蔚然成风、深入人心。发挥学科优势，以学术力量推动高质量廉洁文化建设。2022年8月17日，清华大学成立纪检监察研究院，在全国高校率先启动纪检监察一级学科建设。结合研究院发展建设，学校不断强化理论武装、盘活校内资源，创新探索廉洁文化建设与党风廉政建设相结合的系统理论和实践形式，在学术研究、廉洁文化建设实践和廉洁教育宣传等方面不断积累，为校园廉洁文化建设提供有效实践经验②。

中国人民大学积极推动廉洁文化理论创新。2022年11月，中国人民大学成立纪检监察学院，以法学、马克思主义理论、政治学、公共管理学等学科为基础，依托廉政建设研究中心、反腐败与廉政政策研究中心、"当代政党研究"跨学科重大创新规划平台，在中管高校率先启动纪检监察学一级学科建设，通过加强理论研究整合各方资源，搭建特色平台，推动廉洁文化建设理论和实践创新，形成一批高质量理论研究成果，指导校园廉洁文化实践，并为全社会廉洁文化建设提供理论支撑③。

复旦大学积极挖掘复旦人的先进事迹和红色故事，深入推进"红色基因铸魂育人工程"，让红廉薪火成为复旦人宝贵的精神财富和不竭的动力源泉。《共产党宣言》展示馆是复旦大学乃至上海的重要红色地标，学校依托展示馆，通过话剧、舞剧、电影等形式，持续讲好陈望道先生翻译《共产党宣言》首个中文全译本的故事。为更好发挥廉洁文化的教化功能，复旦大学积极统

---

① 徐莹莹，王宇凡.营造风清气正育人环境[J].中国纪检监察，2023（1）：49-50.
② 清华大学纪委，国家监委驻清华大学监察专员办公室.清华大学深入开展新时代廉洁文化建设 永葆清华园风清气正欣欣向荣[J].中国纪检监察，2023（6）：53-54.
③ 中国人民大学纪委，国家监委驻中国人民大学监察专员办公室.以廉洁文化护航学校平稳健康发展[J].中国纪检监察，2023（10）：37-38.

筹拓展教育阵地。持续举办"致敬大师"系列活动,深入挖掘颜福庆、谢希德、谭其骧等勤廉事迹,引导师生学习其廉洁奉公的崇高风范;建成钟扬纪念室,评选表彰"钟扬式"好党员、好老师、好团队;打造玖园爱国主义教育建筑群,把苏步青、谈家桢旧居和《共产党宣言》展示馆共同开辟为爱国主义教育基地、科学家精神教育基地,以先进文化启智润心[①]。

中山大学用红色基因厚植廉洁文化基础。中山大学具有鲜亮红色基因、光荣革命传统、爱国奋斗精神,学校深挖校本廉洁文化元素,融入校园精品文化活动中。举办覆盖三校区五校园全体师生"诗乐党史""我和我的祖国"等系列草地音乐会,打造"红色三部曲"《中山情》《笃行》和《奋斗的岁月》,5000多名师生参与创编演出,不断增强廉洁文化影响力。举办"清风廉韵——百名师生讲廉洁故事"活动,学校领导人员、年轻干部、教师、医生、学生代表挖掘整理身边老一辈专家学者、医护人员的清廉事迹,并录制成"有声书",把廉洁文化送到每位师生指尖、耳畔,让清风正气、崇德尚廉在校园蔚然成风[②]。

北京联合大学"廉创空间"依托学科专业,围绕育人中心,通过全媒体、多形式、广覆盖的廉洁文化系列创建活动,开展融入式、参与式、体验式廉洁文化教育,组织师生"唱廉、颂廉、演廉、写廉、画廉、网廉",坚持"正面引领+警示教育",全方位激发师生对廉洁文化的思考和探索,形成了丰硕的廉洁主题原创精品,第一课堂、第二课堂全维度浸润师生。坚持突出社会主义核心价值观引领力,每年选定一个主题,围绕立德树人根本任务,策划系列廉洁主题创建活动。坚持突出全校党组织的组织力,通过分类指导,分层实施,依托办学学科专业,针对师生不同特点,开展内容丰富的廉洁主题创建活动。坚持突出艺术创作感染力,通过各类艺术形式开展廉洁主题创作,传播廉洁理念,正向树典型,反向警示教育。坚持全员全过程参与覆盖力,

---

① 曹雅丽,高安琪.复旦大学持续营造风清气正教书育人环境 推进廉洁文化建设在复旦落地生根[J].中国纪检监察,2023(8):37-38.
② 王敏丽,杨国志.中山大学以廉洁文化固本培元 营造清风和畅的教书育人环境[J].中国纪检监察,2023(7):37-38.

面向全校师生开展各类廉洁主题创作，师生既是创作者、参与者，又是见证者，全维度接受廉洁文化熏陶。截至目前，"廉创空间"已持续开展七届，形成了领导重视、部门协同、文化搭台、学科支撑、师生共建共享的校园廉洁文化建设格局。七年来，"廉创空间"结合学校发展实际，廉洁主题创建工作不断探索创新，开拓了文化作品多原创、文化精品进校园、文化资源重挖掘的廉洁文化建设路径，初步呈现了新时代高校廉洁文化建设工作的"联大智慧"和"联大经验"，活动得到了师生的一致肯定和兄弟院校的广泛关注。

第五章

以史为镜　以案为鉴

第一节　以史为镜正衣冠

廉政是指为政清正廉明。它不仅是不同历史类型的国家在政权建设上关注的焦点，而且是历代思想家直至百姓始终关注的一个重要话题。廉政文化是一个理论问题，更是一个实践问题。同其他文化形式一样，廉政文化首先是一种历史现象，它是廉政实践及其成果的不断延伸，并由此勾勒出不同历史时期所具有的弘扬廉洁与反对腐败的文化特点。其次，廉政文化是一个复杂整体，是由廉政（意识）思想文化与廉政制度文化、廉政社会文化紧密结合形成的一个有机整体，内涵丰富，相互塑养。因而，廉政文化不仅呈现时间上的普遍性，而且具有空间上的普遍性。

中国古代廉政文化是宝贵的廉政文化资源，其廉政思想可谓深邃厚重，制度设计比较合理，社会风尚形式独特，尽管长期为封建专制服务，有其弊端，但仍有值得今人认真研究、深度挖掘、精心提炼、充分利用之处。明确其中有益于当今廉政文化建设的精髓，对于推进新时期党风廉政建设具有重要意义。

在我国漫长的古代史中，产生了耀如群星的明君清官，产生了浩若烟海的廉洁文化。我国传统廉洁文化源远流长，内容丰富，涉及哲学、政治、文化、教育及风俗习惯等方面。我国传统廉洁文化思想有着十分丰富和深厚的内容。千百年来历久弥新，持续散发着历史的芬芳。

一、德治思想

德治是中国传统政治思想的基本命题之一，也是中国传统廉洁文化的重要内容之一。儒家的德治思想在社会发展的过程中发挥过重要作用，甚至影响至今。儒家的德治思想强调为政以德，把"德"作为政治的根本要求。孔子说，"为政以德，譬如北辰，居其所而众星拱之"（《论语·为政》），就是说为政者有高尚的道德，民众就会像群星环绕北斗星一样拥戴他。孟子、荀子、朱熹等儒家代表，在孔子的基础上也提出了自己的见解。儒家政治思想重视各级官吏的政德、官德、廉德，提倡做官要清廉，要注重礼义廉耻，主张以德选官治吏，要求国家选拔与任命的官吏必须是道德高尚的人，要求举纳忠良英才，严惩贪官污吏。儒家德治思想主张以德教民，重视用道德教化百姓，主张发挥道德感、羞耻心在人的行为中的作用。认为对民众实行德教、德治比实行惩戒、刑治更有效，可以培养人们的"知耻之心"，使其自觉遵守等级秩序，服从政治统治，从而实现社会稳定。儒家德治思想强调执政者在自己的实际行动中，对道德身体力行，以自己为榜样和模范来影响广大百姓。

秦汉以后，随着中国封建社会的确立，人们在深刻总结秦朝二世而亡的历史教训的基础上，更加认识到德治是安邦定国的必要条件。特别是汉朝大儒董仲舒"罢黜百家，独尊儒术"的思想，确立了儒家文化在中国传统文化中的主导地位。后来经过宋明众多理学大家的逻辑论证、理论思辨，德治思想最终一个比较完善的系统思想体系。德治思想包含着中国古代廉洁文化的思想精华，对社会的和谐发展具有推动作用，在长达两千多年的封建社会中，儒家文化之所以能居于主导地位，这与它所倡导的德治思想有密切联系。

"君子不患位之不尊，而患德之不崇；不耻禄之不夥，而耻智之不博"，出自东汉张衡的《应闲》。这句话意思是，君子不担心自己地位不够尊崇，只担心自己的道德不够完善；不因为俸禄不多而感到耻辱，而是以才学不渊博为耻辱。

提起张衡，人们较为熟知的是他在天文领域的成就，但张衡的才能远不止于此。如在文学上，张衡与司马相如、扬雄、班固并称汉赋四大家，他用十年时间苦心写作《二京赋》，是汉赋中的精品。此外，他在政治上也有极高才干，在绘画、史学等方面也有很高的造诣。《后汉书·张衡传》称他"善属文""善术学""善机巧""善理政"，郭沫若曾评价张衡："如此全面发展之人物，在世界史中亦所罕见。"

张衡尤长于作赋，他的某些赋，有屈赋的格调，屈原忧国忧民、守操独立、忠贞不渝的高尚品质，给了他很大的影响。故张衡"虽才高于世，而无骄尚之情"，一直是保持"从容淡静"。他曾两度任朝廷太史令，因不趋附达官显贵，官职总是多年得不到提升。有人问他："参轮可使自转，木雕犹能独飞，已垂翅而还故栖，盍亦调其机而铦诸？"意即你能使机轮转动，木鸟自飞，为何自己却垂翅故栖，不能高飞呢？以此劝张衡放下身段，谄谀权贵获取高官厚禄。

面对这样的问题，张衡专门写下《应闲》予以回答："捷径邪至，我不忍以投步；干进苟容，我不忍以歠肩。"有人把学问作为沽名钓誉之具、登官晋升之梯，而张衡却对此不齿。在他心中，对道德和学识的崇尚，远超过对名和利的追逐，"君子不患位之不尊，而患德之不崇；不耻禄之不夥，而耻智之不博"，"愿竭力以守义兮，虽贫穷而不改"，这就是他的价值观。也正是在这篇文章中，张衡写下了"人生在勤，不索何获"的名言，成为激励后世矢志奋斗的座右铭。

中华传统文化特别强调修身，要求君子"正心明道，怀德自重"，追求德才兼备、怀才抱德。历史上凡流芳千古者，如诸葛亮、范仲淹、苏轼、岳飞、文天祥、林则徐等，无不既品德高尚，又才能出众。"才者，德之资也。德者，才之帅也"，为官从政者必须清醒地认识到这一点，以"君子检身，常若有过"的谦诚态度，常修为政之德，不断精进自己，真正有益于国家和人民。

个人名利淡如水，党的事业重如山。在中华优秀传统文化的浸润中成长，一代代共产党人以赤子情怀守初心、担使命，坦坦荡荡做人、兢兢业业做事、如饥似渴学习，既注重修养品德，又努力锤炼本领，努力做"一个高尚的人，一个纯粹的人，一个有道德的人，一个脱离了低级趣味的人，一个有益于人民的人"。

二、民本思想

以民为贵的民本思想是中国传统廉洁文化的组成部分，是廉洁政治的价值观的出发点和落脚点。《尚书》说："民惟邦本，本固邦宁。"到殷商至西周时期，当时的统治者从夏桀、商纣的亡国以及当时的斗争中初步看到了民众的力量，开始重视民众。春秋战国时期，社会动荡加剧，人民群众的重要地位进一步显示出来。孔子较早提出重民富民思想，他说："足食，足兵，民信之矣。"(《论语·颜渊》)孟子在理论上最先明确提出民贵君轻的思想，孟子认为："民为贵，社稷次之，君为轻。"(《孟子·尽心下》)他主张君主应施行"仁政"，为民解忧，与民同乐。荀子则说"君者，舟也；庶人者，水也。水则载舟，水则覆舟"(《荀子·王制篇》)，把君主和老百姓比喻成舟和水的关系。汉唐以后，统治者从历史上王朝兴衰更替的教训中认识到民众是一支令人生畏的政治力量，并把舟水之训奉为座右铭，促使他们采取重民、利民的政策，来巩固自己的统治地位。唐太宗李世民最为典型，他以秦汉暴君以及隋亡为前车之鉴，民本施政，如临深渊，如履薄冰，轻徭薄赋，休养生息，厉行节约。民本思想在一定程度上反映了人民的愿望，维护了人民的利益，发展丰富了廉洁文化的内容，影响了官僚统治阶级的价值取向，在客观上遏制了统治阶级的残暴统治，推动了历史的发展。当然，传统民本思想总是和维护封建专制政权紧密联系在一起，主张以民为贵的思想家都推崇王权，主张等级制度，这就注定了民本思想不可能对君主进行有效的制约。尽管如此，传统民本思想仍然是古代廉政建设的指导性理论，是中华传统廉洁文化的宝贵资源。

史料记载，南宋王十朋出知泉州后，曾召集下属各知县议事，赋诗《宴七邑宰》相送："九重宵旰爱民深，令尹宜怀抚字心。今日黄堂一杯酒，殷勤端为庆民斟。"他借诗教导下属要爱民利民，不能横征暴敛，鱼肉乡里。无独有偶，晚于王十朋数十载出生的真德秀，也曾在任职长沙时作《湘江亭谕僚属》一诗："从来官吏与斯民，本是同胞一体亲。既以脂膏供尔禄，须知痛痒切吾身。"他告诫下属，官民本是一体同胞，为政者理应体恤百姓痛痒，关注百姓疾苦。

"致理之要，惟在于安民，安民之道，在察其疾苦而已。"实现国家安定的关键，在于使百姓安居乐业，而要让百姓安居乐业，就必须体察他们的疾苦。中华传统文化中的民本思想是为政以德的立论基础，其核心要义就是重视百姓疾苦，并做到爱民之所爱、忧民之所忧。唯有恪守以民为本理念，关心百姓疾苦，维护百姓利益，真正做到爱民教民、富民惠民，才不会失去人格道义，才能维护国家长治久安。屈原在《离骚》中发出"长太息以掩涕兮，哀民生之多艰"的慨叹，杜甫在《茅屋为秋风所破歌》中描绘出"安得广厦千万间，大庇天下寒士俱欢颜，风雨不动安如山"的愿景，郑板桥也曾发出"衙斋卧听萧萧竹，疑是民间疾苦声"的感叹，拳拳爱民之心跃然纸上。

德莫高于爱民，行莫高于利民。"平远奇男抚东督川勇于任事惩恶扬善一身正气，晚清重臣爱国为民睿智超群廉洁奉公两袖清风"，这副对联概括了晚清中兴名臣丁宝桢一生的功绩，也是他德政双馨的真实写照。丁宝桢为官生涯中，勇于担当、清廉刚正，一生致力于爱民报国。在任山东巡抚期间，他两治黄河水患、创办山东首家官办工业企业山东机器制造局；任四川总督期间，改革盐政、整饬吏治、修理都江堰水利工程、兴办洋务抵御外侮，造福桑梓、深得民心。

"凡有害民者，必尽力除之；有利于民者，必实心谋之。"这是丁宝桢的为政之道，也是他对丁氏后人的谆谆教诲。他曾在给儿子丁体常的信中说："至作官，只是以爱民养民为第一要事，即所谓报国者亦不外此。盖民为国本，培养民气即是培养国脉。缘民心乐，民气和，则不作乱，而国家予以平康，此即所以报国也。尔以后务时时体察此言，立心照办。"此外，他提倡为政者应多到百姓当中，一来可以听民声、察民情、解民忧，二来"遇民间有官事，可以随处审断，较之在城审断，民尤感激。以其在乡审断，可免在城花讼费也，此是百姓第一感激官之事"。即便像"可免在城花讼费"这样的民生小事，他也是念之履之。

江山就是人民，人民就是江山。我党自诞生之初就把人民写在自己的旗帜上，始终与人民风雨同舟、心心相印，血肉相连、生死相依。新征程上，当汲取中华优秀传统文化的精髓，借鉴勤政为民的智慧与经验，站稳人民立场，投入真情实感，竭尽全力把解民忧的好事办好、把惠民生的实事办实，不断实现好、维护好、发展好最广大人民的根本利益。

三、修身自律

修身自律就是修养身心，使人的心灵纯洁，使人的本性不受损害，通过自我反省体察，使身心达到完美的境地。修身理论是中国传统思想中最重要的理论之一，也是中国传统文化中锤炼塑造优秀人格的重要途径。儒家思想形成了比较完备的系统化、理论化的修身理论体系，塑造了中华民族特有的人格价值理想。儒家把修身立德、正己正人、完善人格看作做人做官的基础和前提。"修身、齐家、治国、平天下"，是儒家推崇的人生价值理想，而作为基础和前提的就是"修身"。齐家、治国、平天下都要把修身作为根本，都要从加强自身的道德修养开始。孔子说："德之不修，学之不讲，闻义不能徙，不善不能改，是吾忧也。"（《论语·雍也》）"自天子以至于庶人，壹是皆以修身为本。"（《大学》）在如何修身律己的问题上，孔子提出了"见贤思齐"的观点，他说："见贤思齐焉，见不贤而内省也。"孟子认为，"君子之守，修其身而天下平"。他把人生修养分为善、信、美、大、圣、神六个层次。曾子主张"吾日三省吾身"，通过自省完善自我的人格，锤炼修养。儒家主张的修身虽然是自我修养，是"内圣"，但它不是仅仅要求独善其身，洁身自好，而是强调修身的目的是达到"外王"，是要实现齐家、治国、平天下的理想，从而达到修身更为重要的目标。从先秦思想家到宋明理学的朱熹、王阳明等理学家，在修身理论上不断完善发展，激励了一代又一代的中华民族的仁人志士，树立修身自律的严格标杆，坚定为官场清明、社会廉洁而努力的决心和信心。

"欲事立，须是心立"出自北宋大儒张载所著《经学理窟》。张载世称横渠先生，是理学创始人之一。38岁中进士后，他做过几任地方官，50岁时，赴京任职，次年辞官返回故里郿县（今陕西眉县）。此后，直到逝世前的六七年间，除短期入朝外，一直在横渠镇讲学著书。作为开宗立派的理学大师，张载思想产生于关中地域，但其影响却是跨地域甚至是跨国界的。

在长期的为政和学术生涯中，张载把自己的志向提炼为"为天地立心，为生民立命，为往圣继绝学，为万世开太平"四句话，并矢志践行之，最终创立了具有社会关切和务实取向的"关学"。他十分强调"心立"对于一个人成长成才做事的重要性："欲事立，须是心立。心不钦则怠惰，事无由立，况圣人诚立，故事无不立也。"若想要所致力之事取得成功，必须先下定决心、坚定信念。如果心不钦敬、志不坚定，则可能懈怠懒惰，所要做之事就很难取得成功。

在中国思想史上，"心"是一个极为重要的命题，是在中国特有的文化背景和历史语境下产生的概念。中国古代思想中一系列范畴：情、性、志、意、思、感、想、悟等，都由"心"衍生，与"心"密切相关。明代思想家王阳明说："身之主宰便是心，心之所发便是意，意之本体便是知，意之所在便是物。"心是身体的主宰，当心灵安定下来，不为外物所动时，本身所具备的巨大智慧与力量便会显露出来。

明武宗正德元年，因为反对宦官刘瑾，王阳明被廷杖四十，贬谪到贵州龙场做驿丞。对汲汲功名富贵之辈，这绝对是人生的重大灾难，但对王阳明来说，这却是生命全新展开的契机。在这个偏僻荒远的地方，王阳明想的是"圣人处此，更有何道"。他对自己的学问和人生，进行最为彻底、最为冷静的反思。反思的结果，就是在一个深夜里的大彻大悟。他的生命，进入了全新的境界。

龙场悟道后，四方好学之士来此求学者络绎不绝。王阳明给他们立下了四项"教条"，这就是《教条示龙场诸生》。其中排在第一位的就是"立志"："志不立，天下无可成之事，虽百工技艺，未有不本于志者。"立下志向，心就有了方向。王阳明以此教育学生，也以此要求自己。12岁便将"做圣贤"列为人生第一等事，正是在高远之志的召唤下，他才能不断完善自己，在诱惑面前不堕落，苦难面前不崩溃，得失面前不动心，以勇毅深沉的气度，开创出灿烂的人生格局。

"以至公无私之心，行正大光明之事"，克己奉公、克勤克俭始终是中华传统美德的重要内容。中华文化是尚群的文化。小到家庭，大到国家、民族，都是群，而群就是公。对于公和私的关系，应以公为先；人和己的关系，应以人为先。"大道之行也，天下为公"，不仅表达着公权力的生成逻辑和政道指向，也昭示着对为政者本身的德行要求，即坚持克己奉公，用公权力为天下人谋福祉。从舜帝践行"只为苍生不为身"，到韩非子提出"明主之道，必明于公私之分"，到苏轼写下"治身莫先于孝，治国莫先于公"，无一不是在说明国家兴盛之道，在于政权要以芸芸大众为重心；为官理政之要，是做到两袖清风、一身正气，克己奉公、自强勤政。

克己奉公的境界应当如何涵养？清代学者张鉴在《浅近录》中记录了这样一则故事：宋高宗时期，大臣孙樊进宫朝见皇帝，当两人谈到有关官吏如何做到公正廉明的问题时，宋高宗问："何以生公？"孙樊回答说："廉生公。"皇帝又问："何以生廉？"孙樊答曰："俭生廉。"持俭，方能守廉、兴廉；为官清正廉明，己心光明，就一定能做到克己奉公、正直无畏。一钱太守、二不尚书、三汤道台、四知先生、五代清郎、八一巡抚……历史上众多良吏能臣展现出的"苟非吾之所有，虽一毫而莫取"境界，跨越历史长河始终闪耀着光辉。

"坚持党和人民的利益高于一切，个人利益服从党和人民的利益，吃苦在前，享受在后，克己奉公，多做贡献。"这是《党章》中对党员义务的要求。中国共产党人的血液里流淌着中华民族漫长奋斗积累的文化基因。廉洁从政，秉公用权，是我们党的光荣传统和优良作风。大公无私、先人后己，吃苦在前、享受在后，以身作则、模范带头，在党和人民需要的时候挺身而出、英勇斗争，随时准备为党和人民牺牲一切，这些都是共产党人的党性和精神品格。

1956年11月，在党的八届二中全会上，毛泽东讲了两个故事。一个是关于酸菜的，他说："一九四九年在这个地方开会的时候，我们有一位将军主张军队要增加薪水，有许多同志赞成，我就反对。他举的例子是资本家吃饭五个碗，解放军吃饭是盐水加一点酸菜，他说这不行。我说这恰恰是好事。你是五个碗，我们吃酸菜。这个酸菜里面就出政治，就出模范。"另一个是关于苹果的，他说："锦州那个地方出苹果，辽西战役的时候，正是秋天，老百姓家里很多苹果，我们战士一个都不去拿。我看了那个消息很感动。在这个问题上，战士们自觉地认为：不吃是很高尚的，而吃了是很卑鄙的，因为这是人民的苹果。"

我们党在长期奋斗中，始终坚持用这样的思想和精神教育自己的党员、训练自己的干部。从方志敏的《清贫》、刘少奇的《论共产党员的修养》，到焦裕禄"任何时候都不搞特殊化"、谷文昌"不沾公家一点油"，到李保国"见不得百姓受穷，一头扎进穷山沟"、黄文秀"我想回去建设家乡，把希望带给更多父老乡亲"……回顾党的历史，我们常常被那些"用特殊材料制成""心中装着全体人民，唯独没有他自己"的先进榜样与动人故事所折服、震撼、感染。因为崇尚天下为公，才能做到克己奉公；因为心有"大我"，才能牺牲"小我"。在他们身上，对党忠诚的大德、为民造福的公德与严于律己的私德实现了高度融合和有机统一。

四、重义轻利

义利观是我国传统伦理道德的基本问题之一，它萌芽于西周，形成于春秋战国时期，经过两汉、宋明、明末清初几个发展阶段。古人对义利问题非常敏感，义利问题始终是中国古代思想史中的一个重要问题。义，是社会普遍的道德要求；利，则是个人的私利要求。义利之辨涉及人们在道义与利益等一系列矛盾关系问题上的观念和价值选择。孔子思想中，义利是衡量君子与小人的一个标准，"君子喻于义，小人喻于利""君子怀德，小人怀惠。"孔子在义利关系中坚持"见利思义""义然后取"，他认为"不义而富且贵，于我如浮云"。孟子强调义的重要，把义看得重于生命，提出了"舍生取义"的价值取向。荀子则明确表达了"先义后利""以义制利"的主张。

墨家认为义与利是统一的，要求兴天下之利，除天下之害。法家肯定人们谋取的正当利益，提出利用人的好利畏罪的心理推行法治。道家对社会变革态度消极，主张义利俱轻，排斥主观追求，不为功名利禄所动。

儒家有很强的重义轻利思想。在处理义利关系时，认为义是第一位的，必须坚持的。儒家重义思想，并不是排斥个人的追求，贬低个人利益的重要性。只是当个人的"利"和群体的"义"发生矛盾时，儒家更注重群体的道德要求。汉代以后儒家的地位逐渐上升，儒家重义思想对后世的影响很大。汉儒董仲舒谓"正其义不谋其利，明其道不计其功"（《汉书·董仲舒传》）。宋代理学家朱熹也曾言"君臣有义"。义也始终作为处理文官系统和历代君臣关系的标准。君臣都当按照"义"的标准来规范自己的行为，否则便称不上明君贤臣，国无明君，朝无贤臣则国必倾颓。儒家的重义轻利思想中蕴含着丰富的以"廉德"为核心理念的廉洁文化，成为中国古代廉洁思想重要的理论基础，也成为历代思想家、政治家的价值追求。

"不私，而天下自公"出自《忠经》："无为，而天下自清；不疑，而天下自信；不私，而天下自公。贱珍，则人去贪；彻侈，则人从俭；用实，则人不伪；崇让，则人不争。"《忠经》相传为东汉著名古文经学家马融所著，其中"不私，而天下自公"强调了秉持正确公私观的重要性。

千百年来，公与私的问题，始终是国家治理中的一个核心问题。古代典籍中，常见对公、私价值意义的梳理与探讨，以及对"天下为公"这一理想社会的构想与憧憬。在"大道之行也，天下为公"的大同社会，因为无私心，所以在吏治选拔中能做到"选贤与能"，在社会交往中能做到"讲信修睦"，最终实现"老有所终，壮有所用，幼有所长，矜、寡、孤、独、废、疾者皆有所养"。儒家倡导"仁者爱人"，并将仁爱思想推而广之，要求以天下为己任。很多有志之士以此为出发点，将"为天地立心，为生民立命，为往圣继绝学，为万世开太平"作为理想追求，激荡出强烈的社会责任感和历史使命感。在国家利益、民族大义面前，总是毫不犹豫地把个人情感、一己得失放到一边，挺身担当，乃至献出生命。

相对公所指代范畴中的江山社稷、家国民族这样的整体利益，私所代表的利益并不是中国人的第一追求。"无私者，可置以为政""政在去私，私不去则公道亡""一心可以丧邦，一心可以兴邦，只在公私之间尔"……能否做到秉公去私，是检验为政者胸襟格局的试金石，也是照鉴王朝兴衰成败的镜子。

北宋名臣包拯，一心为民，清廉公正，是铁面无私、正直无畏的典范，深得百姓拥戴。漫长岁月中，他的故事被写入戏曲、化为传说，在民间广为流传。即使包拯的最高官职，是被追赠礼部尚书、谥号孝肃，然而在百姓心中，他永远被铭记的是开封府尹的形象；即使曾任天章阁待制、龙图阁直学士，更为文雅的别称是"包待制""包龙图"，但是古往今来人们对他最爱戴的称呼依然是"包青天"——不以职位命名他、不以谥号官称他，而是以公正无私的品格，来世世代代地纪念他。

传统文化中公而忘私的价值取向与一以贯之的尚民信念，在中华民族的历史塑造过程中产生了极为深远的影响。这种理念与马克思主义理论中普遍的救世情怀与解放意识深刻契合，在中国共产党人探索中国道路的过程中，形成了一股强劲的合流，指引着前进的方向。为人民谋幸福，为民族谋复兴，中国共产党从诞生的那天起，就没有自己的私利——如果有私利、为自己谋前程，那些家境和社会地位都还不错，甚至在大城市接受过良好教育的年轻人，完全没有必要登上那一叶红船。

五、崇尚节俭

节俭是我们中华民族的传统美德，是绵延五千年礼仪之邦的优良品质，是我们修身、齐家、治国、平天下的有效法门。崇尚节俭，历来都是各行人士的行事准则。从明君贤臣到诗礼之家，再到平民百姓，都把尚俭节约、惜物惜时作为一种美德来提倡和施行。自古至今，在俭与德、奢与恶的问题上，很多有志之士都有相似警语。在先秦思想家中，孔子一生尚俭，他把俭与温、良、恭、让一同列为做人的基本道德准则。荀子最早把节用同生产的发展和增长联系起来，对节俭思想进行了深度的思考。墨子将节俭视为对一切人的要求，而且对衣、食、住、行都做了明确的规定，并且身体力行。墨子云："俭节则昌，淫佚则亡。"老子主张"少私寡欲""知足常乐"，不贪图名利财物，要在简单质朴的生活中体验纯洁的生命乐趣。三国时期的政治家诸葛亮曾言"静以修身，俭以养德"，指出了清净节俭与修身进德的关系。唐代著名诗人李商隐，在他的《咏史》一诗中有"历览前贤国与家，成由勤俭败由奢"脍炙人口的千古名句。

古代思想家们提倡以俭养廉，寄希望于执政者通过自身的道德修养，保持勤俭淡泊、艰苦朴素的生活作风，不受物欲诱惑，不追求奢侈享受，进而实现清正廉洁。在汉语中，关于节俭的成语、格言、警句、谚语不计其数，如"克勤克俭""节衣缩食""不当家不知柴米贵""由俭入奢易，由奢入俭难""一粥一饭，当思来之不易；半丝半缕，恒念物力维艰"等。赞美勤俭节约之道，热情讴歌节俭美德，底蕴丰厚。内涵深刻，也突出反映了崇尚节俭的思想。中国历代有众多的政治家以节俭为修身养性之准则，治国理政之法宝。

季文子是春秋时期鲁国的正卿，出身于三世为相的家庭，他为官三十余年，始终以节俭为根本，并且要求家人也过俭朴的生活。季文子穿衣只求朴素整洁，除了朝服之外没有几件像样的衣服；他每次外出，所乘坐的车马也极其简单。《国语》中记载，"无衣帛之妾，无食粟之马"。

有个叫仲孙它的人就问他："您是鲁国的上卿，辅佐过两朝国君，家人不穿丝帛，马匹不喂精料，恐怕国人会以为您吝啬，也有失国家的体面。"季文子回答："我也愿意把家里布置得豪华典雅，但是看看我们国家的百姓，还有许多人吃着粗糙得难以下咽的食物，穿着破旧不堪的衣服，有人正在受冻挨饿，所以我不能奢华。别人的父兄衣食尚且不足，而我却优待家人和马匹，这难道是良知君子该做的吗？况且我只听说高尚的德行可以为国增光，没有听说过以奢华来夸耀的。"

季文子这一番话，说得仲孙它满脸羞愧，对季文子更加敬重。此后，他生活也十分注重节俭，妻妾只穿用普通布做成的衣服，家里的马匹也只是用谷糠、杂草来喂养。（《国语》："自是，子服之妾衣不过七升之布，马饩不过稂莠。")季文子听后说:"过而能改者,民之上也。"于是推荐仲孙它担任上大夫。

一粥一饭,当思来之不易;半丝半缕,恒念物力维艰。节俭,绝不仅仅是个人生活问题。天下之事,常成于勤俭而败于奢靡。节俭不仅是一个人的道德风范,更关系到领导干部的党性修养和为政之德,甚至是事业兴旺之本。2019年3月5日,习近平总书记在参加十三届全国人大二次会议内蒙古代表团审议时讲话强调:"吃不穷、穿不穷,计划不到一世穷。党和政府带头过紧日子,目的是为老百姓过好日子,这是我们党的宗旨和性质所决定的。不论我们国家发展到什么水平,不论人民生活改善到什么地步,艰苦奋斗、勤俭节约的思想永远不能丢。艰苦奋斗、勤俭节约,不仅是我们一路走来、发展壮大的重要保证,也是我们继往开来、再创辉煌的重要保证。"

节俭朴素,力戒奢靡,是我们党的传家宝。过去我们党靠艰苦奋斗、勤俭节约不断成就伟业,现在我们仍然要用这样的思想来指导工作。党的十八大以来,习近平总书记多次强调要坚持勤俭办一切事业,坚决反对讲排场比阔气,坚决抵制享乐主义和奢靡之风;要大力弘扬中华民族勤俭节约的优秀传统,大力宣传节约光荣、浪费可耻的思想观念,努力使厉行节约、反对浪费在全社会蔚然成风。

六、重典治吏

在中国古代历史上,吏治腐败尤其是王朝后期的吏治腐败是较为普遍的社会历史现象,自先秦至明清吏治腐败的顽疾一直延续,未能根治。最高统治者们明白,要想保持王朝的稳固和长治久安,必须建设廉洁的政治、廉洁的官僚系统,廉政先要廉吏,治国先要治吏。一些开明的思想家、政治家为维护政权的需要,特别重视吏治,在官吏的选拔、任用、考核、奖励和惩治方面提出了许多主张和对策措施,在一定程度上打击了贪官污吏,造就了一批清官廉吏,促进了古代的廉政治理,在一定时期内对于维护统治秩序和促进社会发展起到了积极作用。从夏朝时起,就有了惩治贪官的立法。《左传》曾引用《夏书》说,夏时有"昏、墨、贼、杀"的规定,"己恶而掠美为昏,贪以败官为墨，杀人不忌为贼"。即"昏"是自己做了坏事而又掠他人之美名；"墨"是贪得无厌，败坏官位；"贼"是肆无忌惮地杀人，按照夏朝法律的规定，这三种犯罪，都要处死。在古代的治国思想中，法家是力主法治的，虽然汉代以后儒家的德治思想占主导地位，但历朝历代的统治者都没有也不可能丢掉法治，法家的思想和主张一直在发挥作用，"乱世用重典""重典惩贪治吏"的思想常见于古典文献中。

战国时期魏国宰相李悝制定的《法经》是我国历史上第一部封建法典，体现了以刑惩贪的基本要义。秦代奉行法家的治国思想，其治官之法从商鞅变法时已开始形成。汉代的时候，对官吏的法治化管理也非常严格，法律规定，有贪腐前科的官吏三代不得做官。魏晋南北朝时期，《魏律》《晋律》的颁行使惩治贪腐的法律趋于细密。唐朝时制订的《唐律疏议》，把有关惩治贪污犯罪的规定以国家大法的形式固定下来。辽宋夏金元各代，基本上沿用唐朝依法治吏的方式。明朝是我国古代史上非常有名的重典治吏的封建王朝，明太祖朱元璋非常痛恨贪官污吏，亲自编写了总共236条的明《大诰》，其中惩治贪官罪的有150多条，明朝初期惩治贪官之严酷实属历史罕见。

治国必先治吏的思想，到了清代成为清初统治阶级重要的治国思想。清代前期把惩治贪腐作为加强吏治的重点，《大清律》规定了对贪官污吏可以处以抄家、罢官，直至处死的刑罚。历代封建王朝在严惩贪官的同时，还非常重视表彰和重用廉吏，把他们树立为廉政的典范，作为官员学习的楷模。纵观古代历史，虽然统治阶级非常重视吏治，终归是为维护君主专制统治服务的，但在各个历史时期均造就了一大批清正廉洁、刚正不阿的官吏，当我们仰望中国吏治的星空，会发现这些巨星耀眼的光芒。

孔子有一位很有名的学生仲由，也就是我们熟知的子路，他一生追随孔子，努力实践孔子的思想学说，对儒家思想的传播起了积极作用，位列"孔门十哲"之一。《论语·公冶长》有这样一段记载："子路有闻，未之能行，唯恐有闻。"意思是，子路在听到一个道理但没有能亲自实行、实践的时候，唯恐又听到新的道理。为什么呢？因为怕原有的知识没有来得及实践而体会不够深、掌握不到位。

这也就回应了《论语》开篇所讲的"学而时习之，不亦说乎"的经典之论。这样的记载和论述，在《论语》等传统经典中不胜枚举，比如《论语·雍也》："知之者不如好之者，好之者不如乐之者。"《中庸》里面讲"博学、审问、慎思、明辨、笃行"，等等。换言之，中国传统哲学天然具备实践精神。像"经世致用""学以致用"等在中文语境中，是尽人皆知的成语。

提起唐诗，我们有太多耳熟能详的名字。除了名如日月在天的李白、杜甫，还有壮志酬国的高适、岑参，诗画田园王维、孟浩然。这些诗人的作品自有一种自强不息的精神。"平明寻白羽，没在石棱中"，描摹出将军之骁勇；"从来幽并客，皆向沙场老"，表明了战士的决心；"醉卧沙场君莫笑，古来征战几人回"，一种洒脱的英雄之气跃然纸上。这种具有青春活力的热情和想象，成为当时的文化风尚和时代气象。

这种风尚和气象的出现，并不是凭空产生的，而是与唐代诗人既注重读万卷书，更注重行万里路的实践密切相连。他们通过行万里路来增长阅历、增加才干，尤其是很多诗人都有着边塞军旅生活经历，为今后的一展宏图、实现人生抱负打基础、作铺垫。在仗剑辞亲远游中，丰富了对祖国山川大地的认识，更完善了对社稷苍生的良知。于是，就孕育出了令后人钦羡的大唐气象，如长江大河，似天风海涛，读到唐诗，瞬间就呼吸到阔大不羁的气息，感受到金戈铁马的大气。支撑起这种气象的，则是唐人自强不息、志在四方、自信自立、定国安邦的精神和实践。

翻阅历史，最能在条件艰苦、困难大、矛盾多的地方默默奉献、接受锻炼、创造辉煌的，是中国共产党人。

1962年12月，正是兰考县遭受内涝、风沙、盐碱"三害"最严重的时刻，焦裕禄临危受命，调任兰考县委书记的第二天，就到灾情最重的公社和大队去了解情况，察看灾情。他注重深入实际、调查研究，身先士卒、以身作则，带领全县人民投入封沙、治水、改地斗争。焦裕禄忍着肝病的折磨，靠着自行车和双脚跋涉2500余公里，走访兰考全县149个生产大队中的120多个，丈量所有的风口、沙丘、河渠，逐个编号、绘图，制定了治理"三害"的科学规划。

从社会主义革命和建设时期到改革开放和社会主义现代化建设新时期，再到新时代，我们能够取得令世界瞩目的发展成就，靠的就是党培养选拔的无数好干部不怕苦不怕累、不怕流血牺牲，在人间正道上书写人间奇迹。为有牺牲多壮志，敢教日月换新天，这就是中国共产党人的伟力。这既是我们的精神，也是我们的品格。

例如，黄文秀2016年毕业后，原本可以作为选调生留在南宁工作，却毅然决然回到百色老区，主动请缨到百坭村任第一书记。百坭村是深度贫困村，用了不到1个月的时间，她就掌握了全村概况和致贫原因。在黄文秀和全体村民的共同努力下，经过一年努力，百坭村的贫困发生率就从22.88%降至2.71%。他们共同将一份至诚至敬的奉献写在了大地上。

党的十八大以来，适应党和人民事业新发展新需要，我们党更加重视干部培养选拔，许许多多像黄文秀一样的好干部放弃优越生活，主动选择到条件艰苦、困难大、矛盾多的地方，经风雨、见世面、壮筋骨，不计个人得失、矢志埋头苦干，书写下新时代党员干部感人肺腑的风采。

心中有天地，方能不为外物侵。苏轼曾在《赤壁赋》中记载了自己与朋友月夜泛舟游赤壁的所见所感："惟江上之清风，与山间之明月，耳得之而为声，目遇之而成色，取之无禁，用之不竭。"他的一生，始终对富贵名利泰然处之，不仅跳出了个人得失的小圈子，更将自己的人生境界提升到了与明月清风同在同乐，一切超然物外的高度。在赴任陕西的路上，他吟诵出"人生到处知何似，应似飞鸿踏雪泥"的欣然；被贬至黄州，他书写下"竹杖芒鞋轻胜马，谁怕？一蓑烟雨任平生"的坦然；在湿热蛮荒的儋州，他展现出"九死南荒吾不恨，兹游奇绝冠平生"的释然……有了这样的情怀与境界，这样宽阔的胸襟、坚定的意志，任何威武磨难、富贵贫贱、荣辱毁誉便都不能摇动己心。

《党章》规定，党员干部要"加强道德修养，讲党性、重品行、做表率，做到自重、自省、自警、自励"。中国共产党人为的是大公、守的是大义、求的是大我，始终正心明道、怀德自重，把党和人民放在心中最高位置，追求做一心为公、一身正气、一尘不染的人。

砥砺思想觉悟，党史是最好的营养剂。革命战争年代，方志敏的妻子不幸被捕入狱，方志敏手握为革命筹集的公款，却坚决不徇情济亲、拿钱营救；罗荣桓在弥留之际，拉着妻子的手再三嘱咐："我死以后，分给我的房子不要再住了，搬到一般的房子去，不要特殊。"当我们在东山看到木麻黄锁住风沙、在兰考看到泡桐造福百姓、在大亮山看到森林覆盖荒山时，往往会为之惊叹。而在这背后，是谷文昌、焦裕禄、杨善洲等优秀共产党人心系百姓的情怀、艰苦奋斗的精神、严于律己的本色。他们在一片片土地上忘我工作、播撒绿荫，一辈子为民造福，一辈子克己奉公，对自己的名誉、地位、利益始终看得淡、放得下。对一代代优秀共产党人而言，觉悟时刻警醒着他们有所畏、知所止，引领着他们择高处立、向宽处行。

习近平总书记指出，"思想纯洁是马克思主义政党保持纯洁性的根本，道德高尚是领导干部做到清正廉洁的基础"，"一个干部只有把世界观、人生观、价值观的总开关拧紧了，把思想觉悟、精神境界提高了，才能从不敢腐到不想腐"。

党的十八大以来，以习近平同志为核心的党中央以"我将无我、不负人民"的赤子情怀，以"得罪千百人、不负十四亿"的使命担当，以"刀刃向内、刮骨疗毒"的坚定意志，雷霆惩贪治腐、铁腕整饬作风、持续严明纲纪，与此同时，高度重视廉洁文化建设，引导党员干部特别是领导干部接受中华优秀传统文化、革命文化、社会主义先进文化的熏陶和滋养，不断提升人文素养和精神境界，自觉做到为政以德、正心修身。一体推进不敢腐、不能腐、不想腐，"不想"是根本。守住拒腐防变防线，最紧要的是守住内心。党员干部只有把外在的"制约"化为内在的"守约"，由"不敢伸手"变为"不会动心"，才能真正做到明是非、知进退、有取舍。

心有所畏，行有所止。常修为政之德、常怀律己之心、常思贪欲之害，涵养"风物长宜放眼量"的视野、"计利当计天下利"的胸襟、"利居众后，责在人先"的担当，以"清心为治本，直道是身谋"自勉、"梨虽无主，我心有主"正己、"壁立千仞，无欲则刚"励志，勤掸"思想尘"、多思"贪欲害"、常破"心中贼"，便能以内无妄思保证外无妄动，在报国为民中实现价值。

中国古代廉政思想是中国古代政治思想的重要组成部分，它的产生、发展以及作用发挥，都有着比较特殊的历史条件。用马克思主义辩证观点看，中国古代廉政思想有其积极的一面，一些观点如民本、义利、崇德、法治、监督、节俭等，一些开明的君主和重臣也进行了大量的实践，在我国古代社会的政治统治和官吏管理中发挥了积极作用，即使在今天，也有十分重要的借鉴意义。中国古代廉政思想如此丰富，为什么历朝历代仍然未能摆脱历史周期率的控制呢？根子在落后的社会生产力，在封建专制的政治统治，在私有制的经济制度，这是其最致命的缺陷。同时还在于没有做到一以贯之，用现在的话讲叫廉政思想贯彻得不彻底，廉政建设还有死角和盲区。在古代，统治阶级利用劳动人民对自然力量的迷信和崇拜，宣扬"王权神授"，历代封建帝王也都自命为天子，其权力至高无边，神圣不可侵犯，而且享有无上特权，法律严酷但对人不对己，励精图治还是骄奢淫逸，肆意妄为，全在自我，越往上，越有特权，越不受法律制约。古代帝王视天下为一己之私，"普天之下，莫非王土；率土之滨，莫非王臣"，甚至连文武百官、黎民百姓都是其个人财产，国家不分、公私不分，开国之初还能励精图治，严格自律，关心民间疾苦，到后期难免背离廉政勤政的初衷，甚至走向苛政暴政，离人民群众越来越远，最终彻底走向对立面，落得个官逼民反、自取灭亡的下场。这也是朝代更替、历史周期率形成的根本原因。学习和研究中国古代廉政思想，在古为今用、择取有益内核的同时，还必须深刻认识历史兴替的根源，吸取教训，不再重蹈覆辙。

第二节　以案为戒鸣警钟

"以铜为镜，可以正衣冠；以史为镜，可以知兴替；以人为镜，可以明得失。"作为全面从严治党的一项基础性工作，警示教育是一体推进不敢腐、不能腐、不想腐的重要一环。深入开展警示教育，充分利用好各种典型案例，强化以案为鉴、以案促改、以案促治，让广大党员干部知敬畏、存戒惧、守底线，增强拒腐防变的"免疫力"，提高反腐倡廉的自觉性。

高校作为培养社会主义建设者和接班人的主阵地，"风腐"问题直接影响大学生世界观、人生观和价值观的塑造，间接影响高校党风校风教风学风的优劣，关系到高校立德树人根本任务能否有效落实。因此，驰而不息纠风反腐，营造积极健康的育人环境，是落实落细立德树人根本任务的重要保证。

一、高校招生

高等院校招生考试是选拔人才的重要手段，是教育公平的重要体现。近年来，高校腐败案件多发，招生录取领域成为高发地带，不仅直接侵犯高校人员职务的廉洁性，带坏校园风气，诱导学生形成错误的价值观念，而且严重损害教育公平，啃食群众的获得感，侵蚀党的执政基础，社会危害极大。

（一）涉及条例

《国家教育考试违规处理办法》（节选）

第十二条　在校学生、在职教师有下列情形之一的，教育考试机构应当通报其所在学校，由学校根据有关规定严肃处理，直至开除学籍或者予以解聘：

（一）代替考生或者由他人代替参加考试的；

（二）组织团伙作弊的；

（三）为作弊组织者提供试题信息、答案及相应设备等参与团伙作弊行为的。

第十三条　考试工作人员应当认真履行工作职责，在考试管理、组织及评卷等工作过程中，有下列行为之一的，应当停止其参加当年及下一年度的国家教育考试工作，并由教育考试机构或者建议其所在单位视情节轻重分别给予相应的行政处分：

（一）应回避考试工作却隐瞒不报的；

（二）擅自变更考试时间、地点或者考试安排的；

（三）提示或暗示考生答题的；

（四）擅自将试题、答卷或者有关内容带出考场或者传递给他人的；

（五）未认真履行职责，造成所负责考场出现秩序混乱、作弊严重或者视频录像资料损毁、视频系统不能正常工作的；

（六）在评卷、统分中严重失职，造成明显的错评、漏评或者积分差错的；

（七）在评卷中擅自更改评分细则或者不按评分细则进行评卷的；

（八）因未认真履行职责，造成所负责考场出现雷同卷的；

（九）擅自泄露评卷、统分等应予保密的情况的；

（十）其他违反监考、评卷等管理规定的行为。

第十四条 考试工作人员有下列作弊行为之一的，应当停止其参加国家教育考试工作，由教育考试机构或者其所在单位视情节轻重分别给予相应的行政处分，并调离考试工作岗位；情节严重，构成犯罪的，由司法机关依法追究刑事责任：

（一）为不具备参加国家教育考试条件的人员提供假证明、证件、档案，使其取得考试资格或者考试工作人员资格的；

（二）因玩忽职守，致使考生未能如期参加考试的或者使考试工作遭受重大损失的；

（三）利用监考或者从事考试工作之便，为考生作弊提供条件的；

（四）伪造、变造考生档案（含电子档案）的；

（五）在场外组织答卷、为考生提供答案的；

（六）指使、纵容或者伙同他人作弊的；

（七）偷换、涂改考生答卷、考试成绩或者考场原始记录材料的；

（八）擅自更改或者编造、虚报考试数据、信息的；

（九）利用考试工作便利，索贿、受贿、以权徇私的；

（十）诬陷、打击报复考生的。

第十五条 因教育考试机构管理混乱、考试工作人员玩忽职守，造成考点或者考场纪律混乱，作弊现象严重；或者同一考点同一时间的考试有1/5以上考场存在雷同卷的，由教育行政部门取消该考点当年及下一年度承办国家教育考试的资格；高等教育自学考试考区内一个或者一个以上专业考试纪律混乱，作弊现象严重，由高等教育自学考试管理机构给予该考区警告或者停考该考区相应专业1至3年的处理。

对出现大规模作弊情况的考场、考点的相关责任人、负责人及所属考区的负责人，有关部门应当分别给予相应的行政处分；情节严重，构成犯罪的，由司法机关依法追究刑事责任。

第十六条　违反保密规定，造成国家教育考试的试题、答案及评分参考（包括副题及其答案及评分参考，下同）丢失、损毁、泄密，或者使考生答卷在保密期限内发生重大事故的，由有关部门视情节轻重，分别给予责任人和有关负责人行政处分；构成犯罪的，由司法机关依法追究刑事责任。

盗窃、损毁、传播在保密期限内的国家教育考试试题、答案及评分参考、考生答卷、考试成绩的，由有关部门依法追究有关人员的责任；构成犯罪的，由司法机关依法追究刑事责任。

第十七条　有下列行为之一的，由教育考试机构建议行为人所在单位给予行政处分；违反《中华人民共和国治安管理处罚法》的，由公安机关依法处理；构成犯罪的，由司法机关依法追究刑事责任：

（一）指使、纵容、授意考试工作人员放松考试纪律，致使考场秩序混乱、作弊严重的；

（二）代替考生或者由他人代替参加国家教育考试的；

（三）组织或者参与团伙作弊的；

（四）利用职权，包庇、掩盖作弊行为或者胁迫他人作弊的；

（五）以打击、报复、诬陷、威胁等手段侵犯考试工作人员、考生人身权利的；

（六）向考试工作人员行贿的；

（七）故意损坏考试设施的；

（八）扰乱、妨害考场、评卷点及有关考试工作场所秩序后果严重的。

国家工作人员有前款行为的，教育考试机构应当建议有关纪检、监察部门，根据有关规定从重处理。

（二）典型案例分析

违规案例1：招生考试徇私舞弊

案例详情：湖北武汉工程大学外语学院原院长张某某在该学院2018年3月底举行的研究生复试中存在违规行为。时任招生复试工作领导小组组长的张某某向多名考官打招呼要求关照两名考生曹某某和胡某，违规修改二人试卷答案和分数。在其"关照"之下，两名考生曹某某和胡某从无法录取状态变为进入录取名单。

案例解读：在本案中，张某某违反了《国家教育考试违规处理办法》中第十四条第一款第七项：考试工作人员有下列作弊行为之一的，应当停止其参加国家教育考试工作，由教育考试机构或者其所在单位视情节轻重分别给予相应的行政处分，并调离考试工作岗位；情节严重，构成犯罪的，由司法机关依法追究刑事责任：偷换、涂改考生答卷、考试成绩或者考场原始记录材料的。依照国家相关法律法规，湖北武汉工程大学决定给予张某某撤职处分以及降低岗位等级处分，两名通过改分进入该校读研的学生，已在2018年9月被学校"劝退"。

违规案例2：出题事故

案例详情：2018年12月23日，参加电子科技大学2019年硕士研究生考试的考生表示，电子科技大学自命题科目《固体物理》试题内容出现偏差，导致考生在考场干坐3小时。事后，校方回应称这是一次出题事故。次日，官方发布致歉消息称，《固体物理》试题内容与考试大纲出现偏差，无法考核考生相应学科的真实水平，造成考试未能正常进行，决定对该科目组织统一补考，考试成绩以补考为准。经查，出现"考题偏差"系命题教师工作失误。

案例解读：在本案中，违反了《国家教育考试违规处理办法》第十四条第二款：考试工作人员有下列作弊行为之一的，应当停止其参加国家教育考试工作，由教育考试机构或者其所在单位视情节轻重分别给予相应的行政处分，并调离考试工作岗位；情节严重，构成犯罪的，由司法机关依法追究刑事责任：因玩忽职守，致使考生未能如期参加考试的或者使考试工作遭受重大损失的。经查，命题教师被撤销所担任的材料与能源学院院长职务，并停止其研究生招生资格；该校研究生院分管招生工作的副院长、研究生招生办公室主任被记过处分；研究生招生办公室副主任也被调离招生考试工作岗位。教育部给予电子科技大学校长曾勇行政警告处分，副校长胡皓全行政记过处分。

违规案例3：考题泄露

案例详情：2018年12月23日，不少考生爆料，西南大学自然地理考研试题泄露。有考生对照发现，网上泄露的试题与考试题目完全重合，甚至名词解释的顺序都一样。经查，事故原因系命题教师王某某违反保密规定，考前向教师刘某某泄露考试内容，其又向某考生泄露试题。

案例解读：根据《国家教育考试违规处理办法》第十六条：违反保密规定，造成国家教育考试的试题、答案及评分参考（包括副题及其答案及评分参考，下同）丢失、损毁、泄密，或者使考生答卷在保密期限内发生重大事故的，由有关部门视情节轻重，分别给予责任人和有关负责人行政处分；构成犯罪的，由司法机关依法追究刑事责任。根据通报，除了对上述涉事人员进行处理，该校研究生院常务副院长李某某、地理科学学院院长杨某某等也被免职。同时也启动了对校领导的问责程序，教育部宣布：给予西南大学校长张卫国行政警告处分，副校长靳玉乐行政记过处分，副校长崔延强行政记过处分。

违规案例4：泄露考研真题

案例详情：林某某为某高校马克思主义学院教师，常年受学院委托参与学校研究生入学考试中《马克思主义哲学原理》的专业课考试命题工作。林某某自2016年起，暑期集中在当地某考研辅导机构担任授课教师，起初仅教授公共课政治的内容。2018年暑期培训结束后，该培训机构负责人找到林某某，向其说明了今年报考林某某所在学校的学生人数很多，并且多名学生专业课考试中有《马克思主义哲学原理》，希望林某某能够开设小班教学，集中给这些学生进行辅导，承诺给予林某某较为优厚的待遇。林某某答应了该负责人的要求，在小班教学串讲知识点的过程中，将2019年研究生入学考试的真题泄露。

案例解读：本案中，林某某违反了《国家教育考试违规处理办法》中第十六条：违反保密规定，造成国家教育考试的试题、答案及评分参考丢失、损毁、泄密，或者使考生答卷在保密期限内发生重大事故的，由有关部门视情节轻重，分别给予责任人和有关负责人行政处分。依照法律法规，事发后，学校取消了林某某硕士研究生导师的资格，取消其当年评奖评优资格，给予其行政记过处分。

二、课堂教学

"师者，所以传道授业解惑也。"课堂教学是高校教师发挥教学和教育作用，践行立德树人使命的主渠道。高校教师在课堂上不仅是传播知识"授业解惑"，更是要为人师表、以身示范，为广大青年学生系好价值观、人生观的"第一粒扣子"。

（一）涉及条例

《新时代高校教师职业行为十项准则》（节选）

一、坚定政治方向。坚持以习近平新时代中国特色社会主义思想为指导，拥护中国共产党的领导，贯彻党的教育方针；不得在教育教学活动中及其他场合有损害党中央权威、违背党的路线方针政策的言行。

二、自觉爱国守法。忠于祖国，忠于人民，恪守宪法原则，遵守法律法规，依法履行教师职责；不得损害国家利益、社会公共利益，或违背社会公序良俗。

三、传播优秀文化。带头践行社会主义核心价值观，弘扬真善美，传递正能量；不得通过课堂、论坛、讲座、信息网络及其他渠道发表、转发错误观点，或编造散布虚假信息、不良信息。

四、潜心教书育人。落实立德树人根本任务，遵循教育规律和学生成长规律，因材施教，教学相长；不得违反教学纪律，敷衍教学，或擅自从事影响教育教学本职工作的兼职兼薪行为。

五、关心爱护学生。严慈相济，诲人不倦，真心关爱学生，严格要求学生，做学生良师益友；不得要求学生从事与教学、科研、社会服务无关的事宜。

六、坚持言行雅正。为人师表，以身作则，举止文明，作风正派，自重自爱；不得与学生发生任何不正当关系，严禁任何形式的猥亵、性骚扰行为。

七、遵守学术规范。严谨治学，力戒浮躁，潜心问道，勇于探索，坚守学术良知，反对学术不端；不得抄袭剽窃、篡改侵吞他人学术成果，或滥用学术资源和学术影响。

八、秉持公平诚信。坚持原则，处事公道，光明磊落，为人正直；不得在招生、考试、推优、保研、就业及绩效考核、岗位聘用、职称评聘、评优评奖等工作中徇私舞弊、弄虚作假。

九、坚守廉洁自律。严于律己，清廉从教；不得索要、收受学生及家长财物，不得参加由学生及家长付费的宴请、旅游、娱乐休闲等活动，或利用家长资源谋取私利。

十、积极奉献社会。履行社会责任，贡献聪明才智，树立正确义利观；不得假公济私，擅自利用学校名义或校名、校徽、专利、场所等资源谋取个人利益。

《中国共产党纪律处分条例》（节选）

第四十六条　通过网络、广播、电视、报刊、传单、书籍等，或者利用讲座、论坛、报告会、座谈会等方式，有下列行为之一，情节较轻的，给予警告或者严重警告处分；情节较重的，给予撤销党内职务或者留党察看处分；情节严重的，给予开除党籍处分：

（一）公开发表违背四项基本原则，违背、歪曲党的改革开放决策，或者其他有严重政治问题的文章、演说、宣言、声明等的；

（二）妄议党中央大政方针，破坏党的集中统一的；

（三）丑化党和国家形象，或者诋毁、诬蔑党和国家领导人、英雄模范，或者歪曲党的历史、中华人民共和国历史、人民军队历史的。

发布、播出、刊登、出版前款所列内容或者为上述行为提供方便条件的，对直接责任者和领导责任者，给予严重警告或者撤销党内职务处分；情节严重的，给予留党察看或者开除党籍处分。

（二）典型案例分析

违规案例1：违反政治纪律

案例详情： 湘潭大学文学与新闻学院教师成某自2017年以来在《好好生活：观念与方式》和《媒介与政治》两门全校公共选修课的授课中，插播引用国外媒体大量不实资料图片和报道，发表了一系列丑化党和国家领导人形象、曲解党和国家政策、诋毁英雄模范人物等不当和错误言论，严重违反政治纪律，在学生中造成了严重不良影响。

案例解读： 在本案中，成某违反了《中国共产党纪律处分条例》中第四十六条第一款第三项：通过网络、广播、电视、报刊、传单、书籍等，或者利用讲座、论坛、报告会、座谈会等方式，有下列行为之一，情节较轻的，给予警告或者严重警告处分；情节较重的，给予撤销党内职务或者留党察看处分；情节严重的，给予开除党籍处分：丑化党和国家形象，或者诋毁、诬蔑党和国家领导人、英雄模范，或者歪曲党的历史、中华人民共和国历史、人民军队历史的。依照国家相关法律法规，成某受到留党察看两年、工资等级由专技10级降低至专技12级的处分。

违规案例2：发表不当言论

案例详情：2017年，北京建筑大学理学院数学系教师许某某在讲授《概率论》课程中，将日本民族和中华民族进行不恰当对比，在课堂上宣扬"种族歧视"，称"中华民族是劣等民族"，"除日本以外所有亚裔都是劣等民族"，宣泄个人不满。许某某发表不当言论的当天正是9月18日，即九一八事变纪念日。课程结束后，许某某的言论被学生举报并通过微信群、微博等社交平台曝光，造成较恶劣的社会影响。

案例解读：在本案中，许某某违反了《中国共产党纪律处分条例》中第四十六条第一款第三项：通过网络、广播、电视、报刊、传单、书籍等，或者利用讲座、论坛、报告会、座谈会等方式，有下列行为之一，情节较轻的，给予警告或者严重警告处分；情节较重的，给予撤销党内职务或者留党察看处分；情节严重的，给予开除党籍处分：丑化党和国家形象，或者诋毁、诬蔑党和国家领导人、英雄模范，或者歪曲党的历史、中华人民共和国历史、人民军队历史的。依照国家相关法律法规，许某某错误言论定性为教学事故，背离教学大纲，教学内容错误，给予其行政记过处分。

违规案例3：使用不当方式授课

案例详情：2020年9月，三峡大学一名教师郎某某在学校开设的《趣味日语》选修课中，涉及含有大量歧视女性的内容，该教师使用低俗不雅的图文在校讲授日语课程，影响恶劣。

案例解读：在本案中，郎某某违反了《新时代高校教师职业行为十项准则》第三项规定：传播优秀文化。带头践行社会主义核心价值观，弘扬真善美，传递正能量；不得通过课堂、论坛、讲座、信息网络及其他渠道发表、转发错误观点，或编造散布虚假信息、不良信息。根据《教育部关于高校教师师德失范行为处理的指导意见》等相关规定，给予郎某某停课、调离教学工作岗位处理，并对其进行通报批评、取消年度评优资格、扣罚绩效工资；对该教师所在的二级学院进行通报批评。

违规案例4：要求学生完成其他事宜

案例详情：2019年，南京邮电大学教师张某某要求学生从事与教学、科研、社会服务无关的事宜。张某某多次要求研究生为其担任法定代表人的公司从事运送货物、分装溶剂、担任客服、处理财务等工作，且在日常指导学生过程中方式方法不当、简单粗暴，有辱骂侮辱学生的言行。据学生反映，张某某批评学生很严厉，有时候隔着实验室都能听到其骂学生的声音，同时其存在让学生赔偿实验用品费用的情况。

案例解读：在本案中，张某某严重违反了《新时代高校教师职业行为十项准则》第五项规定：关心爱护学生。严慈相济，诲人不倦，真心关爱学生，严格要求学生，做学生良师益友；不得要求学生从事与教学、科研、社会服务无关的事宜。根据《教师资格条例》《教育部关于高校教师师德失范行为处理的指导意见》等相关规定，给予张某某取消研究生导师资格、撤销专业技术职务、解除人事聘用合同的处理；撤销其教师资格，收缴教师资格证书，将其列入教师资格限制库，5年内不得重新取得教师资格。

违规案例5：体罚学生

案例详情：2021年11月，山东青岛求实职业技术学院教师李某某体罚学生，李某某为该校辅导员，在其对3名学生批评教育过程中，对学生进行体罚，造成其中2名学生为轻微伤。

案例解读：在本案中，李某某违反了《新时代高校教师职业行为十项准则》第五项规定：关心爱护学生。严慈相济，诲人不倦，真心关爱学生，严格要求学生，做学生良师益友；不得要求学生从事与教学、科研、社会服务无关的事宜。根据《事业单位工作人员处分暂行规定》《教育部关于高校教师师德失范行为处理的指导意见》等相关规定，给予李某某开除处分。给予其所在二级学院院长警告处分，给予学院有关负责人诫勉谈话处理。

违规案例6：备课敷衍

案例详情：某高校旅游学院辅导员教师左某，长期为该学院全体本科生讲授"形势与政策"与"职业生涯规划"两门课程。据相关学生反映，左某认为这两门课程实用性不高，是所谓的"送分课"，所以该教师从不备课，每次课前都让班委学生帮其在网上寻找一些时政热点，拼凑成一个PPT，或者直接从百度文库下载PPT。在课堂上，左某只是一字不差、从头到尾地念一遍PPT，从来不对内容进行讲解，也从来不在课堂上与学生进行互动；面对少数同学的提问，左某也直接置之不理。甚至左某有一次在课堂上PPT念得过快，90分钟的课程，只用了45分钟便全部讲完了，导致接下来的45分钟没有讲授内容，左某索性将之前讲授完的PPT重新念了一遍，引起了该院学生的强烈不满，并将其举报到学校。

案例解读：在本案中，左某违反了《新时代高校教师职业行为十项准则》第四项规定：潜心教书育人。落实立德树人根本任务，遵循教育规律和学生成长规律，因材施教，教学相长；不得违反教学纪律，敷衍教学，或擅自从事影响教育教学本职工作的兼职兼薪行为。学校得知此消息后，给予左某行政警告的处分，并调离辅导员工作岗位。

三、学术不端

近年来，我国高校学术不端时有发生，日益滋生蔓延，受到社会的广泛关注。高校学术不端污染学术生态环境，影响人才培养质量，制约创新型国家建设。它已经不仅是高校教师的个人道德问题，也不只是高校系统内部的管理问题，而是扩展为重要的社会治理问题。

（一）涉及条例

《关于进一步加强科研诚信建设的若干意见》（节选）

（十九）切实履行调查处理责任。自然科学论文造假监管由科技部负责，哲学社会科学论文造假监管由中国社科院负责。科技部、中国社科院要明确相关机构负责科研诚信工作，做好受理举报、核查事实、日常监管等工作，建立跨部门联合调查机制，组织开展对科研诚信重大案件联合调查。违背科研诚信要求行为人所在单位是调查处理第一责任主体，应当明确本单位科研诚信机构和监察审计机构等调查处理职责分工，积极主动、公正公平开展调查处理。相关行业主管部门应按照职责权限和隶属关系，加强指导和及时督促，坚持学术、行政两条线，注重发挥学会、协会、研究会等社会团体作用。对从事学术论文买卖、代写代投以及伪造、虚构、篡改研究数据等违法违规活动的中介服务机构，市场监督管理、公安等部门应主动开展调查，严肃惩处。保障相关责任主体申诉权等合法权利，事实认定和处理决定应履行对当事人的告知义务，依法依规及时公布处理结果。科研人员应当积极配合调查，及时提供完整有效的科学研究记录，对拒不配合调查、隐匿销毁研究记录的，要从重处理。对捏造事实、诬告陷害的，要依据有关规定严肃处理；对举报不实、给被举报单位和个人造成严重影响的，要及时澄清、消除影响。

（二十）严厉打击严重违背科研诚信要求的行为。坚持零容忍，保持对严重违背科研诚信要求行为严厉打击的高压态势，严肃责任追究。建立终身追究制度，依法依规对严重违背科研诚信要求行为实行终身追究，一经发现，随时调查处理。积极开展对严重违背科研诚信要求行为的刑事规制理论研究，推动立法、司法部门适时出台相应刑事制裁措施。

相关行业主管部门或严重违背科研诚信要求责任人所在单位要区分不同情况，对责任人给予科研诚信诫勉谈话；取消项目立项资格，撤销已获资助项目或终止项目合同，追回科研项目经费；撤销获得的奖励、荣誉称号，追回奖金；依法开除学籍，撤销学位、教师资格，收回医师执业证书等；一定期限直至终身取消晋升职务职称、申报科技计划项目、担任评审评估专家、被提名为院士候选人等资格；依法依规解除劳动合同、聘用合同；终身禁止在政府举办的学校、医院、科研机构等从事教学、科研工作等处罚，以及记入科研诚信严重失信行为数据库或列入观察名单等其他处理。严重违背科研诚信要求责任人属于公职人员的，依法依规给予处分；属于党员的，依纪依规给予党纪处分。涉嫌存在诈骗、贪污科研经费等违法犯罪行为的，依法移交监察、司法机关处理。

对包庇、纵容甚至骗取各类财政资助项目或奖励的单位，有关主管部门要给予约谈主要负责人、停拨或核减经费、记入科研诚信严重失信行为数据库、移送司法机关等处理。

（二十一）开展联合惩戒。加强科研诚信信息跨部门跨区域共享共用，依法依规对严重违背科研诚信要求责任人采取联合惩戒措施。推动各级各类科技计划统一处理规则，对相关处理结果互认。将科研诚信状况与学籍管理、学历学位授予、科研项目立项、专业技术职务评聘、岗位聘用、评选表彰、院士增选、人才基地评审等挂钩。推动在行政许可、公共采购、评先创优、金融支持、资质等级评定、纳税信用评价等工作中将科研诚信状况作为重要参考。

（二）典型案例分析

违规案例1：买卖数据及编造研究过程

案例详情： 2021年，湖北省恩施土家族苗族自治州中心医院徐某为通讯作者、周某为第一作者发表的论文"MiR-221 affects proliferation and apoptosis of gastric cancer cells through targeting SOCS3"，经查，该论文第一作者周某存在买卖数据、编造研究过程的学术不端行为，通讯作者徐某存在不正当署名的学术不端行为。

案例解读： 虽然我国目前对学术造假没有直接规定其刑事责任，但学术造假时，很有可能侵犯了别人的知识产权，既属于违法行为，也是不道德的行为。根据中共中央办公厅、国务院办公厅印发《关于进一步加强科研诚信建设的若干意见》第二十条规定，"坚持零容忍，保持对严重违背科研诚信要求行为严厉打击的高压态势，严肃责任追究。建立终身追究制度，依法依规对严重违背科研诚信要求行为实行终身追究，一经发现，随时调查处理"。本案中，对第一作者周某：科研诚信诚勉谈话；在医院周会上通报批评；五年内不得晋职晋升，退出恩施州中心医院青年人才成长工程，退回此文章所得医院奖励；撤稿；取消本年度评先表模资格。对通讯作者徐某：科研诚信诚勉谈话，通报批评，一年内不得晋职晋升，取消本年度评先表模资格。

违规案例2：重复使用个人数据

案例详情：2018年10月，媒体报道清华大学有11篇材料科学领域的论文，由于图片篡改、内容重复、虚假署名等学术不端行为而遭撤稿。这些论文的发表时间为2014年到2016年，通讯作者为清华大学深圳先进研究院能源与环境部常务副所长唐某，第一作者均为叶某。叶某是唐某指导的10级博士生，2015年7月毕业并获清华大学博士学位。在5年的读博期间，叶某以一作发表论文16篇，曾获清华学术新秀提名，还担任几个知名SCI期刊编辑和审稿人。但据媒体报道，他高产文章的背后是不断地重复使用自己的图片与数据。

案例解读：学风是高等学校的立校之本，学术诚信是学术创新的基石，学术不端行为是对学术诚信的严重背离和对学风的重大伤害。长期以来，教育部和各地、各高校高度重视学风建设，积极推进学术诚信宣传教育，并建立健全有关制度。本案中，2018年10月21日，清华大学深圳研究生院称："2017年4月，我院已会同学校有关部门，对叶某涉及严重学术不端的问题进行了严肃处理，撤销其博士学位，同时对其导师追责问责。"清华大学深圳研究生院还表示，2017年6月，停止唐某招收研究生资格，撤销其材料学科负责人和新材料研究所副所长职务。

违规案例3：毕业论文学术不端

案例详情：2022年5月30日，西安电子科技大学收到有关计算机科学与技术学院本科生雷某某、卢某某涉嫌学术不端问题的反映，学校高度重视，立即成立调查组开展核查工作。

案例解读：经调查，雷某某、卢某某两名学生在做毕业设计过程中通过网络平台购买代码，并通过购买的代码完成论文的部分实验结果。经学院学术委员会认定，学校学风建设委员会确认，雷某某、卢某某存在学术不端行为。依据相关规定，学校研究决定给予雷某某、卢某某两名学生留校察看一年处分，期间不得申请学位；取消卢某某研究生推免资格。

违规案例4：论文抄袭

案例详情：2019年初，翟天临高调地晒出北大光华管理学院博士后录取通知书。随后网友发现，能够公开检索到的翟天临的两篇论文，其中一篇涉嫌抄袭。其题为《谈电视剧〈白鹿原〉中"白孝文"的表演创作》的论文，全文只有2800余字，有1646字的内容与他人发表内容一样。此文受到了被抄袭者、黄山学院黄立华教授的谴责。除上述涉嫌抄袭的论文之外，找不到翟天临发表的其他期刊论文。按照北京电影学院的相关要求，读博期间没有在学术期刊发表过至少两篇学术论文是不能拿到博士学位的。《谈电视剧〈白鹿原〉中"白孝文"的表演创作》一文2月10日已经被从知网上撤下。随后，北京大学、北京电影学院开展调查。

案例解读：2月16日，北京大学发布"关于招募翟天临为博士后的调查说明"指出，经调查发现，在翟天临进站材料审核、面试和录用过程中，合作导师、面试小组和光华管理学院存在学术把关不严、实质性审核不足的问题；同时确认翟天临存在学术不端行为。学校同意光华管理学院2月13日对翟天临做出退站处理的意见，学校决定对该合作导师做出停止招募博士后的处理，对面试小组成员给予严肃批评，责成光华管理学院做出深刻检查。2月19日，北京电影学院正式发布"翟天临涉嫌学术造假"事件调查结果，认定翟天临在进行《谈电视剧〈白鹿原〉中"白孝文"的表演创作》论文创作时，使用了其他专家的观点，但并未进行注释说明，"存在较为突出的学术不规范、不严谨现象"，存在学术不端的状况。宣布撤销翟天临博士学位，同时撤销其导师陈浥的博导资格。

违规案例5：申报书抄袭

案例详情：2019年3月27日，曝出湖南大学硕士毕业生刘某完成于2018年4月的硕士论文《腐败对企业逃税的影响研究》涉嫌抄袭自己2017年国家自然科学基金项目申请书，而刘某的硕士生导师洪某正是其2017年国家自然科学基金项目的评审专家。两篇论文累计重复15626字，使得自己2019年完成的博士论文的送审和查重受到影响。

案例解读：在本案中，刘某违反了《关于进一步加强科研诚信建设的若干意见》中第二十条，依照法律法规，2019年4月2日，湖南大学通报了关于该校学生刘某硕士学位论文涉嫌学术不端问题的处理结果，决定撤销刘某硕士学位，给予其导师洪某警告处分，取消导师资格，调离教学岗位。

四、日常工作

勿以善小而不为，勿以恶小而为之。高校作为培养造就社会主义事业建设者和接班人的阵地，在全社会起到行为示范和精神辐射作用。教师作为教育事业发展的第一资源，其思想道德素质及职业道德水平正关系到教育事业的成败及民族发展的未来，关系到"培养什么人、怎样培养人、为谁培养人"这一根本问题。

（一）涉及条例

《中国共产党纪律处分条例》（节选）

第八十三条 党和国家工作人员或者受委托管理、经营国有财产的人员，利用职务上的便利，侵吞、窃取、骗取或者以其他手段非法占有公共财物，情节较轻的，给予警告或者严重警告处分；情节较重的，给予撤销党内职务或者留党察看处分；情节严重的，给予开除党籍处分。

贪污党费、社保基金和救灾、抢险、防汛、优抚、扶贫、移民、救济、防疫款物的，依照前款规定从重或者加重处分，直至开除党籍。

第八十五条 党和国家工作人员或者其他从事公务的人员，利用职务上的便利，索取他人财物，或者非法收受他人财物为他人谋取利益，情节较轻的，给予警告或者严重警告处分；情节较重的，给予撤销党内职务或者留党察看处分；情节严重的，给予开除党籍处分。

前款所列人员利用职务上的便利，变相非法收受他人财物为他人谋取利益，情节较重的，给予警告或者严重警告处分；情节严重的，给予撤销党内职务、留党察看或者开除党籍处分。

因受贿给国家、集体和人民利益造成重大损失的，从重或者加重处分，直至开除党籍。因索取财物未遂而刁难报复对方，给对方造成损失的，给予警告或者严重警告处分；情节较重的，给予撤销党内职务或者留党察看处分；情节严重的，给予开除党籍处分。

《中华人民共和国公职人员政务处分法》（节选）

第三十三条 有下列行为之一的，予以警告、记过或者记大过；情节较重的，予以降级或者撤职；情节严重的，予以开除：

（一）贪污贿赂的；

（二）利用职权或者职务上的影响为本人或者他人谋取私利的；

（三）纵容、默许特定关系人利用本人职权或者职务上的影响谋取私利的。

《中华人民共和国刑法》（节选）

第三百八十三条 对犯贪污罪的，根据情节轻重，分别依照下列规定处罚：

（一）贪污数额较大或者有其他较重情节的，处三年以下有期徒刑或者拘役，并处罚金。

（二）贪污数额巨大或者有其他严重情节的，处三年以上十年以下有期徒刑，并处罚金或者没收财产。

（三）贪污数额特别巨大或者有其他特别严重情节的，处十年以上有期徒刑或者无期徒刑，并处罚金或者没收财产；数额特别巨大，并使国家和人民利益遭受特别重大损失的，处无期徒刑或者死刑，并处没收财产。

对多次贪污未经处理的，按照累计贪污数额处罚。

第三百八十四条　国家工作人员利用职务上的便利，挪用公款归个人使用，进行非法活动的，或者挪用公款数额较大、进行营利活动的，或者挪用公款数额较大、超过三个月未还的，是挪用公款罪，处五年以下有期徒刑或者拘役；情节严重的，处五年以上有期徒刑。挪用公款数额巨大不退还的，处十年以上有期徒刑或者无期徒刑。挪用用于救灾、抢险、防汛、优抚、扶贫、移民、救济款物归个人使用的，从重处罚。

第三百八十五条　受贿罪指国家工作人员利用职务上的便利，索取他人财物，或者非法收受他人财物，为他人谋取利益的行为。受贿罪侵犯了国家工作人员职务行为的廉洁性及公私财物所有权。

第三百九十八条　国家机关工作人员违法保守国家秘密法的规定，故意或者过失泄露国家秘密，情节严重的，处三年以下有期徒刑或者拘役；情节特别严重的，处三年以上七年以下徒刑。

"除另有规定外，绝密级不超过三十年，机密级不超过二十年，秘密级不超过十年。"

（二）典型案例分析

违规案例1：高校教师实验室使用不当，导致发生爆炸事故

案例详情：2018年12月26日，北京交通大学市政与环境工程实验室发生爆炸燃烧事故，造成3人死亡。北京市政府随即成立事故调查组，经查，该起事故直接原因为：实验室工作人员在使用搅拌机对镁粉和磷酸搅拌、反应过程中，料斗内产生的氢气被搅拌机转轴处金属摩擦、碰撞产生的火花点燃爆炸，继而引发镁粉粉尘云爆炸，爆炸引起周边镁粉和其他可燃物燃烧，造成现场3名学生烧死。事故调查组同时认定，北京交通大学有关人员违规开展试验、冒险作业；违规购买、违法储存危险化学品；对实验室和科研项目安全管理不到位。

案例解读：依据事故调查的结论，公安机关对事发科研项目负责人李某某和事发实验室管理人员张某依法立案侦查，追究刑事责任。

违规案例2：以学校名义私自开设培训班，损害学校声誉和利益

案例详情：2017年3月，某高校音乐学院潘某以学校名义在外开设培训班的事件在校贴吧引起广大网友讨论。潘某寒假期间，在学院不知情的情况下招募了多名中学音乐教师，共同以某高校音乐学院的名义开设了声乐补习班，并到当地多所中学进行宣传。潘某的培训班一共招收了100余名学生，每名学生缴费2000—3000元不等，培训地点位于该校附近的一座写字楼内。培训活动进行了一周，部分学生家长对潘某补习班的授课效果不太满意，便电话联系了该校音乐学院工作人员。

案例解读：音乐学院工作人员表示对此事并不知情，并回复学院没有开办相关补习班，学院向学校汇报了相关情况，学校对潘某展开调查，后学校官方通报，潘某的行为已经涉嫌以学校名义私自开办培训班，责令其停止该行为，并给予潘某降低岗位等级的处分，专业技术等级由九级降至十级，扣发当年岗位津贴。

违规案例3：公务出差，借机游览观光

案例详情：2017年9月，辽宁某大学材料科学与工程学院院长兼党总支副书记刘某忠借公务出访加拿大期间，擅自变更出访路线，借机游览观光；擅

自增加出访地点，违规公款报销机票、住宿等费用合计9615.9元。

案例解读：2018年3月，刘某忠受到党内严重警告处分，违纪资金被追缴。

违规案例4：新冠肺炎疫情防控期间，高校教师未经学校审批私自出国

案例详情：2020年2月，全国正值新冠肺炎疫情防控关键期，某高校向全体教职员工明确提出暂缓出国（境）的要求，绝大多数教职工对当前疫情下的出入境管理政策表示理解和支持，不再考虑出国。但某学院教师李某某在未经学校审批同意的情况下接受国外学校邀请，擅自出国到加拿大某高校参会，并进行了学术报告。李某某出国期间，单位多次统计教职工所在地情况，李某某一直声称自己在国内，无居住地变更情况。

案例解读：据该学校调查情况通报，李某某之前因私出国之后，便把护照留在了自己手中，没有及时向学院上交自己的护照，同时李某某所在学院工作人员也没有及时收取李某某的护照。李某某的行为，违反政治纪律，造成了严重不良影响。此事严重违反了"疫情防控期间，企事业单位因公因私出国活动暂缓"和"公职人员不得因私出国"的规定，对学校造成了严重不良影响。学校对李某某给予行政记过处分，李某某所在学院也因为此事受到了学校的通报批评。

违规案例5：高校教师在考研辅导培训机构兼职

案例详情：受疫情影响，某高校在2020年3月初，开启了线上教学工作。该校历史学院教师乌某某，在进行线上教学工作的同时，在校外某考研辅导培训机构兼职从事线上研究生复试指导培训工作。由于授课时间的冲突，乌某某多次违反学校教学规定，在没有申请审批的情况下，私自调停课程；除此之外，乌某某在线上教学工作中多次出现授课时间不足、迟到早退的情况。

案例解读：学校收到了关于乌某某在外私自兼职的举报信，约谈了乌某某。学校认定乌某某私自从事兼职兼薪工作，影响了学校的正常教学工作，

属于敷衍教学行为，违反了学校师德行为规范，给予其行政警告处分，2020年度考核评定其为不合格等次，从做出处分决定之日起24个月内取消其在评奖评优、职称评定、申报人才计划以及申报科研项目等方面的资格。

五、师德师风

教师是学生锤炼品格的引路人、学习知识的引路人、创新思维的引路人、奉献祖国的引路人。教师要具有高尚的道德情操，树立良好的师德师风，坚持教书和育人相统一、坚持言传和身教相统一、坚持潜心问道和关注社会相统一、坚持学术自由和学术规范相统一，以德立身、以德立学、以德施教。良好的师德师风是培养优秀教师的基础，也是落实立德树人、实施人才强国战略的理论基础。

（一）涉及条例

《中华人民共和国教师法（修订草案）（征求意见稿）》（节选）

教师有下列情形之一的，由所在学校、其他教育机构或者教育行政部门给予开除处分或者予以解聘，并由主管教育行政部门撤销教师资格，五年内不得申请教师资格；情节严重，影响恶劣的，或有本法第十九条所列情形的，撤销教师资格，终身不得申请教师资格，禁止从业；构成犯罪的，依法追究刑事责任：

1.公开发表违反宪法言论，损害党和国家声誉的；

2.利用职务便利谋取不正当利益或者滥用职权、徇私舞弊，严重损害教育公平的；

3.品行不良，严重损害教师形象的；

4.故意不完成教育教学任务，给教育教学工作造成严重损失，或者以此强制、诱导学生接受有偿补课的；

5.严重侵害学生合法权益，体罚或者变相体罚学生造成人身伤害等严重后果的；

6.与学生发生不正当性关系的；

7.其他严重违反教师职业行为准则等师德规范情形的。

《中国共产党纪律处分条例》（节选）

第四十四条　在重大原则问题上不同党中央保持一致且有实际言论、行为或者造成不良后果的，给予警告或者严重警告处分；情节较重的，给予撤销党内职务或者留党察看处分；情节严重的，给予开除党籍处分。

第四十五条　通过网络、广播、电视、报刊、传单、书籍等，或者利用讲座、论坛、报告会、座谈会等方式，公开发表坚持资产阶级自由化立场、反对四项基本原则、反对党的改革开放决策的文章、演说、宣言、声明等的，给予开除党籍处分。发布、播出、刊登、出版前款所列文章、演说、宣言、声明等或者为上述行为提供方便条件的，对直接责任者和领导责任者，给予严重警告或者撤销党内职务处分；情节严重的，给予留党察看或者开除党籍处分。

第四十六条　通过网络、广播、电视、报刊、传单、书籍等，或者利用讲座、论坛、报告会、座谈会等方式，有下列行为之一，情节较轻的，给予警告或者严重警告处分；情节较重的，给予撤销党内职务或者留党察看处分；情节严重的，给予开除党籍处分：

（一）公开发表违背四项基本原则，违背、歪曲党的改革开放决策，或者其他有严重政治问题的文章、演说、宣言、声明等的；

（二）妄议党中央大政方针，破坏党的集中统一的；

（三）丑化党和国家形象，或者诋毁、诬蔑党和国家领导人、英雄模范，或者歪曲党的历史、中华人民共和国历史、人民军队历史的。

发布、播出、刊登、出版前款所列内容或者为上述行为提供方便条件的，对直接责任者和领导责任者，给予严重警告或者撤销党内职务处分；情节严重的，给予留党察看或者开除党籍处分。

第四十七条　制作、贩卖、传播第四十五条、第四十六条所列内容之一的书刊、音像制品、电子读物、网络音视频资料等，情节较轻的，给予警告或者严重警告处分；情节较重的，给予撤销党内职务或者留党察看处分；情节严重的，给予开除党籍处分。私自携带、寄递第四十五条、第四十六条所列内容之一的书刊、音像制品、电子读物等入出境，情节较重的，给予警告或者严重警告处分；情节严重的，给予撤销党内职务、留党察看或者开除党籍处分。

（二）典型案例分析

违规案例1：与学生发生不正当关系

案例详情：2019年2月，郑州科技学院艺术学院2013级女毕业生李某某，在网上实名公开举报该校艺术学院辅导员叶某与其有近5年的婚外情。李某某在举报信中称，2014年4月，她上大一时和叶某认识后，直至其毕业参加工作，叶某都和其保持婚外情；起初，叶某是先和自己谈恋爱，期间叶某又和学校老师谈恋爱并于2015年11月结婚，婚后叶某依旧与其保持着情侣关系。

案例解读：郑州科技学院对叶某被公开实名举报一事进行了调查核实，2019年2月26日，学校党委研究决定，开除叶某党籍、解除劳动合同，按程序撤销叶某教师资格。

违规案例2：骚扰学生

案例详情：2020年8月30日，河南大学文学院教师侯某某借约学生到其办公室讨论问题为由，对该生实施了骚扰行为。

案例解读：侯某某的行为违反了《新时代高校教师职业行为十项准则》第六项规定。根据《教育部关于高校教师师德失范行为处理的指导意见》等相关规定，给予侯某某调离教师岗位、撤销文学院博士后管理工作办公室主任职务、取消硕士研究生导师资格的处理；撤销其教师资格，收缴教师资格证书，将其列入教师资格限制库，5年内不得重新取得教师资格。文学院党政负责人向学校党委做出深刻检讨。

违规案例3：侵犯学生

案例详情：2020年1月，浙江省安吉县民办天略外国语学校教师许某某在辅导学生课业过程中，性侵多名女学生，被当地法院判处无期徒刑。

案例解读：许某某的行为违反了《新时代中小学教师职业行为十项准则》第七项规定。根据《中国共产党纪律处分条例》《中小学教师违反职业道德行为处理办法（2018年修订）》等相关规定，给予许某某开除党籍、开除公职处分，其教师资格依法丧失，注销并收缴其教师资格证书，终身不得重新申请认定教师资格；对学校领导班子进行通报批评、集体约谈；对学校党总支书记进行通报批评，撤销其党内职务，免去其学校董事会董事、校长、法人代表职务；对学校党总支副书记、小学部支部书记进行通报批评，给予其党内警告处分，免去其学校董事会董事、副校长职务，并降低岗位等级。

违规案例4：利用互联网传播不雅内容

案例详情：2018年10月，曾是某高校优秀教师、先进工作者的南某，因涉嫌传播淫秽色情内容而被公安机关逮捕。2018年10月，一网站的聊天室里有人反复发出激情表演的信息，引起了当地警方的注意。据办案民警介绍，这个网站有"广告房"和"贵宾房"，前者是免费的诱惑表演，后者需要付费进入。在所谓的"贵宾房"中，每晚10时到12时就有所谓的"真人秀"，其实就是淫秽色情表演。随后，公安机关组织人员对该网站进行调查，发现这是一个有组织的犯罪团伙，涉案地分布于北京、天津、河北、广西、内蒙古等多地，南某仅是犯罪团伙当中的一员。

案例解读：10月29日，多地警方联合行动，共同抓捕了该犯罪团伙的全部成员，其中就包括南某。南某因涉嫌组织淫秽表演罪被检察院批准逮捕，同时也被所在学校开除。

违规案例5：翻译传播宗教类非法出版物

案例详情：周某某为某高校信息工程学院教师，由于刚参加工作，喜欢追求新潮，平时经常通过"翻墙软件"，浏览国外一些网站。在一次浏览国外网站的过程中，周某某无意当中看到了一些宗教类非法出版物，在好奇心的驱使下，周某某翻译了一些宗教类非法出版物和音像制品，并利用微博发布了相关内容。随后，周某某将自己的微博昵称告诉了几名学生，这几名学生又将周某某微博中的内容分别发给了自己的同学、家人和朋友。周某某一共在个人微博上上传了涉及极端宗教思想的博文共计221篇，这些内容传播速度非常快，信息实际被点击、浏览次数达到5000次以上并且转发下载量达到500次以上，情节严重。

案例解读：周某某被当地公安机关依法刑事拘留，所在学校给予周某某开除的处分。

违规案例6：微博发表不当言论

案例详情：王某某，2005年在海南大学人文传播学院任教，2012年退休。曾出版过多部诗歌、随笔、小说，有"朦胧诗人"之称，在业界小有名气。2020年4月29日，有网友爆料称海南大学退休教授王某某曾于2011年至2014年期间在其个人微博上多次发表不当言论，引发热议。据网友提供的王某某微博截图显示，王某某长期在自己的微博平台发布并转发多条"台独""港独"言论，不仅将台湾描述为"国家"，还讽刺党和国家领导人，讽刺中国政治，将学习雷锋内容描述为"荒诞的戏剧素材"，将网络作为发泄自己心中不满的地方。

案例解读：2020年4月30日，海南大学官方微博发表声明："针对网友反映我校退休教师王某某个人微博发表不当言论的问题，学校已经成立专项工作组对相关情况进行核查。"

六、中央八项规定精神

党的十八大以来，高校"四风"蔓延势头得到有效遏制，干部作风建设得以有力推进，但"四风"问题仍然屡禁不绝，具有隐形变异、花样翻新、改头换面、手段升级等特点。从近年来通报的高校违规违纪案例来看，违反中央八项规定精神的问题时有发生，重点领域和重要岗位的廉洁风险较为突出，师生身边的腐败问题仍然存在。

（一）涉及条例

《中央八项规定》

一、要改进调查研究，到基层调研要深入了解真实情况，总结经验、研究问题、解决困难、指导工作，向群众学习、向实践学习，多同群众座谈，多同干部谈心，多商量讨论，多解剖典型，多到困难和矛盾集中、群众意见多的地方去，切忌走过场、搞形式主义；要轻车简从、减少陪同、简化接待，不张贴悬挂标语横幅，不安排群众迎送，不铺设迎宾地毯，不摆放花草，不安排宴请。

二、要精简会议活动，切实改进会风，严格控制以中央名义召开的各类全国性会议和举行的重大活动，不开泛泛部署工作和提要求的会，未经中央批准一律不出席各类剪彩、奠基活动和庆祝会、纪念会、表彰会、博览会、研讨会及各类论坛；提高会议实效，开短会、讲短话，力戒空话、套话。

三、要精简文件简报，切实改进文风，没有实质内容、可发可不发的文件、简报一律不发。

四、要规范出访活动，从外交工作大局需要出发合理安排出访活动，严格控制出访随行人员，严格按照规定乘坐交通工具，一般不安排中资机构、华侨华人、留学生代表等到机场迎送。

五、要改进警卫工作，坚持有利于联系群众的原则，减少交通管制，一般情况下不得封路、不清场闭馆。

六、要改进新闻报道，中央政治局同志出席会议和活动应根据工作需要、新闻价值、社会效果决定是否报道，进一步压缩报道的数量、字数、时长。

七、要严格文稿发表，除中央统一安排外，个人不公开出版著作、讲话单行本，不发贺信、贺电，不题词、题字。

八、要厉行勤俭节约，严格遵守廉洁从政有关规定，严格执行住房、车辆配备等有关工作和生活待遇的规定。

（二）典型案例分析

违规案例1：公款报销

案例详情：2013年11月，天津某大学第二附属医院党委原副书记、原院长孙某某，违规组织和参加公款宴请，提供高档白酒，报销餐费及以"食品"名义报销酒水费用共计7870元。

案例解读：孙某某违反中央八项规定精神和廉洁纪律，受到党内严重警告处分。

违规案例2：借职务之便谋取私利

案例详情：安徽某高校外国语学院院长石某，2012年暑假，以举办女儿升学宴名义，收受外国语学院教职工19人礼金共计4200元；2015年10月，操办母亲丧事时，收受外国语学院教职工21人礼金共计7400元；2017年11月，操办父亲丧事时，收受外国语学院教职工18人礼金共计6600元。

案例解读：石某严重违反中央八项规定精神，2018年5月，受到党内严重警告处分，免去外国语学院院长职务。

违规案例3：收受礼金

案例详情：某高校经济管理系辅导员陈某于2015年7月在该校读完硕士研究生后留校工作，9月份便负责经济管理系新生辅导员的工作。参加工作之初，有的家长找到陈某，希望陈某对其孩子进行照顾，并带来了一些土特产，陈某都表示了拒绝。但随着参加工作时间的推移，陈某也听闻了其他同事收受学生及学生家长礼金、茶叶、烟酒等物品的事情。2017年，在经济管理系选拔入党积极分子前夕，张某的家长找到陈某，希望陈某能够照顾自己的儿子，并将价值2000元的购物卡送给了陈某，陈某一开始表示了拒绝，但在张某的极力劝说下，陈某也就接受了购物卡。随后，张某的儿子也顺利当选了入党积极分子。自此至2019年7月，陈某在担任辅导员期间，先后收取8名学生及家长的购物卡、红包及礼品等共计16000元。

案例解读：学校接到举报后展开调查，经研究给予陈某降低岗位等级的处分，专业技术等级由十一级降至十二级，违纪所得被收缴，并调离辅导员工作岗位。

第六章

他山之石

——国外反腐败经验借鉴

　　当今，腐败问题是一个世界性难题，教育领域的腐败也屡见不鲜。世界各国在反对教育腐败方面做了大量有效的工作，"预防为主，标本兼治"成为全球各国反腐问题的重要共识。本章分析了一些国家反对腐败和教育腐败的一些做法，这些国家之所以取得良好的反腐效果，都有赖于良好的道德规范、健全的法律体制、多维的监督机制、严格的财务预算、透明的政务信息等这些共同特点。他山之石，可以攻玉。每个国家都有其独特的文化和国情，在此基础上，以国际视野审视教育腐败问题，能够给我国高校反腐败工作带来一定的启示和帮助。

第一节　反腐败是全世界共同面临的问题

　　随着人类进入现代社会，经济迅速发展，社会不断进步，人类的文明程度日益提升，人们的生活水平不断改善，腐败作为一种社会现象，似乎也在世界各国不断地滋长蔓延。例如意大利从1992年开始大力反腐，5年之间，意大利共有3000多名中高级政府官员涉嫌腐败，450多人直接受到查处。经常指责别国腐败问题严重的美国，腐败也同样大面积发生。里根总统执政期间，美国政府中200多名高级官员因腐败下台。腐败的防治，对任何时代、任何国家、任何制度来说，都是一种极富挑战的任务。随着时代的发展，腐败的类型不断翻新，从典型的权钱交易、权色交易到以权力谋求各种精神享受，花样繁多，层出不穷。政坛腐败屡禁不止，商场腐败层出不穷，科学体育腐败不容乐观，不时曝出震惊世界的腐败丑闻。

反腐无国界。当前社会上出现的腐败现象是市场经济的必然产物。腐败行为的发生，不因政治体制的不同而减少。在经济全球化的今天，腐败更成了国际通病。从全球来看，腐败已是现代文明社会共同的敌人。2003年12月9日，联合国在墨西哥南部城市梅里达召开国际反腐败高级别会议，各国代表在会上签署了《联合国反腐败公约》（以下简称《公约》），这标志着预防和控制腐败国际合作的正式开始。

一、20世纪中后期以来，腐败犯罪逐渐成为全球性问题

腐败犯罪不仅严重破坏一个国家的经济运行、危及国家安全和社会稳定，还随着经济全球化和信息化的发展已成为国际社会和众多国家共同关注的一种全球性公害。一些腐败犯罪呈现出组织化、跨国化和国际化的趋势。主要表现在以下方面。

（一）腐败犯罪的构成呈现国际化趋势

由于信息时代的到来和市场经济体制前所未有的扩张，全球化的规模日益扩大，速度空前加快。越来越多的跨国公司把开拓全球市场视为自己发展战略的必然，为了达到目的，不惜采用违法犯罪的手段。从腐败主体来看，不仅有某一国的公职人员、社会组织管理人员、企业主，还有其他国家的公职人员、跨国公司职员，甚至有国际组织的从业人员。从腐败犯罪的客体看，不仅侵犯了国家和公共管理职能、管理秩序，更重要的是侵犯了国家公共职

务和公共权力的廉洁性。

在全球化背景下，腐败犯罪的客体愈加复杂，有时同时侵犯几个国家的管理秩序和公共权力的廉洁性，甚至侵犯了国际社会的管理秩序。

葛兰素史克（中国）公司行贿事件

葛兰素史克（中国）公司行贿事件是2013年7月爆出的一个药品行业的行贿受贿事件。涉及此事件的英国葛兰素史克（中国）公司为达到打开药品销售渠道、提高药品售价等目的，利用旅行社等渠道，向政府部门官员、医药行业协会和基金会、医院、医生等行贿，导致药品行业价格不断上涨。涉案的葛兰素史克中国高管涉嫌职务侵占、非国家工作人员受贿等经济犯罪。旅行社相关工作人员则涉嫌行贿并协助上述高管进行职务侵占。经立案审查，葛兰素史克中国公司被罚30亿，并正式向中国道歉，相关被告被判处2至4年不等的刑期。

资料来源：《葛兰素史克2名"医药代表"因行贿获刑》，人民网，2015-8-3

（二）腐败犯罪手段带有明显的全球化特征

从腐败犯罪的手段看，为了逃避法律的惩处，跨国公司一般不直接使用金钱来进行贿赂，而是采取更隐蔽、带有全球化时代特点的行贿手段，常见的行贿手段如下：一是助学机会。以友谊、鼓励年轻人深造为幌子，为手握重权的官员子女提供出国条件。操作办法是跨国公司给国外学校赞助，该学校给官员子女发奖学金，资助官员子女在国外上学、定居。二是腐败期权。即官员大开绿灯时，跨国公司一点好处都不给。等该官员退休或下海后，再给他在公司弄个职位，给予高薪，或是以别的"合法"方式如"咨询费"等加以补偿。三是关联交易。跨国公司与官员的亲属通过正常的生意往来输送利益，账面上看不出任何猫腻。四是第三方转账。跨国公司把钱存入国外银行，存折银行卡交给贪官信任的在国外的亲属或朋友，或是把财物存入银行的保险库。五是虚拟职位。银行业最普遍。部分外资银行为缓解吸存款的压力和增长业务量，常常将一些高官或大型企业特别是国有大中型企业领导者的相关亲属甚至是司机等，高薪聘请为高管甚至是副行长之职。六是聘任顾问。一些跨国企业为了拉到某项目的大单，会首先设立一个与主业毫无瓜葛的新公司，再聘请目标对象的相关领导人为顾问，发放上百万元的年薪。

德国莱茵金属公司涉嫌海外贿赂遭重罚

在长达10年的时间里，德国大型军工企业莱茵金属公司子公司——莱茵金属防务电子公司通过中间人向希腊官员行贿，以换取价值1.5亿欧元的防空系统订单，总计至少1000万欧元通过非法途径流入希腊军政要人的腰包。莱茵金属集团被不来梅检察机关罚款3700万欧元，另外还需补交640万欧元税款。此前，克劳斯-玛菲和维格曼公司、霍瓦滋造船厂等德国军工企业也被曝出存在海外贿赂行为。

资料来源：《德国军工企业行贿拿单》，人民日报，2014-12-28

（三）腐败分子远逃海外躲避惩罚，腐败资金流失严重

便捷的交通网、通畅的信息网和全球一体的金融体系，为腐败分子寻找逃避惩罚的天堂，以及洗钱和抽逃资金提供了便捷的渠道。据世界银行初步估计，全世界每年约有2万亿美元涉及腐败的资金进行跨国流动，相当于全球33万亿美元生产总值的6%。据中纪委2010年发布的数据显示，近30年来，外逃官员数量约为4000人，携走资金500多亿美元。中国社科院2011年的一份报告显示，20世纪90年代以来，包括"裸官"在内的各种贪官等有1.8万人外逃，携带款项8000亿元人民币。腐败分子把黑钱洗白，也必然损害流入国家的金融系统和金融体制。

二、腐败的国际化决定了反腐败斗争的国际化

腐败是全球性"病毒"，对各个国家的政权肌体都构成极大威胁，是名副其实的"全民公敌"，仅仅依靠一国力量已不足以震慑和打击腐败分子，必须把世界各国的力量调动起来，加强反腐的国际合作。联合国原秘书长安南2003年12月9日致信在墨西哥召开的国际反腐败高级别会议时指出：腐败是全球的公害，它破坏经济、削弱民主和法制、扰乱社会秩序，并使有组织犯罪

和恐怖主义更加猖獗，给发展中国家的人民带来更大的苦难。2015年12月9日，在第十二次国际反腐败日上，联合国原秘书长潘基文呼吁："各国联合努力，在全世界发出明确的信息，即坚决反对腐败并拥护透明、问责和善治的原则。这将有利于各个社区和国家，有助于实现人人享有的更美好未来。"

从全球视野看，由于跨国腐败犯罪活动日益猖獗，实施犯罪的手段不断翻新，仅靠一个国家内部的司法机制控制腐败犯罪的难度越来越大，只有更新司法观念，加强国际合作，才能应对新形势下同腐败分子做斗争的实际需要，这对于发展中国家尤其重要。我们可以通过加强反腐国际合作，在共同打击腐败犯罪的同时实现反腐信息和经验共享，如韩国的金融实名制、美国的财产申报制度、瑞典的监察专员制度、新加坡和中国香港的独立反腐机构等，以对腐败分子的跨国犯罪行为进行有效的预防和制裁。

三、中国进行反腐败国际合作的主要形式及成果

中国的反腐败工作，离不开也不能离开国际社会的支持和通力合作。作为国际反腐合作的重要成员国，中国越来越认识到加强反腐国际合作的重要性，不断开展反腐国际合作交流，会同一些国家制定国际合作条约，加入联合国多项有关公约和条约，并在实践中探索打击跨国腐败犯罪的新途径。

（一）开展国际反腐交流与合作

进行反腐败文化与国际司法交流与合作，构建共通的反腐败话语平台。世界各国文化和历史背景的差异决定了彼此存在对同一问题认识的不一致性，直接影响着对腐败罪行的认定。通过交流与合作可以统一对腐败的认识，促进立法接轨，同时还可以实现对反腐败经验的共享、反腐败情报资料的通报与传递、工作人员专业知识和技能的培养与交流、刑事调查与检控的办理等诸多方面的官方或民间的交流。以区域性合作组织为纽带建立反腐败合作新框架。区域性合作组织是各个国家开展国际合作的重要媒介，也是国际社会增进相互了解的重要平台。党的十八大以来，中国以亚太经济合作组织、二十国集团、金砖国家组织、东南亚国家联盟等区域性合作组织为依托，先

后提出一系列有利于反腐败国际合作发展的倡议和举措。《北京反腐败宣言》《二十国集团反腐败追逃追赃高级原则》《中国—东盟全面加强反腐败有效合作联合声明》等都得到了国际社会的广泛肯定，推动形成了遵照《联合国反腐败公约》的区域性反腐败合作新框架。以金砖国家组织为例，2022年6月通过的《金砖国家拒绝腐败避风港倡议》，为加强打击跨境腐败提供了行动方向，提出了明确的战略和目标。中国的这一系列行动举措有效提升了反腐败国际合作的科学性和公平性，让更多国家和地区参与到反腐败国际合作议程中来，有力推动了《联合国反腐败公约》在世界范围内的实践和履行。

（二）司法协助

国际刑事司法协助是查处跨国腐败案件的主要途径和方法，它是建立在对等原则和互惠原则之上的，两个或多个主权国家的司法机关之间的合作。合作内容涵盖对犯罪的侦察、起诉及审判的全过程，如被请求国允许请求国派有关人员到被请求国进行犯罪取证、被请求国代为送达文书、证人证据的保护、提供犯罪记录和移交赃款赃物等。截至2020年11月，我国已与81个国家缔结引渡条约、司法协助条约、资产返还与分享协定等共169项，与56个国家和地区签署金融情报交换合作协议，初步构建起覆盖各大洲和重点国家的反腐败执法合作网络。正是根据这些协定或条约，中国将逃往外国的贪官押解回国，赃款也得以归还。

（三）引渡

引渡是国际刑事司法合作的重要形式，指一国把在其境内而被他国指控为犯罪或判刑的人，根据有关国家的请求，按照引渡条约的规定或者以相互引渡为条件，移交给请求国审判或者处罚的一种制度。引渡条约一般会约定两个或多个国家之间关于互相引渡罪犯的相关条件和其他事项，如果在条约中承诺对某个国家的罪犯进行引渡，那么引渡就成了国际义务，必须履行，没有正当理由不能随便拒绝引渡。中国于2000年12月28日通过并公布了《中华人民共和国引渡法》；从1994年3月起，与泰国、俄罗斯、白俄罗斯、保加利亚、罗马尼亚、哈萨克斯坦、蒙古国、吉尔吉斯斯坦等国家签订了引渡条约，截至2021年12月5日，我国对外缔结的双边引渡条约已有60项，其中已生效的已有43项，并加入了《联合国打击跨国有组织犯罪公约》等含有具体引渡条款的多边公约。如，中国于2009年从阿尔及利亚将涉嫌特大金融诈骗的主要犯罪嫌疑人沈磊引渡回国，途中还在意大利成功地实现了对沈磊的过境引渡；于2016年9月，将涉嫌非法吸收公众存款犯罪的"红通人员"陈某某从法国引渡回国予以审判；2021年12月，我国通过互惠方式将涉嫌洗钱等犯罪的"红通人员"范某某从塞尔维亚引渡回国。

此外，移民法遣返是在无引渡合作关系的情况下实现对逃犯遣返的有效手段之一。如经过中国方面13年的努力，2011年7月23日，厦门特大走私案主角赖昌星被成功遣返。因为中国的许多逃犯为对抗遣返都大打所谓被"迫害"或遭"酷刑"两张牌，所以要想把遣返非法者变为引渡的替代措施，不但需要赢得遣返国对中国刑事诉讼活动的理解和认可，而且需要使遣返国对中国的刑事司法制度和人权保障有基本的信任。

（四）异地追诉和劝返

异地追诉是指由中国主管机关向逃犯躲藏地国家的司法机关提供逃犯触犯该国法律的犯罪证据，由该国司法机关依据本国法律对其实行缉捕和追诉。劝返是针对一些思乡心切的外逃贪官实施的策略。如中国银行哈尔滨河松街支行原行长高某某，逃到加拿大后靠给人装修房子为生。通过劝返行动组人员与其接触近1年，并做了大量思想工作，2012年8月，逃亡7年多的高某某回到中国。

（五）与国际刑警组织合作

国际刑警组织起源于1914年摩纳哥国际刑事警察会议，成立于1923年3月，现在总部设在法国里昂，会员国有190多个，中国于1984年加入该组织。国际刑警组织主要发挥沟通网络的作用，其目的在于使各国的警察能够迅速取得联系、交换情报、通报通缉要犯。国际刑警组织依靠各成员国的警力成立了国家中心局并正在开发数据库，负责向成员国调查提供参考并提供迅速有效的援助。国际刑警组织运作中最引人注目的反腐败工具之一就是"红色通缉令"。各国警方用"红色通缉令"来通知国际刑警组织总部有犯罪嫌疑人正在潜逃，等到罪犯被抓获时，相关国家间关于引渡的条款就会生效。成员国之间也可在相互提供信息、情报、收集犯罪证据、协查赃款等方面进行合作。如2001年"广东开平支行案"案发后，中国公安部通过国际刑警组织发出了"红色通缉令"，并通过国际执法合作，迅速冻结了涉案三人在中国香港、美国和加拿大的资产，并将没收的300万美元赃款全部收回。2023年6月10日，在中央反腐败协调小组国际追逃追赃工作办公室统筹协调下，"百名红通人员"郭洁芳回国投案，这是党的二十大以来首名归案的"百名红通人员"，也是开展"天网行动"以来第62名归案的"百名红通人员"。

（六）签署《联合国反腐败公约》

2003年10月31日第58届联合国大会通过了《联合国反腐败公约》，于2005年12月14日正式生效。《公约》确立了反腐败五大机制，包括：预防机制、刑事定罪和执法机制、国际合作机制、资产追回机制、履约监督机制。这是联合国历史上通过的第一个用于指导国际反腐败斗争的法律文件，对预防腐败、界定腐败犯罪、反腐败国际合作、非法资产追缴等问题进行了法律上的规范，对各国加强国内的反腐行动、提高反腐成效、促进反腐国际合作具有重要意义。中国是该公约的缔约方，该公约的诸多规定和国际合作机制，对中国反腐败斗争的开展具有重要意义。

延伸阅读

世界最大的离岸金融中心瑞士承诺，将自动向其他国家交出外国人账户的详细资料。这是全球打击腐败举措的最重大突破之一。如果要"撬开"纳税人的隐秘账户，瑞士的配合至关重要。瑞士银行长久以来是"避税天堂"的代表。

"避税天堂"的存在，令各国贪官、黑社会洗钱和藏匿资产成为可能，而账户保密制度则让对上述经济犯罪行为的追查困难重重。瑞士银行自动向其他国家交出外国人账户的详细资料将是全球打击逃税举措的最重大突破之一，对于我国追查贪污、打"大老虎"是十分有利的。

（七）加入国际反腐败学院提升反腐能力

国际反腐败学院于2010年9月正式成立，总部设在奥地利首都维也纳的拉克森堡。这是全球第一所反腐败的国际学院，由联合国毒品与犯罪问题办公室、奥地利政府、欧洲反诈骗局等机构共同倡议成立，国际刑警组织大力支持。中国于2014年11月正式成为该学院签署《建立国际反腐败学院协定》的缔约国，成为该学院一员。国际反腐败学院提供反腐败教育和专业培训，促进对腐败所有方面的深入研究，更为重要的是，可以为缔约国提供打击腐败方面其他相关形式的技术援助、促进国际合作和网络建立。加入国际反腐败学院可以更广泛地与各国就反腐败进行人员和学术交流，也是中国旨在提升自身反腐能力建设上的重要一步。

第二节　国际社会反腐败经验借鉴

打击腐败是各国政府都非常重视的一个问题。但随着时代的变迁，腐败问题并没有减少，只是腐败的表现形式和程度发生变化而已，实质上都是利用手中的公共权力或者公共资源谋取个人的私利。这种假公济私、损公利私的行为影响了政府的形象、破坏了社会的公平、降低了经济的效率。因此，世界上大多数国家都把政府廉洁度当作一个重要的议题，在反腐败的方法和技术上不断探索和创新。时至今日，许多国家在反腐败方面取得了不错的成绩。他们在反腐败方面的这些好做法和经验，对加强我国对腐败的打击力度有十分重要的借鉴意义。

一、新加坡腐败治理

新加坡是东南亚的一个岛国，也是一个城市国家，在独立之前，它是一个贫困落后的殖民地国家，独立以后，在短短的几十年时间里，一跃成为经济发达的国家之一。一直以来，腐败就像幽灵一样困扰着世界各国，新加坡也不例外。新加坡曾是一个贪污腐败成风、行贿受贿严重的国家。李光耀回忆说："腐化到处盛行，从官僚阶级的最高级到最低级！腐化已成为当权人物的一种生活方式。"李光耀上台以后，实行一系列的腐败治理措施。新加坡由一个落后、贪污成风的国家发展成为发达的、清廉的国家，在反腐败的过程中，形成了丰富的反腐败经验。不仅使新加坡的腐败得到了有效治理，也为世界反腐败提供了宝贵的经验。

（一）以健全而严厉的法治保廉

制定全面、严明的反腐法律法规使反腐有法可依。新加坡惩治腐败的立法主要体现在《防止贪污法》中，自从人民行动党上台执政以后，对于一些过时的、操作性不强的法律及时进行修订，不断完善法律。目前，新加坡已经形成了一部完备而又具体可行的法律，它具有以下几个特点：第一，构成贪污受贿罪的主体范围广，在这部法律中，其规定的许多犯罪主体都是"任何人"，不仅惩罚受贿者，连行贿者一起惩罚。第二，对各种贪污腐败行为及惩罚做出明确规定，可操作性强，在该法中，明确告诉人们哪些行为是不能做的，并对相应的处罚做出了规定，明确触犯法律所要承担的后果。第三，根据形势变化，不断对该法进行修改，随着反腐败的深入，难免会出现一些新情况、新问题，人民行动党政府根据形势的变化，不断对该法进行修改，适应新出现的腐败情况。除此之外，还规定了一些适用于反腐败的特别诉讼程序和证据制度，例如贿赂推定、财产来源不明证据等，使贪污受贿罪有法可依，有规可循。

拥有独立权威高效的反腐机构防腐、反腐。贪污调查局是新加坡专门的反腐败机构，负责统揽全国反腐败的最高专门机关，它被置于总理领导之下，对总理负责，再不受其他任何人的管理。例如，根据新加坡的反贪法，即使没有逮捕证，贪污调查局的工作人员也可以不受牵制，对嫌疑人进行抓捕；还有权对贪污受贿嫌疑人的银行账户进行检查和冻结；有权进入嫌疑人的房屋里面进行搜查等。由此，我们可以发现反贪局有足够的权威去处理腐败案件，不受约束，在惩处腐败行为的过程中，坚持法律面前一律平等的原则，不论身居多高的职位，只要发生腐败的行为，绝不会手软。此外，"贪污调查局调查腐败案件速度快、效率高，新加坡贪污调查局规定，对于实名投诉和举报的情况，在一周内必须给予回复；对于已经决定要调查的案件，需要在两天内展开调查，除非案情复杂，所有的贪污贿赂案件必须在三个月内调查完毕"。该局快速、高效的侦查工作在全社会上形成了震慑，使那些想要贪污的人不敢轻易用自己手中的权力谋取私人利益，从而保障了新加坡公职人员保持廉洁的作风，贪污调查局还有权对所有工作人员的日常行为进行跟踪，暗地调查他们的私下活动，防止其发生腐败行为。

整合监督资源，形成有效的监督制度监督腐败。

第一，贪污调查局对腐败进行监督。贪污调查局是新加坡独立的反腐败机构，其不仅有调查权、搜查权、逮捕权，还有监督权，还有权力对新加坡的所有公务员进行秘密跟踪，观察监督公务员的日常行为，如果发现行为可疑，可以通过各种手段收集证据，揭发腐败。

第二，政务公开，接受社会监督。政府的工作如果不公开透明，就容易滋生腐败。在新加坡，只要不涉及国家机密的行政事项完全向社会公开，政府对于办理各项事务的流程、收费以及完成时间等，都制定明确的标准并向公众公示，让公民知情，如果发现公职人员办事拖延、故意刁难，公民可以对其进行投诉，政府会对事件进行严格调查，对于那些有意图受贿或者工作效率低下的工作人员，实行淘汰制。由政府投资的各种项目的招标、采购等信息，会通过电视、报纸、网络等方式向社会公开，接受公民的监督。

第三，实行双重监察制度，牵制腐败。所有重大决定必须由另一个官员审查或监督，从而增强权力间的制约，使公职人员在行使权力的时候受到牵制，对权力形成制约。

第四，对于担任重要职务和掌握实权的公职人员实行定期制度化的轮换岗位，以减少关系网和势力网的蔓延。

第五，对腐败多发领域加强监督，经常会对腐败多发的部门和机构进行突击性检查和监督，防止发生腐败现象。新加坡通过以上各种措施，加强对公职人员的监督，减少其贪污腐化的机会。

　　惩治腐败执法严厉，实行有罪必罚、轻罪重罚原则。新加坡的法治建设之所以成功，与其执法严厉是分不开的。新加坡法律中规定，对于涉及贪腐案件的非法报酬一律没收，涉及案件的人员所拥有的财产与其已知的收入来源不符合部分，但是自己又不能做出恰当说明的任何财产或者利益，都一律没收，如果被告人拒绝执行法令，法院将加重处罚。在新加坡，对贪污犯罪没有最低金额的限制，即使收受一新元或者一杯咖啡，只要被证明是贪污受贿，也能构成犯罪，并且在实际执法的过程中也有很多这样的情况。新加坡在惩治腐败方面还实行连带责任制，对贪污受贿罪导致的损失，可以通过民事诉讼的形式进行追责，甚至其上司也会受罚。在这种连带责任下，上下级关系不再是简单的管理与被管理的关系，而是一个政治和经济利益的共同体，一损俱损。在新加坡，任何人做出贪污腐败的行为都会受到严厉处罚。公职人员的受贿罪名一旦成立，不仅要受到处罚，还要追回贿赂钱款，他享受的公积金将全部归政府所有，并且会被开除公职。贪污受贿者不仅在经济上受到重大损失，而且社会声誉也会受到很大影响。新加坡领导人认为，一个法治国家，就应当根据法律伸张正义。

（二）以培养全民的廉洁意识倡廉

　　汲取儒家道德教化人。新加坡处于儒家文化圈，深受儒家文化的影响，并且新加坡第一代总理李光耀是华人，十分注重研究儒家传统文化。他结合新加坡的实际情况，提炼出儒家的传统文化精华——"八德"，即"忠孝仁爱礼义廉耻"。这八个字体现了新加坡国民在加强个人思想道德修养、处理社会关系、处理个人利益与国家利益方面所具备的道德品质。从反腐败角度来说，儒家八德所形成的价值观对腐败行为的产生起到了一定程度的制约作用。"八德"中的"廉"直接与廉政建设具有密切联系，它要求新加坡政府官员要廉洁从政，不贪不腐，这是为官的基本道德规范。只有这样，官员才能公正清廉，为民服务，才能得到百姓的信任，其他道德要求对于官员形成廉洁的价值观念、道德品质也具有重要的作用。新加坡还重视儒家思想文化的传播和吸收，将儒家倡导"忠孝仁爱礼义廉耻"的思想赋予时代内涵，积极渗透到社会大众的心中，使其成为人们行为的一般准则，让国民懂礼仪，知廉耻。这样有利于凝聚社会共识，共建一个和谐、文明、安定的社会。

缔造共同价值观引领人。新加坡是一个殖民主义国家，深受西方文化的影响，又是一个移民国家，由多民族组成，多元文化和多元价值观的混杂，价值观念各异，这样容易引起社会动荡，人们没有国家意识，没有国家归属感。面对混乱的局面，新加坡主要领导人致力于缔造共同价值观，提高新加坡人对国家的认同。"1991年新加坡确立了国民的五大价值观，即国家至上，社会为先；家庭为根，社会为本；关怀扶持，尊重个人；求同存异，协商共识；种族和谐，宗教宽容。"其通过家庭、种族、宗教等之间的和谐及稳定来维系和巩固国家和社会的安定团结。共同价值观是新加坡人国家认同的价值基础，用共同价值观引领社会发展，促进多民族人群团结和睦，促进新加坡秩序稳定和经济社会发展。

实行全民廉洁教育培育人。新加坡通过全民廉洁教育，实现廉洁文化的内化，培养具有廉洁意识的现代公民。全民廉洁教育的对象包括了对学生的廉洁教育以及对其他公民的廉洁教育。针对不同的对象，新加坡应用合理的教育内容，采取恰当的教育方式，使廉洁意识内化于心，外化于行。对于小学开设的"好公民"课，每个年级的教学内容由简到难，课程的内容分别涉及个人、家庭、学校、社会、国家五个主题，通过教育不仅建构了稳固的国家认同体系，而且培养了包括以抵制腐败基本素质在内的现代化公民。学生是国家未来的建设者，从小就对学生进行廉洁教育，有利于形成崇尚廉洁、耻于贪腐的意识，为国家培养勤政廉洁的后备人才。

（三）以完善的公务员管理制度治廉

科学的选拔、考核制度保证了公务员德才兼备。新加坡在选拔公务员方面比较合理。一方面，注重选拔精英人才，对人才提前鉴别；另一方面，成立专门的公务员委员会，负责选拔和考核公务员，通过选拔、考核录用德才兼备的精英人才。新加坡在公务员录用过程中以及录用以后对政治、道德品质的考核非常细密和严格。首先，通过考察应考人员的档案和应考人员的单位及学校，多途径了解应考人的道德品质。其次，在考核合格被录用后，政府每年都会给工作人员发放日记本，用来记录公职人员的个人品德和个人廉洁情况，监督人员每周检查一次，如果发现纪律内容有问题，会将日记本交给反贪污调查局进行仔细审查和核实；另外，还包括对公务员的行为进行跟踪，主要是为了调查他们平时的活动情况，查看他们有没有违法违纪行为。注重公务员的培训，提高公务员的业务能力和道德素质。

完善的公务员培训制度提高了公务员的能力和素质。公务员培训是提高公务员业务水平和能力的主要途径，是提高公务员道德素质的重要手段。在新加坡，公务员的培训工作主要由公务员进修学院负责，公务员进修学院通过制定合理性的培训方式和培训内容，提高公务员培训的科学性，进而提高培训的效率。首先，对于不同岗位、级别公务员培训的课程不尽相同。其次，培训涉及政治、法律、文化等多方面的内容，其中也有很多属于公务员的廉政培训。新加坡通过培训加强公务员的反贪污意识，帮助他们认清贪污的危害，并教导他们如何避免牵涉到贪腐案件中。通过对公务员进行这样经常性的培训，可以使他们耳边警钟长鸣，时刻提醒自己做一名廉洁的公务员。最后，新加坡也重视公务员价值观的培育。李光耀曾对年轻公务员表示，公务员必须把国家的公共事业当作自己一生为之奋斗的大事业，如果没有此信念，而只是为了获得自己的名利及荣誉才当公务员，那他就不如去干别的事情，要挣钱可以经商。让公务员对自身有一个清楚定位，选择公务员的职业，不是为了图名图利，而是选择了牺牲和奉献，为国家公共事业奋斗一生，夯实思想根基。

严格的处罚、监督制度使公务员不敢跨越雷池一步。在新加坡，经录用的公务员并不代表他们拿到了"铁饭碗"，因为新加坡对公务员的规定十分严格。针对公务员的管理，制定了相关的行为法规，如《公务员法》《公务员守则和纪律条例》等。另外，新加坡政府还出台了《公务员指导守则》，将公务员的行为举止意义做了规范。对权力进行监督是反腐败的重要内容，新加坡对腐败的监督主要表现在以下几个方面。首先是来自贪污调查局的监督，贪污调查局在防止公务员贪污腐败方面发挥了重要作用，该机构有跟踪监视权，无论公务员职位高低，都可以进行跟踪监视，对于容易滋生腐败的机构和个人进行工作程序的检查，对工作人员进行轮岗，同时负责审核个人申报的财产，这种严密、严格的监督使国家公职人员不敢贪污腐败。其次，实行政务公开，在新加坡，只要不涉及国家机密的行政事项完全向社会公开，接受社会的监督。最后，新加坡鼓励民众进行社会监督，对于生活中遇到的贪腐行为，及时举报，绝不徇私舞弊，也维护了公民自身的利益，在严厉的处罚和严格的监督制度下，有效地减少了工作人员贪污腐化的行为。

（四）以高薪和完善的保障制度养廉

优厚的薪金待遇使公职人员拥有较高的生活水平。新加坡的薪资水平在亚洲乃至世界都位于前列。新加坡政府为公务员提供高薪待遇，使大多数公务员的工资保持在社会的中上层水平，以维持他们较为体面的生活。随着经济不断增长，及时调整公务员的薪金。当私营企业员工的工资明显高于公务员时，政府就会及时对公务员工资进行调整。一方面是担心政府人才流失到私营部门；另一方面，提高工资会提高公务员服务的积极性，同时也是保持公务员廉洁的必要手段。公务员待遇好，就会降低其因为职务之便进行贪污受贿的概率，如果一个公务员的工资连基本生活都不能保证，很容易理解他为什么会在执行公务的时候赚取额外利益了。在新加坡，高级官员的工资较高，给国家经济造成了一定的负担，引起了新加坡公民的反对，但是也正因为如此，才使得政府部门能够吸引优秀人才并留住人才为国家效力。这样的金钱付出换来的是一个廉洁高效的政府，从长远看，对国家的发展会产生积极的影响。

优越的保障制度使公职人员没有后顾之忧。新加坡实行中央公积金制度对公务员廉政建设方面起到了重要作用。优厚的社会福利制度、健全的退休保障制度，能够在一定程度上起到激励公务员廉洁奉公、认真工作的作用。新加坡的中央公积金制度是由国家的相关法律法规规定的、为国家的社会工作人员提供保障的一种制度。公积金的具体管理由中央公积金局统一负责，依法独立工作。公积金一部分来自公务员的工资，一部分来自政府补助。公积金的分类主要有以下几类，对于购置公共房产、购买家属保障保险、支付本人或者子女的大学教育费用，可以动用普通账户上的基金，特殊账户主要是为了晚年应急时使用，若平时住院、门诊看病或者购买医疗保险等可以动用医疗储蓄账户上的基金。政府规定，公积金不能随意提取，公务员工作时间越久，公积金储蓄就越多。这些公积金能够让退休后的人员吃穿不愁，但能得到公积金的条件是公职人员在职期间廉洁工作，不贪不腐，如果贪污受贿，不仅会受到严厉的处罚，应得的公积金也会被贪污调查局全部没收。因此，"公务员一般不敢冒失去公积金的危险而违法贪污，尤其是任职时间很长的公务员更不敢轻易冒险"。

二、德国廉政治理

廉政治理是国家治理的重要内容，也是推进国家治理体系和治理能力现代化的重要任务。德国的廉政治理体系成熟完善且富有成效，其廉政治理经验对中国的廉政治理体系建设具有重要启示。

第二次世界大战结束后，德国政府全面加强廉政建设，形成了权威高效且特色鲜明的腐败治理机制，也赢得了"最清廉国家"的国际声誉。德国廉政治理的特点主要体现为以下几点。

（一）坚持多中心主体的综合治理机制

腐败问题无法通过单一立法解决，必须形成以立法和行政为基础，通过媒体、审计以及个人或社会组织多视角监督的全方位、系统化治理网络格局。由于各州在机构设置上具有充分自主权，所以德国没有统一的廉政治理机构。

首先，联邦及各州的议院、检察院、法院等监督机构是德国廉政治理的核心部门。这些机构根据法律赋予的权力和各自义务开展反腐工作，联邦议院主要监督政府工作，联邦司法部门承担制定惩治腐败人员的法律条款，联邦法院则负责审理腐败案件。

其次，联邦及各州设置协调性反腐机构，各级政府部门均设立反腐小组和防腐专员。反腐小组是内部监督机构，他们根据部门内部腐败滋生规律制定反腐败准则，并在腐败发生后有临时查案权。廉政专员是预防和打击贪污问题的直接联系人，主要职责是提供建议、接收举报信息、评估腐败环境并提出可行的解决方案和应对措施。他有权利对可能出现的腐败行为提出警告，并通知部门主管。根据需要，可设立一名或多名"监察员"辅助专员工作，所有雇员可直接与其联系，向其征求建议或查询信息。专员与"监察员"会定期举行例会加强沟通与反馈。"监察员"还充当举报人和防腐专员、上级领导之间的中间人，但无权做出任何处罚决定。各州检察院成立腐败案件清理中心，主要负责处理贪污、贿赂等腐败案件的举报、转办与侦查起诉等工作。联邦、州、市均设有审计机构，独立于立法、行政和司法之外，不必服从上级指令，可直接审计可疑财政预算或支出。联邦审计局还成立专案小组，在腐败案件清理中心和联邦警察局的协助下工作。

最后，稳定的社会组织环境是廉政建设的社会基础。社会组织系统是政府系统或市场系统之外的所有民间组织或民间关系的总和，常被看作是介于政府和企业间的"第三部门"。社会组织及时发挥利益表达的作用，能够减少企业与政府间的直接联系，有效规避腐败风险。德国规模较大的社会组织都具有独立的组织机构和固定的资金来源，他们能够对政府权力运行进行强有力的监控。多数全国性民间组织都建立了从社区到联邦的庞大网络，呈现出网络化的发展态势，从而实现对腐败行为的网络式、系统化监督。

总之，德国廉政治理通过国家、个人、社会等共同合作，形成多中心治理主体协同反腐的综合治理机制，是德国廉政治理取得成效的首要前提。

（二）充分利用新闻媒体的监督作用

"透明政府"和确保公民政治知情权是实现民主的重要条件，也是保障政治参与、政治信任、预防反腐、政府决策的准确性等民主社会基本功能的前提。德国《基本法》保证了公民言论自由、新闻独立以及公开了解情况的权利，这使得德国的政治活动处于媒体和社会舆论的严格监控之下。德国大众传媒产业十分发达，为了在激烈的竞争中维持生存，必须及时捕捉新闻，并利用各种手段揭露政府人员的腐败内幕或绯闻。德国政府也专门以立法形式保证新闻媒体正常发挥舆论监督作用，如出现对媒体的威胁、攻击、报复等行为会被依法追究法律责任。另外，德国新闻总署专设工作人员追踪搜集媒体对政府的报道，定期召开记者招待会对政府高层进行采访提问，事后新闻总署要代表政府对媒体高度关注的问题做出回应。显然，德国媒体舆论监督体系非常完善，而且具有多主体、全方位、低成本、高效率等优势，有利于对腐败案件的追踪查办，增强社会参与廉政治理的积极性，提高公职人员的自律自觉性，也是政府监督的重要补充。

（三）重视腐败预防工作

公共行政部门是腐败滋生的重要场所。行政官员是法律秩序的维护者，应具有较高清廉意识和抵制腐败的能力，需要极为严格的廉政衡量标准予以监督。因此，建立内部反腐机制是廉政治理的首要前提，德国政府非常重视预防腐败。在教育方面，对职务犯罪的预防学习是德国学校教科书和公务员教材的核心章节之一，也是义务教育和继续教育的必修课；政府将廉政建设的法律规范编成书刊向社会发行、举办各类预防职务犯罪的讲座和培训，并运用新媒体对民众开展普法教育宣传。在公务员招录方面，采取公开招考方式且程序非常严格，更加注重公正性。人事部门向社会提供报考信息，由"公务员调配委员会"按照严苛标准匿名挑选候选人。即使通过统一招考，候选人仍要经历2—3年的试用期才能被正式任用，法律对正式公务员的年龄、身体状况等条件限制也十分严苛。在岗位设置方面，按照腐败行为出现机会和频率划分等级，针对高风险岗位采取有针对性的预防措施。在工作表现方面，当发现公务人员有明显违背日常规律的异常行为或可能发生腐败的迹象时，会及时采取间接了解、直接谈话等方式进行排查。

（四）公务员管理制度具有全面性和可操作性

德国的权力约束机制对公务员管理的各个环节均有全面和细致的规范，可操作性较强。一是内部监督规定。德国公共部门需要两人以上检查财政支出、审批重大工程项目，甚至警察执行公务。二是公务人员坚持岗位轮换原则。普通职能部门要求5年轮岗学习，在易于腐败的部门实施3年定期轮换，例如建筑、规划、医药和税收等部门。三是实行公务员终身制。除非因工作需要得到上级主管部门批准，否则严格限制公务员从事第二职业。四是规制收礼。对公职人员及其家属收受礼品有严格规定，不得以任何方式要求或接受与其职务相关的馈赠或者其他利益。主要包括在基本法律中针对腐败行为的惩戒方法和针对腐败领域的专门立法。五是确保个人生活稳定有序。公务人员必须确保自身的经济和生存环境稳定有序，且私生活不能影响工作效率。六是兼职汇报。必须向雇主报告所有工作之外的（兼职）活动，并保证此类兼职不会影响公众对其执行公务公正性的信任。七是保密协定。有义务保守官方机密并秘密处理因职能而获取的所有信息，直至完全解除相关职务。而警察雇员即使辞职后也必须遵守这一行为准则。八是对腐败行为的惩戒立法较为系统全面。《基本法》《德国刑法典》和《反腐败法案》中有关贿赂罪的条款是德国惩治腐败行为的主要法律依据，《公务员法》《公务员惩戒法》《公务员廉洁法》和《公务员行为准则》等专门反腐法律法规作为反腐法律体系的重要补充。可见，重在预防的工作理念和相关法律规定的可操作性是德国公务员制度相对完善的重要体现。

（五）高度重视青少年廉洁文化教育

德国高度重视青年群体的政治教育，使其加入公务员队伍后能够严格自律、公私分明，将廉政理念贯穿于工作和生活的各个方面。在基础教育阶段，青年人的政治教育主要通过政治和历史课程培养：政治课可以提升政治分析、判断和参与能力，历史课则能够让青少年继承和发扬优秀民族传统，同时反思纳粹统治的惨痛教训。在大学教育阶段，青少年将基本政治知识和能力应用于实践，在实践中加强公正、廉洁等优秀政治素质的培养。德国重视利用学校教育与家庭教育之间的良性互动来塑造年轻人的优秀品质。家庭教育特别关注教育子女树立诚实、严谨、公正等品格。德国还设立"德国联邦政治教育中心"作为政治教育决策、实施、组织和管理的专门机构，不断尝试体制改革以满足不同时期政治教育的需要。在该机构与学校、家庭的共同配合下，造就了德国人遵纪守法、公私分明的工作态度，营造了廉洁公正的社会政治环境，也有效抑制了腐败现象。

延伸阅读

德国：绝不纵容"小问题"

作为世界上最早建立公务员制度的国家之一，对于防范腐败，德国有着相当完备的法律规定和监管机制。和其他国家不同，德国并没有采取高薪养廉的模式，公务员的工资由《联邦公务员工资法》统一规定，允许各州根据实际情况适度调整。真正发挥作用的防腐机制，是以监督管理为核心的。公务员在服务期间，每年都要与所在单位签订一份"廉政合约"，承诺廉洁奉公。此外，还实行轮岗制度，政府官员（包括反贪工作人员）五年必须轮岗交流，对容易滋生腐败的建设、规划、医药等部门则将轮岗间隔缩短为三年，此举有效地降低了贪污腐败的可能性。

超标收礼构成犯罪

由于公务员的反贪防腐机制较为完备，一些为公众服务的人员也被纳入这一个制度体系进行"参公管理"。教师就是其中之一。通常情况下，德国学生或家长没有向教师私人送礼的习惯。只有在班主任换届、中学毕业典礼等特殊时候，学生们才会集体捐款为老师购买纪念品。

德国对公务员以及教师等公共雇员收礼有严格而明确的规定。例如公务员允许接受的礼品只能是"礼貌性及象征意义上的"，即使挂历或圆珠笔的价值也不得超过10欧元。在非展示性活动中，教师不得接受任何场合的赠送门票。只有在带领学生外出活动时，教师们才可接受主办方提供的免费车票、赠券或者机票等。教师收受礼物超标时，也将被视为公务员受贿而受到调查。不过，由于德国有着较为完备的行政和解机制，在进行行政惩处时，只要当事人愿意缴纳罚金，行政机关可以做出"结案"的决定。教师收受礼物超标的，也可以通过这种方式"破财消刑"。

261

2014年年底，德国柏林一位女教师因为收受学生礼物超标，被该学生父亲告上法庭。柏林行政法庭日前宣布对被告罚款4000欧元。这一重罚师出有名，柏林内政部规定，该市管辖范围的公务员收礼价值极限最高不得超过10欧元，该规定同样适用于享受公务员待遇的教师、消防队员及警察。从这个案子可以看到德国反腐的思路：不以恶小而纵容，防微杜渐，从细节抓起。

德国各地区允许公务员接收礼物的标准有所不同。北威州的标准为每年25欧元，慕尼黑则为15欧元。最严格的则为首都柏林，收礼界限为10欧元。这一标准是2012年确立的。根据新规，一般情况下，在政府、法院、警察局等公职机构工作的公务员，不能接受与工作有关的礼物或酬劳。如果服务对象确实想送公务员小礼物，法律也是允许的。如果属于公司"广告宣传品"，公务员可接受价值5欧元以下的物品，如圆珠笔等。如果是作为个人表示感谢，小礼物的价值则不能超10欧元。此外，如果礼物是鲜花，"大花束"则构成违规，"小花束"才算是合法。

各州关于贿赂标准的规定，是有联邦议会的法律作为依据的。《德国刑法典》有关贿赂罪的条款，也规定了构成受贿的标准：构成受贿的金额为5欧元，连续三次受贿5欧元的就要开除公职。对于受贿行为的制裁有两种，分别是有期徒刑和罚金。有期徒刑最短3个月，最长则可以达到10年。《公务员法》也规定，任何公务员接受礼品包括公务礼品都必须申报上交，征得上级同意才能留给个人。如果不是礼品而是金钱，50欧元至80欧元之内，则应当上缴机关内部处理，超过这一限额的交上级机关组织和人事部门处理。

近年来，德国反腐新规迭出，对于收受礼物的标准也进行了细化。1997年8月13日，德国联邦议会通过了《反腐败法》，提高了贿赂罪的量刑幅度，加重了公职贿赂罪的惩处力度。1998年德国联邦政府颁布了《联邦政府关于联邦管理部门反腐败的行政条例》，对联邦公务部门制定反腐败措施进行了指导性的规定。2004年联邦内政部颁布了新的《联邦政府关于在联邦行政机构防范腐败行为的条例》，对于公职人员收礼的标准进行了进一步的细化，要求必须将15欧元以上的礼品上报，还规定公务员参加圣诞节等大型活动必须经过政府批准，而且只能收取印有主办单位名称作为广告的小礼品，否则将会受到查处。

严密的监督机制

作为联邦制国家，德国没有统一的反腐败机构，16个联邦自治州在反腐败上有充分的自主权。有的州设置反贪中心，如柏林市（州），属市议会领导；有的设监察专员，如北威州，属内政部国务秘书（副部长）领导。还有些联邦州成立腐败案件清理中心，作为州检察院的一个部门，隶属州司法部。同时，各级政府部门设有内部监督机构，并设立防腐联系人，如果发现腐败现象，就向上级报告，封存计算机以及工作档案，然后转交检察院。

此外，审计机构是德国反腐败的一个重要力量。德国审计机构分三级，联邦、州和市均设有审计局。审计工作完全按照法律的规定进行，独立于立法、行政、司法之外，不服从任何上级指令，不受任何诉讼程序的限制，可以随时进行审计。

除了一整套正式监督机制，德国还有强大的舆论监督力量和民间反腐组织。舆论监督力量被称为"第四种权力"。这种权力是得到《反腐败法》等法律支持的。根据《反腐败法》规定，检察院如果发现有腐败方面的报道，有义务进行调查。德国拥有100多家电台、25家电视台、27家通讯社、380多种报纸和9000多种期刊。舆论媒体大都是独资或合资的股份制企业，以盈利为目的，依法享有高度的自由。为了增加销量，它们一般都雇有耳目，专门收集政府要员和公务员的政治丑闻和绯闻。法律允许报刊、电台、电视台报道政府、政党内部的情况，只要内容属实，不泄露国家机密，消息来源就受法律保护，任何人不能对消息来源进行调查。因此，政府官员和公务员的腐败丑闻或绯闻一旦曝光，往往只能引咎辞职。

民间反腐团体中，最为著名的是德国透明国际组织。这一非政府公益组织（NGO）于1995年成立，有300多位成员，在柏林和慕尼黑各设一个小组，主要任务是防止德国对外经贸活动中腐败问题的出现。透明国际提出了反腐败的"机能整合系统"，认为仅靠立法和惩罚不能从根本上解决贪腐问题，而应当建立一种有效遏制腐败发生的社会机制，在立法和行政总体权能指引下，通过媒体的力量，借助于审计署的监督职责、司法部的反腐败职能，并动员个人和社会组织的力量编织一张反腐败的大网。作为这张大网中的必要组成部分，透明国际近年来不断推动知情权和档案查看权保护，以与联邦、州和地方的保密权对抗，以支持和保护检举者揭发腐败行为，加强政治透明度，从而从根本上营造不能腐败的社会环境。

在关于财产的其他制度方面，德国也建立了较为透明的规则体系。其中，一度引起国人关注的，是德国的不动产登记制度。在德国，这项制度历史非常悠久，其法律依据可以追溯到1897年生效的《土地登记条例》。不动产登记制度的完善、公开与透明，极好地防止了权力寻租等问题。2008年，时任下萨克森州州长的伍尔夫想购买一处房产，由于手上钱不够，于是从企业家朋友的妻子处以优惠的私人贷款利率得到了一笔50万欧元的贷款。贷款合同与购房协议均在不动产登记部门存档。尽管伍尔夫2010年成为德国总统，此事却始终是他的政治软肋。后来，相关登记文书被德国媒体曝光，最终成为导致其辞职的原因之一。

仍然是这位德国历史上任期最短的总统伍尔夫，2013年8月，他曾经开创过另一个先例——成为德国有史以来第一位"被告总统"。他因涉嫌受贿753.9欧元，而被下萨克森州检方诉上了法庭。而这753.9欧元并不是真实的支付，而是在2008年的一次啤酒节上，由电影制片人为自己和家人在五星级酒店所住的两个晚上所买的账单。其中也包括两次晚餐、啤酒节喝酒的费用等，共753.9欧元。伍尔夫则表示，自己根本不知道对方为他多付了酒店钱，他已经把过夜费400欧元现金交给了对方。尽管法庭最终以证据不足而宣告伍尔夫无罪，但这起审判却足以给所有德国公务员敲响警钟，让他们明白只要是一点细节不够注意，也会葬送自己的政治前途。

换个角度来看，在德国正是由于制度的严密和监督的严格，公务员一般不会辜负公众的信任。如果仍然贪污腐败的话，将会立即触犯众怒，身败名裂，一无所有。[资料来源：《检察风云》，2015（09）：64-65]

三、新西兰"廉洁神话"

新西兰国内廉洁程度在世界上首屈一指，连续多年在透明国际公布的清廉指数排名中位列榜首。面积仅为26.8万平方公里的新西兰之所以连续多年获"最清廉国家"之称，一方面因为其政府机构少、公务员队伍规模小，便于进行监督管理；另一方面，主要在于国家对于腐败现象采取"零忍耐"态度，以及健全完善的预防和惩腐法制体系，多层次、多结构、全覆盖的权力制约监督模式的建立也是其依法治贪、高效廉洁的重要法宝。

（一）以刚性执法为前提，重视廉政制度建设

新西兰政府以及政府高官兼以廉洁而著称，这样的廉洁除了自身的品德约束和教养之外，更重要的是有严格的法律规范和舆论监督。本着"预防优于惩治"的目标，新西兰三级政府都高度重视廉政法规制度建设，并根据反腐败工作任务需要不断修订完善。为规范公务员行为，新西兰先后制定了《国家部门法》《雇佣关系法》《公务员行为准则》《财产申报法》《官方信息法》等法律法规，对有关政府官员和公务员行为规范、行政纪律以及政府信息公开透明等进行了相当全面而严格的规定，有效地遏制了权力部门的腐败行为，保障了政府的廉洁高效。

如《公务员行为准则》规定，公务员应诚实地、不偏不倚地执行他们的公务，避免可能危及他们廉正或引向利益冲突境地的行为；不得使任何人或组织因和某个雇员有关系就比其他人或组织得到优惠的待遇；公务员应避免财务或其他利益直接或间接地危及他们执行公务，影响部门的形象；执行公务中存在或潜在的利益冲突应通知上级主管，由其确定最佳解决途径，主要方式有换人或要求当事人放弃其冲突的利益。若遭拒绝，可将其辞退。

对于反腐败机构的行为，新西兰也有《反重大欺诈法案》《反腐败道德委员会法》等专门用来规范与约束其行为，并为其履行职责提供必要保障的法规。这些法律法规对奥克兰市的各级行政官员和公务员都完全适用。健全完善的防腐惩腐法制体系。法律至上的绝对权威是清廉政府依法治腐、依法治贪的重要法宝。在广泛立法创制的基础上，政府对反腐败法律的执行非常严

格。在新西兰，政府官员不论级别高低，都必须接受法律的约束。所以，在廉洁城市、清廉国家的建设中，廉政法制建立健全是基础和前提，而刚性执法又是实现依法治腐的最终目标。

（二）以多方监督为保障，构建完备的反腐惩防体系

廉洁城市、廉洁政府的建设离不开全社会的支持和监督，法律严明、监督严格、惩处严厉的反腐败惩防体系也是构建廉洁国家的基础。没有监督的权力必然产生腐败。新西兰精简高效的监督体系在反腐过程中扮演了重要角色。

首先，健全行政监督体系。新西兰专门的反腐败机构主要有反重大欺诈调查局、议会行政监察专员公署和审计署。1962年，新西兰议会颁布了《行政监察专员法》，设立行政监察专员公署，它是由议会单独安排预算，行政监察专员完全独立，人事上不隶属于任何部门。它完全是一种独立的监督力量，接受公民举报，然后独立进行调查。行政监察专员公署机构精简，仅在奥克兰市和基督城设立分署。每个分署配备7名行政监察专员和1名助理。1990年成立的新西兰反重大欺诈调查局是在总检察长直接领导下专门调查重大、复杂的欺诈案件的一个完全独立的政府部门。反重大欺诈调查局也拥有《反重大欺诈法》赋予的强大权力，有权自行决定是否对政府高级官员和各级公务员进行立案调查。

此外，审计署也是新西兰反腐败方面的主要负责机构，它是一个独立的机构，行使审计职能，不受行政机关的干扰，审计署有权要求政府提供审计所需的任何信息，通过提供客观、准确、可靠的信息监督政府行为，具有较强的监督作用。奥克兰市设有审计委员会，由市长、财政官员和外部独立专业人士等组成，但只协调有关审计事务，并不具体负责审计。这些行政监督机构独立执法、分散全国，机构间既互相监督又相互合作，从而保证了行政监督的独立性、有效性，进一步强化了反腐机构的职责。

例如，2010年新西兰前房屋部长希特利用政府信用卡花费约1000新西兰元，为自己购买了两瓶酒，并谎称是公务接待所用，一周后政府的审计员对

希特利的报销账单作审计时发现那张购买两瓶酒的账单有些问题。于是，审计员立刻把这一重大发现向审计长作了汇报。审计长认为如果这是公款私用，将是一起十分严重的腐败事件，直接影响到政府的信用。审计长亲自成立了以自己为组长的调查组，对希特利购酒一事立案调查。调查组很快将掌握的希特利购酒的整个过程和用途向内阁会议做了报告。希特利马上退还了两瓶酒的钱，还通过媒体向公众做出深刻的道歉和反省，并向总理递交了辞呈，总理约翰·基随即接受了他的辞职请求。随后，检察机关向法院提出诉讼，追究希特利的法律责任。尽管希特利在任房屋部长期间一直致力于新西兰的住房改革，工作业绩很出色，但两瓶酒的腐败丑闻爆发后，在惠灵顿、奥克兰、汉密尔顿等地仍然引起了人们大规模的游行示威。由此可见，健全完备的行政监督体系达到了对公权力进行有效制约和监督的目的。

其次，鼓励民众监督。新西兰的政府官员不仅要受法律约束，而且受到公众的监督。公众有权随时举报上至总理下至百姓的违法或违规行为。由于国会议员和市议会议员都是民众选举产生，要接受民众监督，所以奥克兰市议会每次会议都是向民众公开报道的，会议议程都公布在网站上，欢迎市民旁听。公众如果对某项议案、预算或民生问题不满可以通过免费热线电话、电邮、写信或直接到新西兰国会的投诉网站投诉，政府相关部门还专门印制投诉指南指导投诉。一旦投诉，民众有权可以直接面见所在选区的国会议员或市议会议员。通过鼓励公众监督，进一步促进政府决策和财政运行透明化。

再次，支持媒体的舆论监督。舆论监督堪称保证公共权力廉洁高效运行的重要监督方式。新西兰在法律上保障新闻媒体"独立、自主报道的权力"。新西兰联邦议会上院和下院会场都有专供记者采访的座席区，网络、报刊、电台、电视台的记者可随意旁听议会辩论；奥克兰市议会会场可供电视台全程直播议会辩论实况。在新西兰，所有的政府官员都生活在舆论的监督之下，2011年前财政部部长比尔·英格利希因绕开了正常的政府工作流程在财政部等相关部门不知情的情况下对一个不知名的公司进行拨款而遭到了指控。2010年新西兰华裔国会议员黄徐毓芳因为和丈夫进行了由一次纳税人买单的商业旅行被媒体曝光后被迫辞职。此外，反对党通过议会对政府的施政纲领、方针政策等进行质询、辩论和批评也是监督的重要渠道。所以多方监督将行政官员和议会议员的言行都放在镁光灯下，为新西兰建设廉洁政府、廉洁城市构筑了严格的惩防体系，对政府及其官员形成了强有力的监督氛围和执政压力。

（三）以信息公开为手段，保障公众享有充分的知情权和参与权

"阳光是最好的防腐剂。"在新西兰，透明和公开是政府工作的一个主要原则。公共行政部门的一切活动都是公开的，以自觉接受公民和舆论的监督。为了做到决策透明，新西兰政府在出台某项政策或制订、修订法律前，一般都将有关草案和背景向社会公布，任何人和团体均可通过各种渠道提交自己的看法。这在一定程度上可防止决策考虑不周导致失误情况的发生。政府和议会的运作高度透明，根据新西兰《官方信息法》规定，在不危害国家利益前提下，任何在新西兰生活的个人或团体均有权获得政府的相关文件，保障了公众享有充分的知情权。新西兰中央和各地方政府都是"小而精"建制，市级政府管理的范围和权限十分有限，在很大程度上也避免了权钱交易和权力滥用。

近年来，新西兰大力倡导并积极推进公共行政改革。利用信息技术通过电子政务的推广和应用，实现政府办公电子化、自动化、网络化，促进信息资源共享，实现政务公开和在线公众服务，开展政策咨询，与民众进行沟通与交流，听取群众的意见和呼声，降低了行政成本，提高了工作效率。在奥克兰市政府官方网站，市民可以通过该网站了解关于城市发展的规划、政策、项目、会议、资源环境等各种信息，也可以了解本地问题、项目、公共设施建设和报批。政府官网还及时答复公众咨询，接受公众各种反馈意见。"Have your say（请你说）"是奥克兰市政府官网的一个专门用来接收公民意见和建议的栏目，所有在奥克兰居住、工作、旅游的民众都可以在这个Have your say栏目上对地区和当地的决策、规划和项目提出自己的看法。

奥克兰市的市民或者组织在城市社区治理和建设中也起着很大的作用，他们可以有多重渠道和途径来参与社区治理。根据《地方选举法案》《地方政

府法案》，奥克兰市市长、市议员和21个地区委员会委员都由市民来选举。市民或者组织能够向议会或者地区委员会提供建议或者报告，从政府投资，到奥克兰年度计划、十年计划的制订，市民都可以通过各种渠道积极主动参与其过程。在奥克兰，有部对外公开的专门的服务电话（09）3010101，每天24小时都有人接听，随时欢迎公众咨询有关垃圾处理、废物回收、地税、收费、建筑资源审批、执照许可、宠物登记、噪声管理、涂鸦和住房建设等信息或提出自己的意见。市议员和地区委员会委员的住址、电话、电邮等联系方式都可以通过政府网站和专门服务电话查询到。奥克兰政府网站首页有"About council（关于市议会）"栏目；点击进入About council能看到Meetings and agendas（会议和议程）这一栏目，所有奥克兰市政府、市议会、地区委员会、顾问委员会要召开的日常或者临时会议的时间、地点、内容、参会对象、涉及的群体都会提前一个月甚至三个月就公布出来，公众都可以旁听各种会议，进而保证了政府决策的公开和透明。

此外，新西兰各级政府在出台某项政策、签订某个协议或制订、修订法律前，一般都会向公众征求意见。例如，2008年中国和新西兰两国举行自由协议谈判，在签订《中国政府和新西兰政府自由贸易协定》前，新西兰外交和贸易部在其网站公布了两国自由贸易协定谈判的有关情况和背景以及谈判代表，征求各界的意见和建议。政府再根据这些意见调整谈判策略，或给出相应的回应。

又如，2011年5月，奥克兰市政府就本市的30年规划蓝图"开启奥克兰"向全市新移民、难民和少数民族群体广泛征集意见。这一规划包括未来城市的土地开发、建设、投资和发展规划。在奥克兰市少数民族顾问委员会12位成员的帮助下，"开启奥克兰"规划先后于市中区和西区举行了两次公民意见征集活动。通过这种活动加强了社区与市政府之间的交流，并为少数民族社区提供了一个直接参与市政府的策略、政策、地区规划和法规建设的一个有效渠道。

2012年，奥克兰市为缓解公共交通紧张问题，将启动耗资巨大的交通建设项目，这一项目名称叫"让奥克兰动起来"，是奥克兰市政府的一项长期规划。根据这项规划未来30年内奥克兰将建设内城铁路环线、第二个北岸通道等项目，但是项目资金缺口达100亿~150亿新西兰元。2012年2月13日，奥克兰市长Len Brown将公共交通项目的筹资方案公之于众，从2月24到3月23日，奥克兰市社会各界可以全面讨论筹资方案，这些方案共有13个筹资选项：包括设立新的收费公路、设立拥堵路段的收费、设立地区性燃油税、增加地税、提高汽油价格、收取旅馆床位税以及增加停车收费等。市长希望各社区对这些选项讨论后进行反馈，市政府将根据反馈意见，把未来的筹资选项缩减到两三个，有必要的话还可以进行公民表决。

2012年7月，奥克兰市议会共花费41万元制作了一本介绍奥克兰计划在2040年建成世界最宜居城市的宣传册。这本名为The Auckland Plan的宣传册共380页，另有60页项目附录，共刊印一万册，公共图书馆和市议会的各服务中心都有免费本。宣传册还发放给各级地方政府机构、代理、大学、团体和曾经对奥克兰发展计划发表过看法的普通民众。结果宣传册的印刷共收到了包括市民提交在内的共1140份异议书。一些市民认为这是惊人的浪费，市议会应该在"无纸化"问题上做得更好，所以只需做好网上可下载的版本。可见，公开的决策和规划、透明的议事程序、经常性的公众反馈，"不仅增强了公众对政府事务及其行为的了解，也大大强化了对政府及官员行为的监督，这已经成为抑制和消除以权谋私和形形色色的经济腐败的重要方式"。

（四）以廉洁教育为抓手，增强全民反腐意识

世界上一些国家非常重视廉洁教育，通过对公民廉政文化的宣传教育，来营造廉洁奉公、诚信守法的社会氛围，通过教育使人们了解腐败行为的社会危害，以达到规范和约束个体行为的目的，并针对不同部门、不同职位提供相应的反腐败措施，提出廉政忠告。新西兰政府在公务员培训中不仅重视能力培养，更重视操行培养。新西兰《公务员行为准则》强调"敬业、廉洁和政治中立"三大原则，把促进团结、与不正之风作斗争列为公务员的道德规范。各相关机构分别制订本部门的从业准则，将公务员的勤政廉洁观念培养作为日常工作的一部分，更要求政府高官要在廉洁奉公方面起表率作用，

从政府总理到各部长、各市长的年薪也都是公开透明的，以便接受公众对他们收入的监督。奥克兰市的所有政府机构工作人员都需要在网上完成每季度的费用申报，包括餐食、饮料、招待、出访、汽油和租赁等。

新西兰的廉洁教育不仅涵盖了所有的公务人员，而且还扩展到与公共部门有业务联系的私营部门、市政公司以及全体在校学生和市民。通过全民反腐教育，灌输正确的价值观，使廉政文化深入人心。广大官员及民众的崇廉、自律与诚信的社会文化氛围成为廉洁城市、清廉国家建设的基础和保证。在廉洁教育的作用下，新西兰政府官员特权观念淡薄，政府官员都被要求以身作则，行为不端者将被解职或须引咎辞职。

延伸阅读

新西兰：廉洁教育从青少年抓起

新西兰是英联邦成员国，英国的立法和判例法是新西兰法律的主要渊源。新西兰实行议会内阁制，议会多数党领袖担任总理组织内阁，总督和众议院共同组成该国的立法机关。新西兰拥有一个独立的法院系统，由地方法院、最高法院、上诉法院和联合王国的枢密院司法委员会组成。新西兰反腐败机构包括反重大欺诈局、议会行政监察专员公署和审计署。因为独立且有充分的授权，新西兰的反重大欺诈局在预防腐败方面发挥着重要的作用。与此同时，新西兰的有限政府也大大减少了腐败的空间。

完善监督机制

新西兰的监督体系是一个整体，各个机构和监督主体联系紧密，互相配合，形成了一个严密的监督网。新西兰建立了完善的政务监督体系，设立了专门的反贪机构进行行政监督，反贪机构拥有独立的监督权、调查权。议会、司法、媒体和公众也在积极参与监督。

在新西兰，居民投诉的途径非常多，公民可以通过免费热线、电子邮件、书信或亲自到各地监察专员办公室投诉，也可以请律师、议员代为投诉。监察专员办公室有专门人员受理投诉，监察专员有义务为投诉人保密。公众有权随时举报上至总理、下至百姓的违法违规行为。

海伦·克拉克在任新西兰总理期间，有一次为了赶飞机超速行驶（一个半小时内行驶200多公里。根据新西兰的交通法规，在一般公路上时速不得超过100公里，在经过城镇、乡村时，时速不得超过50公里）。克拉克车队的超速行驶引起了沿途民众的强烈不满，纷纷向警察举报。警方经过调查后，以危险驾驶和其他几项罪名对克拉克的保镖和司机等提起诉讼。最终，他们受到了制裁。

廉政教育从小抓起

新西兰非常重视对议员的教育，一方面是组织议员培训班，结合过去发生的腐败案例，对新议员进行培训；另一方面还利用传媒进行宣传教育，营造良好的反腐败舆论氛围。同时，还召开公众听证会，公布典型腐败案件的调查情况。媒体都会参加听证会并做报道，影响非常大。通过报道，社会公众都会知道什么叫腐败、腐败的危害、发现腐败后如何举报。

事实上，新西兰的廉政教育是从青少年就抓起的，如以小故事的形式为青少年编写廉洁教育读本免费送到学校图书馆。政府经常宣传反腐的知识和法律，在学校也开设这类课程，从青少年开始，就不断灌输反腐意识。正是这种从小的教育，使得公民对官员有很高的期望，因此，政府官员出现腐败行为，很可能会引发大规模的示威游行。新西兰的廉洁教育还与社会、媒体、家庭、民间团体的教育结合起来，让年轻人明白什么可为、什么不可为，遇到腐败如何处理等。新西兰的廉政体系建设的成功很大程度上得益于公民强大的责任感和使命感。

反腐以预防为主

新西兰对公务员的廉政建设，从选拔到从业规范等方面都有详细规定。政务公开、财产透明是新西兰的又一有力措施，政府几乎所有事务都要公开，公务员的薪金通过各种媒体向社会公布。

为了防止"官商勾结",政府重视营造良好的商业氛围以减少对政府的腐蚀。同时,还将公务员的行为准则、价值标准以及绩效管理标准等编印成册,甚至做成书签,发给每一位公务员,让他们谨记自己的行为不仅影响个人前途,还会影响他人甚至是其所在的单位;让他们清楚地知道,腐败行为将会受到严厉追究,自己会为此付出惨重代价。

整体上来说,新西兰的反腐工作主要是以预防为主。新西兰反腐败独立委员认为,预防胜于事后处理。事后处理不但费时费力费钱,而且处理个案也没有系统性。因此,为了较好地预防腐败,反腐败独立委员会将各种腐败风险的可能性、产生的后果制作成表格,并逐一进行分析,画出风险管理坐标框架。独立委员会还与有关部门进行研讨,向各部门发布近期腐败风险预防机制。

当然,在新西兰,也有对腐败严厉的惩处机制。新西兰对腐败犯罪从纪律、刑事、经济三方面进行惩处,犯罪成本很高,一旦有腐败发生,官员会身败名裂,失去一切福利和今后的所有保障,因此,一般很少有人敢以身试法。

从小抓起的廉洁教育、深入人心的反腐意识,让新西兰政府官员在行政过程中比较廉洁自律,政府采购在这样的大环境中也得到了较为健康的发展。

(资料来源:《政府采购信息报》,2014-04-14)

第三节　国外高校反腐败启示

腐败是世界性难题。联合国教科文组织的《学校腐败:出路在何方》和透明国际的《2013年国际腐败报告:教育篇》,都指出了一个无可回避的事实:高等教育系统,已经成为腐败高发的温床。教育腐败不仅是教育领域备受人们关注的问题,而且也是一个令人痛心疾首的社会顽疾,可以说在社会的各个阶层的人们都在同声斥责种种教育腐败行为。

现代高等教育承担着高深知识的传播、创新与应用等功能，肩负着道德发展与社会示范的任务。故此，高等教育腐败会破坏知识生产的严肃性和独立性，损害道德价值的示范性，严重影响社会的发展，其危害不容小觑。联合国国际教育规划研究所（IIEP）在2007年发表的伦理与腐败问题研究报告《腐败的学校，腐败的大学，我们能做什么？》中指出，非法收取报名费、挪用教学经费、学术欺骗等腐败行为，在世界范围内严重破坏了教育系统的清正严明，世界银行的统计也指出，全球每年因教育腐败而浪费的经济收入高达10亿美元。

国外腐败研究兴于20世纪中期，对教育腐败的概念界定有学科角度的差异，但少有国情的差异。以美国和国际组织IIEP对教育腐败的各自界定为例：美国研究认为"教育腐败"是指从事教育事业的公职人员在履行公务时，滥用职权，浪费、贪污、欺诈公共财物，给教育及社会带来消极影响的行为；IIEP将教育腐败行为定义为"系统地使用公共职权为个人谋取利益，对教育升学机会、教育质量和教育平等造成严重影响的行为"。两者对教育腐败的界定大体相同，都把教育腐败看成是一种行为，这种行为具有两个特征：一是利用公权谋取私利，二是这种行为具有不良的影响。

一、国外教育腐败的表现与特点

国外教育腐败由于其自身的历史传统、经济文化、政治体制等各方面的原因，其教育腐败的表现既有共同的地方，也有某些独特的地方。有学者研究认为，如法国、意大利、美国等西方工业化国家，其学校基础设施，包括基建和日常的维护是教育腐败的重要领域。Stephen Heyneman的研究对西方国家教育腐败的表现概括得比较全面。他将教育腐败分成四个表现类型：第一，在教育职能上的腐败。如在招生、评优、授予文凭等过程中出现的贿赂、敲诈；第二，在提供教育商品或服务领域的腐败：如在南非，教材、学生来回接送、基建等领域构成了上百亿资产的规模，从而导致腐败发生；第三，教师的不当行为，包括私下辅导教学、性交易及偏袒个别学生等不公平的行为；第四，利用公共教育财产为自己谋取利益。其中，将性要挟或性交易作

为一种教育腐败的形式，极易被教育腐败研究者忽视。以下结合国外对教育
腐败研究，归结其表现与特点如下。

（一）违规收费现象中的腐败

违规收费是教育腐败的一个重要表现，如学校或教师通过各种借口收受
学生的钱财的现象。根据透明国际的调查，乌克兰是世界上特别腐败的国家，
2006年乌克兰的CPI指数（清廉指数）为2.8，排第99位。其教育腐败突出表
现在各种违规收费现象中，包括升学过程、教学过程、高中毕业考试等方面。

在俄罗斯，腐败考官允许学生或家长用金钱交换入学通知书，这一现象
在俄罗斯大学内越来越严重；还有一些大学教授收受学生贿赂，修改其考试
成绩，以让他们"高分"毕业。

（二）政客参与教育腐败

大学一般是独立于官僚体系的机构，政客被排斥在教育体系之外，而来
自鞠殿明的研究则发现，在俄罗斯大学招生过程中，除了学校各级领导参与
腐败活动之外，各类政客也常介入其中，导致腐败现象增加。政客参与教育
腐败是俄罗斯教育腐败的一个显著特点。

在美国，由于其自身教育体制的原因，学校的一切花费都得向上级机构
申请，由政府划拨，再经教育总署、中心办公室、学区，最后才能到达学校，
在这个过程中，也就给了政客参与腐败的机会，利用制度缺陷，层层扣除，
滋生了不少的腐败行为，而无视学校和学生的利益。

在英国的高等教育机构中存在着很多非学术性组织，并且这些组织在学
校生活中占有非常重要的地位。不管是执政党，还是在野党，往往希望通过
介入这些非学术性组织达到同化政治理念的目的，其中，将党内人士安排在
学校管理的高位是大家普遍的选择，这也就交织着教育腐败和政治腐败。

（三）学术、考场腐败

张家勇等人的研究显示，印度、意大利、格鲁吉亚、喀麦隆、巴基斯坦、
土库曼斯坦、塔吉克斯坦、哈萨克斯坦、乌兹别克斯坦等国家存在比较严重

的考试舞弊腐败现象。以色列、哈萨克斯坦、美国等国家则存在着滥发学位证书或文凭交易的教育腐败现象。法国皮卡第儒勒-凡尔纳大学Hallak教授也指出："在美国学术腐败是非常普遍的，这一现象已经严重地损害了美国学位的效力。"

在亚洲的韩国、日本，其学术腐败也是日益猖獗。近些年来，这两个国家都出了震惊世界的学术腐败丑闻。韩国政府曾因为教育腐败问题辞退了68名科学院院士和3所私立大学的校长。日本原东京大学多比良教授在美国科学刊物《自然》上发表的关于控制遗传基因的医学论文存在数据捏造，多比良教授因此被解雇。

考试舞弊是教育腐败中的一个重要温床，主要包括学生利用各种关系假冒替考、送礼行贿、假凭证、假研究等表现。Labi Aisha研究发现，在印度，考生在考试中通过送礼行贿等各种方式舞弊已非常常见。在世界其他国家，考试舞弊现象普遍存在，其舞弊方式也是大同小异。

（四）教师聘用与管理中的腐败

涉及教师聘用与管理领域的腐败非常多。如：教师聘用、调配或晋升过程中受贿行贿；教师将自己的日常教学工作作为一种增加额外收入的途径，甚至涉及性受贿等。张家勇等人的研究显示，阿尔巴尼亚、乌干达、秘鲁、巴布亚新几内亚、印度尼西亚、印度、利比里亚、巴基斯坦等国家存在比较严重的虚报教师数目现象，学校通过虚报教师数目，贪污资金。Bray M的研究指出，提供私人的教学辅导活动是教育腐败的一种表现，并且，在东亚、非洲、东欧等区域提供教学辅导并借机收受钱财的现象非常普遍。

二、国外教育腐败的不良后果

教育腐败问题不仅仅关系到一个国家的教学质量问题，它对整个社会的诸多方面都将产生不利影响。Chapman区分了两种教育腐败的后果：第一，教育腐败导致财政资源的浪费；第二，当学生因为升学教育腐败而辍学时，教育腐败就付出了沉重的代价。综合国外对教育腐败的研究，教育腐败的影响主要包括以下几个方面。

（一）破坏公众对政府、教育的信任

腐败的危害包括降低了人民对政府机构的信任，破坏了社会的公平，减少了政府的执政能力和经济效率，所有这些都是民族发展的重要障碍。同样，教育腐败会给政府和教育带来巨大的消极影响。日趋严重的教育腐败对社会有很大的消极影响，它损害了公众对高等教育的信任，恶化教育质量，提供不合格的人才，扭曲学生的价值和文化观念。此外，教育腐败的盛行，将产生所谓的腐败文化，如教育中的不公平和不公正将给年轻一代传达一些错误的信息：如欺骗和贿赂是可以接受的等，导致腐败文化的传播。

（二）对学生的危害

由于在西方许多国家教师和学生之间不是一种平等的关系，而是一种垂直关系，所以，教师管理和行为的腐败首当其冲会对学生产生直接的、严重的危害。在教师是权威这一观念的影响下，教师对学生拥有一种至高无上的权利。学生会认为，成功不是建立在知识和技能的基础上的，而是通过对教师实施贿赂就可以得到教师给予的"好处"和"特殊照顾"，或者取得更好的成绩。当学生带着这样一种观念成为社会的主要力量时，其教育腐败危害就逐渐显现出来了。

三、国外教育腐败的产生原因

教育腐败不是突然之间产生的，也不是某一个因素作用的结果，而是众多因素交织在一起合力的后果。

（一）社会原因

根据世界银行的研究，引起贪污的原因是"和一个国家的政策、官僚传统、政治发展与社会历史有着前后的并根深蒂固的联系"。教育是人类社会发展的产物，教育腐败具有深刻的社会因素。

社会与政治密切相关。有些研究也发现腐败与社会对民主态度之间有很强的负相关，一个国家的人民越支持和拥护民主制度，腐败现象就越少。社会对教育腐败的影响还体现在社会环境或氛围对教育腐败的影响。在当前的社会，成功的事业要求高学历，而不管这一学历是舞弊得来的，还是社会上的"大学学历作坊"伪造的。大学因为能向人们提供取得成功的"通行证"，自然成为腐败滋生地。此外，随着高等教育的逐步"商业化"，大学中引入的商业价值观越来越多，而与传统的学术价值观距离越来越远，这也导致教育腐败频发。

（二）经济原因

恩格斯在《在马克思墓前的讲话》一文中，谈到有关经济基础时讲道："人们的国家制度、法的观点、艺术以至宗教观念，就是在这个基础上发展起来的，因而，也必须由这个基础来解释。"教育腐败这一社会现象也必须从经济角度加以解释。

经济的不发达、贫穷给教育带来的是混乱无序的利益豪夺、腐败成风，这对教育来讲是致命的。在非洲，债务、贫困、战乱、疾病等因素使得其十分脆弱的非洲经济处境非常艰难。在大多数的非洲国家，入学需求的增长使得教育资源严重紧缺，特别是在高等教育中，这种现象尤其明显。教育投入不足，是造成学校腐败的原因之一，教育经费匮乏、教师待遇低下的现实，迫使学校想方设法创收谋利。有研究发现：经受了长期性贫困的机构更容易受到腐败的引诱。如吉尔吉斯共和国、摩尔多瓦等国教师因为工资无法满足生存需要，导致他们不得不想方设法通过各种途径获得收入，其中就包括了如提供私人教学辅导、贩卖教材等不良行为。

"仓廪实而知礼节。"只有具有一定的物质基础，才能发展上层建筑。同时，当社会处于经济转型时期，也容易导致腐败。即使一个国家具备了良好的经济基础，也未必就意味着没有腐败，如美国和瑞典，同样是发达国家，但腐败程度却有较大差异。此外据研究，经济与腐败的关系不仅是经济对腐败的单向作用，还在于腐败对经济也有反作用，可见经济与教育腐败之间的关系是多么的复杂。

（三）制度原因

美国和瑞典这样的发达国家，都具备良好的经济基础，但美国存在各式各样的教育腐败，瑞典则是世界所公认的清廉国家，其原因何在？一个重要原因就是制度差异。国家施行的体制、教育系统本身的政策及国家相关法律法规的不够完善，是导致教育腐败的重要方面。

在制度上，瑞典以高度完善的福利制度保障了公民发展的权利，在联合国开发计划署的人类发展指数排名中，瑞典通常都名列前茅。另外，强有力的监督机制使得腐败行为滋生的空间很小，公民已经形成了较强的自控能力，对于政府的一举一动形成了强烈的参与意识，针对政府决策的各种投票屡见不鲜。美国则是一个由商人集团主导或支配官僚集团的国家，其腐败属比较典型的"收买型腐败"，总是通过经济利益对政府政策的俘获或影响表现出来。

（四）文化原因

不同国家的民族价值观和民族文化心理会对教育腐败产生不同影响。如，德国一般公务员之所以能够形成根深蒂固的廉洁自律理念，有一个很重要因素就是德国作为欧洲文明发祥地之一，德意志民族长期以来受传统文化的熏陶和影响，养成了严谨、理性的民族精神。这种精神本身就是一种内在的约束力量，帮助公务员养成了严肃认真、遵守纪律和不感情用事的传统美德。

在亚洲儒文化圈中，有尊师的传统美德，这种美德却被有些教师利用，暗示或明示学生家长向老师行贿或为老师办事，还有很多家长为了学生在学校能受到老师的特殊照顾主动与老师拉好关系，如请客吃饭、送礼等。

四、国外教育反腐败的措施

反腐败没有国界，反腐败的经验和教训是人类共同的财富，应该为所有国家和地区共享，此外，在反腐败实践中也需要加强国际合作。因此，国外对教育腐败的研究及其防治教育腐败中的一些经验，对我们国内教育腐败的防治有重要的启示。事实上，如何防治教育腐败，国外提出了很多具有参考价值的建议或已实施了可供参考借鉴的措施。

（一）加强教师的聘用管理

以德国为例，政府录用公务员（含教师），坚持忠实可靠、待人诚实、勤劳认真的标准，都要经过公开招聘、严格审查，并宣誓忠于国家，遵守《公务员行为守则》，严把入口关，保证了只有专业和品行皆好的人才能成为公务员（含教师）。政府不间断地对公务员进行培训教育，并经常举办各种预防职务犯罪的教育培训、讲座、研讨会，通过谈话提醒、写信、发放资料、发电子邮件等方式进行教育。廉洁自律教育取得了良好效果，公务员基本上能做到严格自律，公私分明，遵守职业道德，注重洁身自爱。在高等教育相当发达的美国，针对高校的贪污腐败问题，各部门准备积极推行"大学信息应该透明化"的改革。美国政府机构联合新闻媒体开展"揭露黑幕运动"，开展腐败问题的调查报道。亚拉巴马州在2011年向该州的老师发出提醒：教师收受某些礼品将被视为受贿，可能面临有期徒刑和6000美元的罚款。该州道德委员会说，教师收受学生和家长礼物看似不是什么大事，但如果礼品过于贵重，这可能导致教师无法公平对待学生，判定学生的成绩等，进一步影响学生的升学和毕业等。这样就与其他领域的腐败没有实质差别。因此，必须铲除这种"校园腐败"现象。

素有政治洁癖的德国把预防腐败和惩治腐败明确纳入学校道德教育的总目标。大学和职业培训中心开设专门的廉洁教育课程，为学院提供各种形式的预防职务腐败教育培训。在德国，在职攻读硕士或博士学位会受到跟其他学生同等的待遇，这体现了学术独立，保证了学术的权威和纯洁。这种一视同仁的态度有利于建立积极、健康、纯粹的学术体系，也有利于培养独立自由的学术精神。为了避免学术腐败和维护教育的完整性，德国的大学也严格自律，并公开宣布对学术腐败的强烈抵制。例如，莱比锡大学指出："预防腐败事关莱比锡大学所有员工的切身利益。为了防止腐败，上级有义务向其下属明确指出腐败的潜在危害。"类似声明充分证明了德国大学重视腐败问题以及他们打击腐败的决心。例如，德国教育部前部长安妮特·沙范因为博士论文抄袭事件，而被迫辞职。随后，她的母校杜塞尔多夫大学宣布取消她的博士学位，理由就是她32年前的博士论文涉嫌抄袭。在此事件之前，被称为德国政坛"金童玉女"的前国防部部长古滕贝格和前欧洲议会副议长西尔瓦娜·科赫-梅林，也先后因论文"剽窃"问题而落马。

（二）完善教育法规制度体系

审计署是德国政府的专门监督机关。其工作按法律规定进行，独立于立法、行政、司法之外，不服从任何上级指令，只对议会负责。它可随时进行审计，主要任务是对政府是否合理使用纳税人的钱进行审查，发现问题分别同检察院、刑事警察联系，合力查处。2008年2月，俄罗斯国家杜马通过了一项法案。计划改革全国高等教育入学考试，将当前高考题目中的主观试题改为客观的多项选择题。此举旨在防止学校操纵候选人的分数并索取贿赂。梅德韦杰夫表示：当前社会环境也发生了巨大变化，对于贪污腐败问题，人们已经失去了评判准则和道德底线，政府必须遏制这种现象。只有让贪腐的人意识到后果的严重性才能达到预期的效果。新加坡被公认为世界上"最清廉"的国家。在新加坡，有"不想贪"的清廉文化，有"不能贪"的制度规范，有"不用贪"的高薪及管理，有"不敢贪"的峻法严刑，新加坡拥有全面的立体预防腐败的制度体系。新加坡一贯重视廉洁教育，对教育领域的腐败零容忍。

（三）积极推进教育民主化进程

着力提高政府行政的公开度，赋予公民强有力的知情权和监督权，让提高透明度成为教育廉政建设的利器。如人事管理实行公示制度，学校基本建设竞标、招标、转包过程要让所有利益相关者有参与权、建议权和决策权。在这方面，孟加拉国的卡片报告值得借鉴，即公布教育部门各种腐败现象，组织各种群众喜闻乐见的教育廉政建设活动，以提高公众和相关人员的廉洁意识。

英国大学通过增设人文学科的数量来实现道德教育目标。牛津大学和爱丁堡大学等大学建立了伦理研究和实验机构。英国和法国的相关部门在年轻人、大学生、企业高管和行政人员中开展大规模的诚信教育活动，通过全员参与，形成一种廉洁教育的积极氛围，产生辐射效应。大学是开放的，与社会紧密联系，因此，高校和社会的反腐工作应该互相支撑。2002年，在国际透明组织的资助下，哥伦比亚当局推广了一项廉洁教育计划——"椅子"计划。该计划向大学提供教学工具，推动公共和私营组织的负责人、高校师生共同参与，以校际会议、案例分析研讨、"行动中的价值"研习班和教师交流道德教育的经验等形式来实现反腐教育目标。韩国政府专门设立了"国家清廉委员会"，制定并执行为了防止腐败而采取的教育和透明度计划。英国的诺兰公职道德规范委员会通过有计划的滚动式调查，以报告的形式对国家公职人员的道德状况进行评价和分析，发挥监督咨询作用。

五、国外高校反腐败案例

（一）丹麦

2010年以来，在世界国民幸福指数和全球清廉指数的排行上，丹麦持续位居高位，"零腐败"的美誉响彻全球。丹麦对于腐败的治理模式与历史经验，日益受到全球各国政府和众多研究机构的关注。丹麦的清廉"神话"也反映在该国的高等教育领域。分析其深层次原因，主要有以下四个方面的因素。

1.政治因素。一个国家和民族的发展，政治设计是首要因素。政治在很大程度上指导、管理、支配高等教育的发展，因此，政治的结构也会影响到高等教育领域。具体来说，则会牵涉大学主体的地位、组织架构的设计、宏观改革的方向、人事任命的准则等一系列至关重要的安排。丹麦是一个历史悠久的王国，但以平等理念而著称，同时又是一个立宪民主国家，如丹麦驻华大使裴德盛所言："丹麦拥有一个建立在严格法律法规上的运作良好的司法体系，在法律面前，人人平等。这个体系的根基建立于1849年6月5日。当日，丹麦颁布了第一部宪法，并成为一个民主国家。"这样一种在历史中形成的法治、民主、高效、廉洁的政治传统，对于丹麦高等教育机构的精神内核及操作实践都会产生实质性的影响。

丹麦国土面积较小，人口数量相对较少，高等教育机构成为承担国家科学研究的主体。由于采取民主选举制，政党意识形态对教育的支配和影响力有限，而丹麦政府的行政权力主要在监督、投资、规模等宏观层面施加影响。重点在于，这些管理均是在法律的框架下进行的。2003年，丹麦政府颁布了《大学法》，明确了高等教育机构主体——大学的法律地位。根据条文，丹麦的大学是公共事业部门下的独立分支机构，接受科学、技术和创新部的指导。对大学的管理和组织结构也做了明确的规定，其自主性和自治权得到了很大程度的尊重和保护。有研究者称《大学法》令大学真正地在国家管理下实现自由。同时，为了进一步明确政府和大学之间的关系，寻求大学的自主性，在《大学法》的精神指导下，丹麦各大学纷纷制定了大学章程——将大学的权利以章程的形式规定下来，并经政府教育主管部门认可。这样一来，将政府的权力限制于宏观层面的干预，而大学内部则保证了学术独立和权力的自主分配，进一步保证了大学的自治。

尽管政府对大学的数量和研究方向有一定的干预，但政府并没有直接进行具体的合并操作，而是给出三条合并指导方针：在整个合并过程中，政府研究机构不能被划分为更小的单位或者划分出不同的机构；所有合并后的机构应由一个统一的管理体系进行管理；大学和政府研究机构的合并不应机械地进行地理式的合并，这充分尊重了各大学和机构的自主地位。

简言之，在丹麦的政治传统中，是以自上而下的法律与章程来规范和管理高等教育机构的。"依法治国"的理念被归结到"依法治校"的实践。也正是在这种法治民主的理念下，丹麦的高校才能充分行使自身的权利，在组织结构、人事任用、财务预算等方面公开透明。同时，司法独立的精神使得丹麦监察系统能够对大学进行监督，从而有效地杜绝腐败。

2.经济因素。丹麦是典型的"三高"国家，即经济高度发达、高税收、高福利国家。丹麦的个人所得税高达50%～70%，主要应用于社会福利和教育投资上，丹麦教育投资的第一个特点是投资力度大。早在1998年，丹麦在教育和培训上的花费就达到了GDP的7.2%，按占GDP的比例，丹麦是当时世界上教育支出占GDP比率最高的国家。2003年，丹麦有23.1%的人口接受过高等教育，65.4%的人口接受过职业培训。到2010年，丹麦教育投入增至GDP总额的8.8%，在34个经合组织成员国（OECD）中占据首位。而且丹麦的大学数量和学生人数相对较少，意味着可以获得较高的人均教育投资。

高投资使得丹麦的高等教育机构可以充分将精力放在培养学生、改善和提高教育质量上，学生不必为学费担忧，教师也可以充分享受经济自由。然而，经济的宽裕绝不意味着可以对资金为所欲为，如丹麦一件"家喻户晓"的腐败案发生于2012年年底。有媒体爆料称丹麦文化大臣乌菲·埃尔贝克任职后在其配偶工作的一所艺术学校举办了五场文化活动，花费18万丹麦克朗（约合3万美元）。公众舆论哗然，监管部门也迅速反应，在此事件被披露后短短五天之内，埃尔贝克便宣布辞职。这种"勿以恶小而不检"的细致监督和严格管控，才能保证大量的资金投入在教育上而不产生腐败。

充裕的经济投资和廉洁的社会环境，使得丹麦在高等教育的投资上回报丰厚，不仅为世界贡献了物理学史上做出杰出贡献的哥本哈根学派，也极大地增强了国家的科技创新实力。世界知识产权组织（WIPO）发布的2015年全球创新指数报告（GII）显示，丹麦位居全球第10位。该指数的创新质量主要依据大学表现、学术论文影响力和专利申请的国际维度来衡量。而根据马丁繁荣研究所发布的2015年全球创新指数（GCI），丹麦在139个国家中脱颖而出，与芬兰并列全球第5位，位居欧洲榜首。全球创新指数以经济增长和持续性繁荣为衡量指标，研究各国经济发展的三个重要因素——人才、科技和包容度。以丹麦的人口数量和国家规模，能够长期在国家创新竞争力上位居全球前列，这与丹麦大力度投资高等教育密不可分。

3.制度因素。在丹麦，高等教育事业的反腐败建设的开展很大程度上依赖于监察官制度。丹麦在1953年创立了监察官机构，它的权力与责任是监督除法院以外的有关民事、军事的中央政府部门的行政活动。监察官由议会指派，不仅对行政部门有监察职能，对任何领取国家财政薪金的人员都具有监察职能，大学机构也在其监察范围内。在这个领域，监察官行使的职能主要为受理投诉、对高校董事进行调查。同时，为了把丹麦大学的腐败降到最低程度，丹麦议会设立了公共预算支出和财务管理委员会及审计委员会。国家审计委员会办公室作为议会下属的独立机构，其职责是对各种公共支出进行审查，大学机构更是重要的审计对象。丹麦国家审计办公室对大学负全面审计责任，审计办要向议会预算委员会报告工作。审计办有20多人专门负责对大学的审计工作，审计方式包括财政审计和效益审计。大学董事会也要雇用有执照的会计所作为内部的审计机构。

丹麦政府从2001年开始了大学管理体制改革，将大学管理、创新职能分别从教育部、商务部剥离，于2006年将科学部重组为科学、技术与创新部，其主要职能之一是管理研究型大学。2011年，又把原来高等教育部和科学、技术和创新部合并成立一个新的部门，即丹麦科学、创新和高等教育部，突出了高等教育在国家创新体系中的地位。该部门代表政府对大学实施管理和一般性监督。

为达到对大学有效管理的目的，丹麦政府采取了四方面的措施。首先是绩效合同制，科技创新部代表政府与大学签订合同（三四年）并监督合同执行。合同的主要内容为大学的战略目标、发展重点和发展规划，因此，这个合同实际上是效益合同，大学每年要向部里报告合同进展情况。丹麦政府为大学提供经费，大学有使用经费的权利，但要遵守拨款条件。

其次是第三方综合评估机制。1992年，丹麦建立了高等教育国家外部评估机构——丹麦高等教育质量保障和评估中心。1999年，设立丹麦评估所，该中心是一个独立于教育部和高等院校的机构，其任务是，对丹麦大学和其他高等院校进行评估活动，政府对高等教育评估机构没有控制权，不干涉评估机构的评估过程和评估结果，评估机构的独立性和权威性很强。这种机制既有利于增强人们对质量评价、评估和检查活动的信心，又有利于政府通过立法、拨款、批准和任命评估机构部分成员等方式保留自己的主导、监督和奖惩作用。

再次是外部督察员制度，又称校外考试官制度。丹麦高校评估的外部督察员制度始于19世纪，是丹麦包括高等教育在内的各级各类教育质量保障的一大特色。外部督察员由政府任命，成员来源广泛，既有教育界人士、专家学者，又有政府官员、学生家长、工商业人士等，高校对课程及学生培养的质量和标准负有主要责任,而外部督察员就负责监督这些标准的具体实施情况。丹麦政府强调外部督察员对高校的独立性,强调督察员要对院校有深入的了解以保证公正性,同时协助督察员加强与院校的沟通和联系。外部督察员制度是一个合作、协商、建议的过程,其工作范围已逐步从结论性评价转变为过程性评价,对高等教育工作中可能出现的腐败具有威慑力,是丹麦政府实施高等教育质量保障体系的重要组成部分。

最后则是大学章程制度。丹麦大学内部的管理体制主要以大学章程设定的架构来运行。根据丹麦大学章程的规定,大学内部的权力关系主体包括学校董事会(评议会)、学院理事会、研究委员会、学术委员会、代表会议及校长等。丹麦大学章程不仅对各权力主体的职责、权限进行了明确规定,甚至对主体成员的来源、身份都做了界定,保证校内外各方利益群体的权利都得到尊重,进一步体现了民主的理念,有效地制止了由于权力集中带来的腐败现象。

4.文化因素。"人是文化的沉淀。"如果说政治、经济、制度都是影响高等教育腐败具体但片面的因素,那么文化则是一个抽象但全局的因素。如腐败已经成为一种文化,那么其对未来的危害将是可怕的。在反对腐败的文化构建上,丹麦可谓十分轻松,因为有着四类文化传统的保障。

首先,反腐观念是一种深入人心的历史文化。如丹麦驻华大使所言:"在历史传统上,我们也没有腐败问题,所以我们根本就不用抗击腐败或避免腐败。这是植根于我们的文化中的,我们的文化不相信贿赂、敲诈和腐败。"换言之,在丹麦,反腐意识已经作为一种历史传统和公共道德深入人心。因为有良好的教育、可以信任的政府、守法的私营部门,因此,丹麦人不需要做像贪污腐败这种危险的、复杂的事情。

其次,透明公平的制度文化。透明、民主体制和公平对待,较少的等级制度和较多的社会参与也是典型的丹麦价值观。丹麦有着完善并强大的法律制度来抵制腐败,而平等的文化理念使得社会中不再有阶层的分界,这同样也会影响到社会各组织以及大学的民主结构来合理地分配和制约权力。同样,在透明公开的丹麦社会里,任何公共开支、公共权力都被置于监督之下,无法通过集权和暗箱操作从事腐败活动。

再次，教育为先、预防为主的温和文化。在丹麦，道德教育、廉洁教育和法制教育是学校教育的重要内容，对公务员则更加重视廉政教育。年轻学生大学毕业初入公务员系统，接二连三的培训使其清楚腐败的界限，自觉遵循道德界限。丹麦政府每年会花费大量人力、物力培训丹麦企业，加深他们对腐败的认识，教他们如何应对腐败环境，以避免他们在进行商业活动时向官员行贿。因此，丹麦的企业都非常遵守制度和规则。

最后，对腐败"零容忍"的严厉文化。丹麦各党派、各媒体和社会各阶层对腐败行为均疾恶如仇，没有丝毫容忍之心，这是丹麦清廉社会价值观的完全和集中体现。正是因为其最严格、最完善和高效的反腐体制和社会监督机制，丹麦才在"世界最清廉国家"榜单上长期高居榜首，领跑全球。

当然，上述文化的养成与丹麦长期处在一种政治稳定、法律公正、经济富足、社会清明的状态下息息相关，而丹麦人一旦养成了这种清廉的文化观念，整个社会反腐的成本就会大大降低，可以说已将高等教育腐败乃至一切类型的腐败都连根拔除了。

延伸阅读

丹麦如何在教育管理中避免腐败指控

在丹麦，高等教育机构作为公共部门，对腐败问题十分重视，其预防腐败措施主要体现在员工管理、外界关系、礼品与赞助事宜等三个方面，下面以哥本哈根大学作为案例详细介绍。

1.员工管理：招聘与裁员

员工管理常与规则公正密切相关。一般来说，为了正常执行工作，任何参与招聘或裁员的公共雇员必须公正，这意味着公共雇员所做的决定既不能根据个人兴趣，也不能源于经济或个人性格原因。如果雇员知道或被质疑违反公正，其有义务告知领导。如果领导认为雇员在某方面不能公平处理，该雇员则不能参与该项工作。这并不意味该雇员不称职或者腐败，只是不让雇员卷入涉及个人利益的指控中。

公正问题的一个明显例子就是家庭关系。一般而言，任何亲属关系都意味着不公正，除非亲属关系远到大家认为没有联系。因此，亲密的朋友关系也会引起不公正的质疑。涉及公正问题时，朋友关系的范围很难判断，甚至可能成为指控公正问题的强有力论据，领导应视具体情况做出决定，但如果遭到质疑，必须依据公正的原则。

例如，项目负责人想用外部赞助（私人资金）为该项目雇用一名学生助理。尽管他儿子是最好的申请者，但由于两者密切的亲属关系，人力资源部也不会招聘他。只要是由公共资金运营的大学负责的项目，哪怕资金来自私营部门，都要遵守公正条例。然而，如果由独立于项目负责人的委员会宣布该项目负责人的儿子是这项工作的最佳人选，那么，则可以雇用该项目负责人的儿子。

另一个典型例子是哥本哈根大学教授职位的招聘过程。首先，学院院长同意系主任招聘一位新教授的建议，随后制定并在国际范围发布招聘信息。招聘信息主要介绍招聘职位内容，由若干段落组成，包括法律方面内容、提交申请的程序以及获取进一步信息的联系人姓名（一般是系主任）。

申请截止日期过后，法定办公室核查申请者是否满足规定要求，如是否拥有必要的学术背景，只有满足基本要求的申请者才能进入下一轮评估。在此之前，由院长、系主任和项目负责人组成的特别委员会、评估委员会以及学生代表列出最符合招聘要求的名单，至少有5个申请者，然后由评估委员会评估名单上人员的学术资质。评估委员会由与具有与所聘职位相同学术水平的至少3位学者组成，负责人由本系教授担任，其余成员则来自其他大学。这样做是为了尽最大可能组成国际专家委员会，该委员会需经由一般教师和学生委员会批准，后者由民选教师和学生代表组成。

评估委员会审核应聘者递交的学术著作，并就应聘者能否担任该职位做出声明，每名应聘者都会收到自己的评估结果，为避免出现任何误解，其有权对评估发表意见。和上面提到的一样，招聘委员会将与合格的应聘者会面，并从中选出更小范围的人选，通常是3人，然后进行面试和试讲。面试和试讲过后可能会进行第二轮面试，通过此次面试，招聘委员会将确定最终聘用人员。

整个聘用过程由院长负责，时间长达数月。为避免在这个漫长的过程中受到公正问题的指控，院长会在与特别任命委员会第一次会面时询问是否有成员与应聘者具有亲属或朋友关系，以防出现不公正的情况。同样，应聘者也有机会就评估委员会给出的评估结果发表意见，从而减少不公正的风险。

2.与外界关系：高校外的工作

通常情况下，由于学者具备相应的专业知识与专业技能，因而他们与私营部门保持着良好的关系，政府也希望学者能与社会共享知识。原则上，知识在共享前不能被看作知识，但在现实中，私人公司可以赞助研究项目，学者也可以为私人公司做咨询服务，虽然这种情况往往引发关于公正问题的辩论和关于道德问题的探讨。

作为哥本哈根大学员工，其在法律规定下为公共部门工作，因此，与外部伙伴合作时，应充分考虑公正问题。在发展成为伙伴关系前，学者应提出这样的问题：伙伴关系可能会怎样影响他独立客观的研究？与私人公司的合作是否为保护知识产权而制约其在国际核心期刊发表论文？供职于公共部门的员工有权在外面另谋一份工作。一般来说，机构比较欢迎员工除了签订正常工作合同外，有社会兼职工作，这样能为机构提供有用的知识，改善与社会的关系，同样也能增进社会对公共部门及大学的了解。

对众多兼职员工来说，寻找其他工作是为了充分就业。因此，行为准则主要约束全职员工，同样也能告知负责人，除了主职工作外，他们还能做什么。这些工作既有带薪的也有不带薪的，比如研究基金委员会成员。最重要的是，兼职工作不能与主要工作发生利益冲突，不能消耗雇员太多精力，影响其主职工作。对于学者的兼职工作可以有以下几种形式。

·在另一个公共机构、私人机构或企业有正式职位，如有自己的公司。

·任私人公司董事会成员或基金组织委员会成员。

·委员会或专家委员会成员。

·其他机构永久教席。

·担任公共或私人部门咨询顾问。

例如，系里教授受高等教育科学部邀请担任研究理事会成员，该理事会负责每年向丹麦学者发放研究经费。研究理事会是为数不多的为大学学者提供研究经费的组织之一，因此，该理事会每年会收到大量的工作申请，但录取率很低，在10%~20%之间。尽管该机构成员能得到小额经济补偿，但对教授来说，这是额外的工作负担，同时，在这个由政府成立并赞助的机构工作会相应减少其在大学工作的时间。

大学校领导认为，教授会拒绝这样的额外工作邀请。但事实上，该职位对了解教育部门政策导向至关重要，代表学校进入该理事会具有重要意义。因此，接受国家研究理事会成员邀请的行为一般都会得到认可和接受。

然而，受任命的教授可能会遇到这样的情况：申请者中有其部门同事或家庭成员，在此情况下就会启动正常公平监管，该教授将不允许参加该工作申请的评估过程。

例如，一个在大学研究抗病毒感染药物的教授，因其自身经验与能力，受到私人制药公司邀请，成为董事会成员。该公司是出于商业目的而研制抗病毒感染药物的，但问题是，大学研究保持独立与中立，而公司出于商业目的，两者间存在利益冲突。作为公共雇员，该教授应在自己的研究上保持独立，并努力寻求最佳解决方案。如果该教授所在公司与其他公司竞争药物许可，其中涉及利益问题是不被大学所接受的。在此情况下，教授可能会考虑离开大学，接受公司的研究工作，反之亦然。

3.礼品与赞助事宜

一般来说，通过交换礼物表达对对方的感谢或欣赏是社会上普遍接受的一种方式。然而，什么情况下礼物会变成贿赂？这个问题没有简单答案，在丹麦的不同机构里，答案都不一样。

标准规则是，公共部门工作人员不提倡接受私人或私人公司的礼物，以避免腐败指控。一般而言，交换礼物通常是互惠行为，接受外界的礼物就可能意味着按对方意愿行事。

同样，公共部门员工为单位购买产品或服务，应特别注意在购置时不接受出售产品商家的私人回馈。如果该公司与工会达成协议，给该单位每名员工相同的折扣，那么这是可以接受的。

以下情况可以接受礼物。如果公共部门某员工庆祝周年纪念日，其可以接受蛋糕之类的生日或退休礼物，因为这些礼物被看作良好关系的象征，而非企图获得特殊关照。但是，所送的礼物必须符合非工作关系的特点，如鲜花、书等。

除此之外，为表达良好合作经历的礼物也可以接受，因为不接受这类礼物有时是不礼貌的。这些礼物在工作关系终止时送出，通常具有象征性，比如巧克力、酒等。可以接受外宾来访或出访国外时合作伙伴的赠别礼物，该礼物反映了国家的文化传统，是对良好会面与热情款待的回忆。

大学员工在遵守上述规定的前提下，可以接受礼物，但出于研究目的的礼物有特别规定。大学会正式地接受礼物并记录其目的，大学管理机构将确保该礼物只用于相关研究。

如果公司为推动大学研究项目赠送礼物，接受礼物的大学则有义务开展此研究。而相关负责人即系主任，在接受礼物前必须接受特别研究项目的相关性保证。

还有一种特殊情况是赞助。赞助是与私人基金会、个人或公司为提升大学核心活动而达成的捐款协议，如改善学习环境、完善建筑设施以及提高员工福利等。如果捐赠者希望在学校看到自己的标志，其可以与某中心、院系或校长办公室签订相关协议，该协议为书面合同，上面规定双方应尽的义务，以避免误解。

〔资料来源：《学习与探索》，2016（04）：140-144〕

（二）美国

在美国，除专门的学术研究外，一般回避使用"腐败"字眼，舆论和学校主要使用的还是"学术不端""剽窃""行为不端""不诚信"等词语。

1.高等教育腐败现象。主要发生的问题：所有种类和形式的贿赂；裙带关系；给予特殊照顾的徇私；学术研究、学术资格审查、健康保险、管理和提供信息中的欺诈；学校资金的挪用；考生和学生作弊；教师和学生的剽窃；包括性方面的品行不端；违纪等。主要发生的方式：金钱或服务等非金钱方式的贿赂；合同回扣；亲朋好友托付；私人关系；好处交换；欺诈和威胁性的文件和要求。主要发生的领域：与SAT、CET、TOEFT、GMAT、LSAT、GSE考试、入学考试、捐赠、赠送及企业赞助相关的招生录取；与升级、增加学时计算、辅导员工作量计算等相关学术事务；与毕业相联系的送礼、求情和宴请；包括"野鸡"大学证书、伪造证书、转学分作假等在内的文凭造假；在学校正式服务条款以外有偿服务许可证的发放和服务监督；对教师聘任和晋升的行贿、裙带关系、利益许诺、越权、歧视；学术不端；资助项目款的挪用；在处理健康保险时向学生推荐诊所。容易产生腐败的关系：州政府与大学之间在资金、学生资助、项目资助、非营利事业审批、税收优惠等方面；企业与大学之间在带有利益倾向的研究、教育信贷、健康保险欺诈等方面；教师与学生之间各种各样的贿赂、行为不端、无偿或随意使用学生等方面；教师与行政之间在问题处理的公正性、晋升、解雇等方面；学生与行政之间在违纪处理等方面；州政府与学生之间在学生财政资助申请的欺诈、歧视等。

2.美国教育腐败防治体系。首先是联邦顶层设计。美国对教育腐败的防治体系的构建目前没有形成单独的法律体系，而是基于2000年12月6日由总统科技政策办公室行政处颁布的"联邦学术不端政策"构建的行政政策体系。美国的这一管理体系层次非常清楚。"联邦学术不端政策"主要规定：学术不端的界定；学术不端行为的发现；联邦机构与学校（研究机构）的责任；公平和及时处理等。比如对各机构的责任，该政策规定，联邦各机构都要对自己所设科研基金制定学术不端处理办法。各机构不得将提交上来的申诉发回学校处理。

其次是各联邦部门的相应政策和机构。根据联邦要求，教育部（2005年12月）、健康与公共服务部（2005年6月）等与教育和科研密切相关的部门也制定了相应政策，这些政策主要针对拨付和执行的科研基金使用监督和学术不端问题处理。联邦教育部的政策制定和执行隶属于教育部总督察室。该办公室对学校出现的涉及联邦教育资助经费浪费、欺诈、滥用等问题行使独立调查权，并设有举报热线。该热线只接受文字举报，电话则只回答问题，不接受举报。联邦健康与公共服务部是美国除军方外拥有科研基金量最大的部门（年基金300亿美元），这些基金很大部分为高校所得。该部设有学术诚信办公室，其主要任务是，代表部长对"公共健康基金"使用中的诚信问题进行监督和指导；协助副部长对学术不端行为进行监察和行政处理；制定和协调确保公平调查和处理的相关政策和程序，包括学术不端行为的分类、听证程序、调查和指控的时间安排和举报者保护；管理每年900万美元的学术不端监督专项预算；指导本部门的其他工作，比如对监督和调查学术不端进行咨询、对高校开展学术诚信和学术腐败预防的教育和培训、开展相关的研究和评估项目等。该办公室主要有四个职能部门：主任办公室、调查监督处、教育和诚信处、法律顾问部。

3.高等学校腐败防治。美国没有统一的教育管理制度和法律，但文化背景的同质性和学校制度的相互影响性很强。纵观大学制度发展，其腐败的防治机制主要有以下几个方面。

用自律制度培育诚信的土壤。美国最早的高校防腐机制起源于建立学术诚信制度，即著名的"荣誉准则"制度。该制度是美国人的发明，创始者美国开国元勋之一托马斯·杰斐逊受培养他的威廉·玛丽学院影响，在其创办的弗吉尼亚大学实施的，后来很多学校相继效法。该制度主要侧重于对学生的学术诚信进行道德约束，建立学生个人或集体对学术诚信的承诺，承诺人要对本人和所在学校的荣誉负责；同时也是传递学校对学术不端行为的坚决态度。今天美国和我国大部分学校学生论文前的"声明"，实际就是"荣誉准则"的体现。200多年来，虽然这项制度在内容和形式上有所发展，各种称呼也五花八门，但主要精神和内涵没有变化，并一代传一代，培育起了美国大学学术诚信的道德土壤，对净化学术环境，预防学术腐败发挥了重要作用。一些学校还将其详细写入学校章程。到今天，美国几乎所有的大学，都将"荣誉准则"发展成了严谨的反学术不端政策。

主要借助学校自身的民主机制处理相关问题。美国高校为处理好学术诚信问题，往往会成立或授权不同的组织来进行。如为搞好师生的学术诚信教育和约束，一些学校成立有相应的"学术道德委员会"或"学术道德社区"，这些类似组织的名称各校不尽相同，具体职责也有差别。一般来说，主要职责包括：与学生沟通，让他们清晰了解学校关于学术诚信的相关制度规定；开展针对学生或社区成员的社会道德建设；增进师生之间的相互尊重；协助校方做好给予学生一些特殊权利时的工作，如无监场考试、自选时间考试等。如出现学生考试作弊，有些学校的院系成立有由教授和学生代表组成的"考试委员会"。学生被怀疑作弊后，应先进行听证会，听取学生的解释，如仍认为学生作弊，则交该委员会对其做出处理决定。针对教师，一些学校在院系成立有"学术诚信委员会"，负责指导教师对学生实施诚信教育和监督。如果对教师提出行为不端书面实名指控，则需由常务副校长兼教务长组织学校相应委员会进行调查，并做出处理决定。

制定细致的预防学术不端策略。美国大学通常不回避学术不端、论文剽窃、考试作弊等问题。很多大学在网站上公布了详细的反学术不端策略，即把如何应对教学中可能出现的学术不端行为，教师们可以和应做什么，一步一步罗列出来，体现了大学本身严谨的科学作风。有些学校将如何应用Google搜索技术核查论文或将查论文剽窃的专业网站一一列出，指导教师。

其他类型腐败问题用严格的制度来预防。美国高校严格区分公用经费和个人利益。无论什么原因，公用经费（包括科研经费）严格禁止变为教授的个人收入或不符合制度规定的花费方式。在这些问题上，一般不会从执行严格的制度是否会影响个人积极性和经费使用效率等角度考虑问题，也即是说，严格执行制度是公用经费使用的排他性原则。

用必要的法律手段惩处腐败典型和判明是非。美国高校的一些腐败问题也会引起司法介入。这些案子主要涉及不符合条件而获得联邦基金、学生贷款垄断、学生录取腐败、联邦项目资金违规使用、教育质量欺诈、研究成果欺诈和虚假广告等问题。如2006年加州的查普曼大学和2010年凤凰大学与联邦就获得学生资助资格问题的诉讼；2007年纽约州总检察长对一些学院的财务人员向学生提供贷款银行名单的调查。教育质量案件主要涉及"野鸡"大学文凭问题。在美国司法反腐实践中，高校腐败案件诉讼通常视不同问题援引不同的法律。美国是判例法国家，法律对高校相关问题的判决对于高校的反腐败或澄清问题均可产生重要影响，如麻省理工学院等常青藤高校在研究生招生时减少奖学金或联邦学生补贴案的胜诉，实际上是承认了高水平大学有权根据人才培养需要调整政策。

4.美国学者对反腐策略的建议。田纳西州的范德堡大学高等教育腐败问题研究的学者认为："教育是一个国家社会延续和发展的关键。一旦公众认为教育出现了腐败，他们也就会认为国家未来将会不公正地对待他们和他们的利益。"他们提出以下改革建议。

结构性改革：教育制度改革，建立不以各种资格和证书为目的的高等教育；考试体制改革，建立独立自主的考试机构；监督体制改革，建立独立自主的监督体制；高校资产改革，建立学校土地所有权制度；涉税改革，对营利性学校和非营利性学校进行税收差异改革；收入分配改革，对非营利高校产生的收入免予征税。

监督和管理机制改革：成立学校董事会；每所学校均应成立独立的监事会；成立专业理事会（负责自主的考试事务）；设立教师和学生的诚信委员会；设立公共督察专员；等等。

预防措施：建立类似蓝带委员会的审计评估制度；成立学校反腐委员会；学校年度反腐报告；对教师、管理人员和学生都实施诚信制度；公布所有的诚信制度内容；允许公众自由查询学校财务账表；放开和活跃教育舆论监督；等等。

惩处措施：对高校中经济和专业领域出现的腐败给予刑事惩罚；公开揭露高校和个人腐败行为；解聘违规者；对专业（学术）行为不端受害者进行赔偿；撤销行为不端人员的资格证、证书、学位；等等。

抽丝剥茧，细寻规律，可以发现美国高等教育领域的腐败和防治的主要规律是，求长期有效，就要下大功夫培育和净化学术土壤，学术风气和尊严地位不能变来变去，要严谨和神圣化；求立竿见影，就要依靠严格的制度和严肃的法制，不能时紧时松、因人而异。

（三）英国

英国是世界上首个制订反腐败法律的国家，早在1889年就颁布了第一部反腐败的法律：《公共机构腐败行为法》。它也是世界上第一个制定财产申报法的国家，一直遥遥领先于"透明国际"组织近几年发布的全球清廉指数排行榜的其他国家。英国在学术反腐方面也开始较早。20世纪以来，科学研究呈现出大生产化，致使科研成了一种竞争激烈的职业。由于科研成果不仅能带来丰硕的利润，而且获得科研成果的科学家或工程师也极易成名。因此，这些利益开始诱使一些研究人员以不正当的手段，作假或者剽窃他人的研究成果，以各式各样的腐败行为来满足自己的私利。英国高等教育系统为了严格学术氛围，造就良好的科研环境，从法律、制度、文化等多个方面采取了措施来严防学术腐败。

1.加强防治学术腐败的法律法规建设。在预防方面，英国在1997年成立了高等教育质量保证署（The Quality Assurance Agency for Higher Education，简称QAA），进一步巩固了现有的高等教育拨款和审计制度的基础。QAA与高等教育部门紧密合作，创立了一系列高质量的预防学术腐败的机制，颁布了包括《科学家通用伦理准则》《良好科研行为准则》在内的一系列法律规定和条例。其中，《学术基本规范》包含了学科基本准则、课程设置规格、学位资格框架和实行制度等四个方面。

在学术基本规范中，针对学术标准以及不同级别的学位授予条件做出了详尽的规定，集中于学术标准和学术质量的建立、维持和提高，一方面凸显了官方集中统一管理体制下的英国高教领域对学术准则的规定；另一方面还体现了多种形式、多种标准以及多种类别的特点。这样既避免了学位授予中产生的学术腐败，同时也规范了学术行为。尽管学术不规范或者学术不端并非学术腐败，但是积极加强学术规范建设，却能有效地预防学术腐败。在治理方面，英国高等教育研究理事会颁发的《关于科研不端行为指控调查的政策和程序》对调查和治理学术腐败的程序给出了详尽的规范。包括预防，评估，正式调查，申诉和通告等程序。并对查处后正式有学术不端行为的处罚给出明确规定和如果查处之后发现并无学术不端行为的要如何恢复当事人的名誉也做出了详细的解释。可见，有法可依让英国高等教育系统的腐败防治有了很好的保障。

2.强化制度建设。

（1）严格的财务管理制度。英国在高教系统实行了严格的财务管理制度。一是实施严格的财务开支的申报记录程序。举办学术活动和其他活动的相关经费开支必须与学校财务的规定相一致，遵照提前申报、使用过程完全公开、做好文字记录和票据留存的原则，以方便审核。例如，曼城大学的申报信息包含了接待者与被接待者的详细信息，包括了名称、职务、所属大学、接受时间、接待情况、学术价值及相关说明等。二是尽职调查程序。英国高校为了重点预防高风险项目出现腐败的问题，对所有的重大项目经费或者学术合作活动，都会展开尽职调查。三是建立业务的标准化操作程序。比如，索尔福德大学建立了对购买流程、招投标流程以及代理机构管理流程（包括国外的招生部门）的监管，员工招募手册、在职人员违纪处罚的政策、维护公共利益的政策以及大学委员会成员和高级管理者行为手册等，其目的在于通过这些程序的实施来规范和减少利益相关方出现腐败行为的机会。

（2）严格的科研经费管理。首先，实施科研经费拨款竞争机制。英国高校科研资金的分配是由专门的中介机构来分配，而不是通过政府直接拨款。1992年，英国建立了包括英格兰、苏格兰和威尔士在内的三个高等教育经费委员会。高等教育基金委员会是独立于行政部门的，享有法定的独立地位，但是由于其在工作中受到教育国务大臣制定的政策的限制，它在职能上又属于半个政府机构。自此以后，英国高等教育实现了层次上的统一和地域上的分权。为了保障其在世界上的领先优势，英国政府开始思考如何提升高校的科研质量和如何能使科学研究的资金得到合理有效的运用。因而绩效拨款作为一种新的拨款方式被运用到高等教育中，科研评价在其中发挥着重要的作用。到目前为止，英国开展了六次科研评估活动，其科研评价的结果是英国高等教育拨款机构实行一般科研经费绩效拨款的重要依据。

其次，对高校科研经费的管理，英国的大学都有非常严格的要求。以剑桥大学为例，科研资金到达后，研究人员需要制定一个很好的详细预算，财务和预算部门根据合同协议的要求，适当地监督资金的使用。研究者本人不负责采购、购买货物和设备，采购商品只能给相关负责人审核，由分管教职工部门购买，但支付由负责财务的校方部门审核。研究人员不准从科研经费中提取各种补贴，但是可以发放科研工作额外的奖金。

（3）高等教育问责制度。质量与效益贯穿于20世纪70年代以来的英国高等教育改革。面对学生人数增加、教育经费不足等问题，各个国家开始深化高等教育改革，高等教育机构也就从纯粹的学术和文化教育机构转为公共服务机构。尽管高等教育机构与政府部门都在质量保证方面做了大量的工作，努力提高高等教育质量，但是对于公众而言，由于高等教育机构多数经费仍然来自政府，其经费使用是否适当、结果如何等，仍然是摆在面前的问题，从自身和社会利益出发，常常会对大学的教育质量进行监督和评估，这是问责制的一种表现。随着公共部门问责制引入高等教育领域，高等教育问责制关注质量、效率和效果，注重结果和产出，要求通过有效的方式证明高等教育取得预定的结果和绩效。

问责制主要通过以下三种途径实现：①通过成本核算，使高校的经费用途情况透明化。高等教育基金委员会于1998年至1999年发表"高等教育基金的透明度审查"报告，成立成本核算与定价联合指导小组，并设计成本透明核算法。以此加强与大学间的对话和交流，既满足对大学的问责要求，又有利于其发展。②通过教学与科研质量评估活动，使大学的利益相关者获取质量信息。伯顿·克拉克提出影响高等教育系统的三股主要力量：国家、市场和学术权威。在学术权威的影响下，英国高等教育质量一般由高校内部控制。自1970年代以来，国家与市场的干预逐步加强，政府不再信任高校内部的质量保障，开始构建和完善新的保障体系。③通过对高校进行绩效管理，使公众和利益相关者获取绩效信息。绩效管理被引入高校管理，开始关注高校教育的结果和产出，并通过对高校的办学成果和学校工作的各个方面进行数量化测评，为高校了解自身的办学效益和状况提供一种有效手段。从英国高等教育发展的历程来看，问责是必要的。它可以通过监督和评估高等学校资源的使用情况及所产生的效果，来避免紧缺资源的浪费。更为重要的是，它还可以在一定程度上提高教育质量。然而，不适当的、过度的问责必然给高等学校带来不必要的负担。

3.重视文化建设。英国高校的文化建设是腐败防治的坚强基石。首先，英国高校规定学校课程的内容和学校教育的方法必须正确地反映出社会的基本价值观。高校实现道德教育目标的关键在于对学生个人品行的教育。它的目的是让学生关注道德文明，提高他们对道德文明的兴趣，树立学生的责任感，激发他们的理想意识，陶冶学生的情操，使他们能理解和效仿生活中优异的例子。其次，依托宗教教育来实施道德教育也是一大特色，英国的宗教教育更偏向于一种"普世价值"的宣扬，英国的宗教教育是根据有关规定实施的非宗派性的一般宗教教育。英国宗教教育主要向学生传播宗教的历史、宗教的精神和宗教的思想，特别要对英国文化知识对宗教传统广泛传播的作用做详尽的阐释。因为宗教教育在很大程度上是关于个人和社会价值观念的，主要帮助学生理解现代社会中文化的多样性，树立正确的个人价值观。

另外，英国也十分看重第二课堂活动中的德育教育。学校的道德教育目标上非常关心教育的个人行为，除了将德育教育融入文学、艺术、历史、健康教育等各个领域中，更是在开展第二课堂的活动中让学生去发现世间的真善美。除了德育教育，高校在第二课堂活动中还渗透英国传统的信用文化、契约精神，对学术诚信的建立也起到了重要作用。此外，为了让学生了解现代社会文化的多样性，建立起个人的价值观，很大一部分道德教育的内容涉及个人和社会价值。一些高校更是将道德规范纳入评奖评优之中。另外，英国一些高校还为父母和其他家庭成员提供大学生入学之前的道德教育的家庭预备课程，在家庭成员的帮助下，让子女了解和重视道德以及文化建设对社会发展和人在社会发展中的作用的重要性的认识。

总的来说，英国的学术反腐体系比较完善，既有相关的法律规章，又有完善的防治学术腐败的制度，有浓厚的信用文化及完善的德育教育，更有社会各界的集体监督，从而有效地预防和控制了学术腐败行为的发生及蔓延。

参考文献

[1] 张楠, 张文杰. 大学生廉洁教育——迈向新征程 [M]. 北京: 九州出版社, 2019.

[2] 张楠, 王维国. 大学生廉洁教育——入学第一课 [M]. 北京: 九州出版社, 2019.

[3] 卜金超, 高阳. 完善党和国家监督体系: 基本内涵、现实困境与实践路径 [J]. 中共石家庄市委党校学报, 2023, 25(04): 25-29.

[4] 梅少粉. 关于进一步健全党和国家监督体系的思考 [J]. 中共石家庄市委党校学报, 2021, 23(04): 30-34.

[5] 陈松友, 周慧红. 党内监督与其他各类监督贯通协调: 意义、逻辑和路径 [J]. 行政论坛, 2023, 30(03): 5-13.

[6] 过勇, 张鹏. 党和国家监督体系: 系统建构与集成创新 [J]. 治理研究, 2023, 39(04): 34-47.

[7] 王宏哲. 党和国家监督: 体系、要素与融合 [J]. 治理现代化研究, 2021, 37(05): 27-36.

[8] 马一源. 关于完善党和国家监督体系的思考 [J]. 办公室业务, 2021(14): 110-111.

[9] 张志明. 健全党和国家监督体系的内在逻辑 [J]. 中国纪检监察, 2022(04): 62-63.

[10] 范省伟. 发挥专责监督作用不断增强监督治理效能 [J]. 当代贵州, 2022(01): 66-67.

[11] 翟照东, 王超. 基于新时代纪检监察体制改革背景下构建高校"大监督"工作体系的探究——以长春工程学院为例 [J]. 长春工程学院学报 (社会科学版), 2023, 24 (02): 17-20+68.

[12] 王银凤. 新时代加强高校纪委监督工作有效性的思考 [J]. 安阳师范学院学报, 2019 (04): 12-17.

[13] 陈灿. 新时代高校党委履行全面从严治党主体责任的路径探究 [J]. 开封大学学报, 2022, 36 (04): 46-49.

[14] 庞贺峰. 高校党委落实监督执纪"四种形态"对策措施研究 [J]. 纳税, 2017 (27): 154-155.

[15] 王彦辉. 高校全面从严治党履行主体责任问题研究 [J]. 安阳师范学院学报, 2020 (04): 112-117.

[16] 王晓晓, 刘静. 高校纪委履行监督职能存在的问题 [J]. 法制与社会, 2019 (27): 181-182.

[17] 张慧慧. 高校政治监督工作质效的提升路径研究 [J]. 大学, 2023 (25): 87-90.

[18] 蒋雪慧. 高校治理视域下纪委监督工作研究 [J]. 江苏经贸职业技术学院学报, 2023 (03): 29-32.

[19] 陈权, 陈晓斌. 深化高校纪委专责监督的路径探析 [J]. 教育观察, 2022, 11 (22): 9-12.

[20] 王达品. 围绕四个着力点加强高校监督体系建设 [J]. 中国高等教育, 2022 (05): 22-24.

[21] 练清华. 高校纪检监察机构强化政治监督的实践与探索——以福建省高校为例 [J]. 福建教育学院学报, 2022, 23 (04): 48-50.

[22] 张国平, 杜康康, 曹振斌. 高校纪检监察机构日常监督工作现状调查分析——以山东省属高校为例 [J]. 统计与管理, 2023, 38 (04): 123-128.

[23] 张胜军. 破解高校"一把手"监督难题 [J]. 党员文摘, 2021 (02): 29-31.

[24] 刘超. 审视高校基层监督短板——对一所高校基层组织日常监督的调研 [J]. 廉政瞭望, 2021 (22): 46-47.

[25] 张震. 高校招生考试监督工作的现状与对策研究 [J]. 教育教学论坛, 2023

（27）：169-172.

[26] 冯治国.高校后勤风险控制措施研究[J].行政事业资产与财务，2019（20）：35-36.

[27] 慕博华，冯春红.高校后勤领域廉政风险分析及防控机制研究[J].无锡职业技术学院学报，2019，18（06）：94-96.

[28] 吴启龙，孙文，韩强等.基于高校后勤视角下的廉政风险防范研究[J].高校后勤研究，2022（03）：47-51.

[29] 黎玖高，皮光纯.新时代高校后勤廉政风险与防控体系研究[J].高校后勤研究，2020（S1）：105-108.

[30] 张庆峰.基于高校后勤廉政风险点的内控体系建设探讨[J].高校后勤研究，2021（02）：10-11+14.

[31] 王钱永，黄文光.新时代高校科技经费监督：难点与对策[J].宁波大学学报（教育科学版），2023，45（04）：50-57.

[32] 谢晓锐，董翼.新时代高校廉洁文化建设的实践理路[J].学校党建与思想教育，2023（3）：57-60.

[33] 王晓琪.高校新时代廉洁文化建设实现路径研究[J].鄂州大学学报，2023，30（04）：9-11.

[34] 徐菁忆.德国的廉政治理及其启示[J].中国行政管理，2019（01），158-159.

[35] 沈蓓绯.国外廉洁城市建设的实践与启示——以新西兰奥克兰市为例[J].理论建设，2012（05）：43-47.

[36] 程刚，何承林.国外教育腐败概览与思考[J].宁波大学学报（教育科学版），2011，33（01）：1-6.

[37] 王同彤.从丹麦"零腐败"经验解析中国高等教育腐败的影响因素[J].黑龙江社会科学，2016（03）：32-38.

[38] 杨喜刚.国外高校反腐败对我国高校教师廉洁教育的启示[J].未来与发展，2019，43（10）：97-100.

[39] 袁东.美国高等教育的腐败和防治[J].中国高等教，2014（17）：62-63.

[40] 张玉玲.新中国成立以来党和国家监督体系研究[D].长春：东北师范大学，

2021.

[41] 薛鞾. 新时代中国共产党构建"三不腐"机制研究 [D]. 福州：福建师范大学，2019.

[42] 孙正义.H 市纪委监委完善履行监督责任对策研究 [D]. 哈尔滨：哈尔滨工业大学，2022.

[43] 隆雨洁. 国家监察视域下高校公权力监督机制构建研究 [D]. 成都：电子科技大学，2021.

[44] 张春明. 我国高校纪检监察体制完善研究 [D]. 北京：华北电力大学，2018.

[45] 李金澔. 新时代高校纪检监察体制改革研究 [D]. 桂林：广西师范大学，2022.

[46] 齐路良. 高校廉政风险防控机制研究 [D]. 武汉：武汉理工大学，2016.

[47] 郜晨菲. 新时代党内监督制度文化建设研究 [D]. 焦作：河南理工大学，2021.

[48] 陈天. 高校廉洁文化建设研究 [D]. 石家庄：河北师范大学，2018.

[49] 王悦. 大学生廉洁文化教育研究 [D]. 大庆：东北石油大学，2023.

[50] 向梦. 英国高等教育系统防治学术腐败的主要举措和启示 [D]. 长春：东北师范大学，2014.

[51] 胡新霞. 新加坡腐败治理经验及其对我国的启示 [D]. 银川：宁夏大学，2021.

[52] 谢敏敏. 以党内监督为主导的协同监督体系建设研究 [D]. 长沙：湖南大学，2022.

[53] 莫振宁. 落实党风廉政建设主体责任研究 [D]. 北京：中共中央党校，2016.

[54] 陈朋举. 全面从严治党视域下党委主体责任研究 [D]. 成都：中共四川省委党校，2016.

[55] 周婉如. 全面从严治党视域下高校党风廉政建设研究 [D]. 南京：南京林业大学，2022.

[56] 冯嘉琳. 新时代党内监督体系运行机制研究 [D]. 长春：东北师范大学，2022.

[57] 肖瑞宁. 完善党和国家监督体系规范制约权力运行 [N]. 中国纪检监察，2021-11-04（005）.